“ Le français retrouvé ” **7**

Les noms de villes et de villages

par

Éric Vial
Agrégé d'Histoire

Illustrations de Roland Sabatier

BELIN
8, rue Férou 75006 Paris

ISBN 2-7011-0476-9 ISSN 0291-7521

Préface

« *Orléans, Beaugency, Notre-Dame-de-Cléry, Vendôme...* » Parmi les plus beaux vers de notre poésie, combien, pour la musique et le mystère, peuvent rivaliser avec ces premiers mots d'une très ancienne chanson ? Quel poète anonyme et génial a composé l'horaire des chemins de fer entre, par exemple, Le Puy et Alès : *La Bastide-Puylaurent, Prévenchères, Villefort, Concoulès, Génolhac, Chamborigaud... ?* Les noms des villes et des villages sont beaux, et la carte de France, si on la lit à haute voix, devient l'occasion d'un enchantement. D'où viennent ces noms, enracinés et comme fondus dans notre terroir, et que veulent-ils nous dire ?

Ils viennent, pour la plupart, de fort loin dans le temps : du Moyen Age, de l'époque romaine. du temps des Gaulois, et même de bien avant. Ils nous disent la langue que parlaient leurs fondateurs, l'époque à laquelle ils ont été forgés, et le trait distinctif qui, à l'origine, caractérisait le lieu qu'ils désignent. Ces points de repère sont d'une pittoresque variété. On relève naturellement des références sans mystère à des accidents de terrain ou à des constructions, d'où les *Mont-*, les *Val-*, les *Château-*, les *Pont-*, etc. Mais une commune peut aussi porter le nom d'un arbre, comme *Avallon*, dont le nom en gaulois signifie *pommier* ; d'un animal, comme *Louviers* qui évoque le loup ; d'un peuple des environs de la mer Noire, comme *Sermaise(s)* ou *Sermaize* ; d'une lointaine ville de Syrie, comme *Pamiers*, d'un seigneur anglais, comme *Libourne* ; d'une impératrice française, comme *Eugénie-les-Bains*... et tant d'autres, plus étonnants encore. Un des mérites de ce livre est de classer cette diversité et d'en faire découvrir la logique.

Significations diverses, donc, et souvent obscures ou même opaques. L'espace et le temps s'interposent entre les intentions des fondateurs du nom et notre compréhension. L'espace, d'abord : la France est assez vaste pour qu'on y parle plusieurs langues, et certains noms ne peuvent être interprétés que par ceux qui connaissent la langue de la région. Il est donc utile de traduire l'alsacien *Mulhouse* en

Maison du Moulin, le basque *Ustaritz* en *Plateau des Chênes,* le breton *Quimper* en *Confluent,* le flamand *Dunkerque* en *Église des Dunes.* L'affaire se complique lorsque la population locale a changé de langue ; dans un tel cas, les syllabes primitives sont laminées : qui devinerait que *Soppe,* dans le Haut-Rhin, est ce qui reste d'un alsacien *Sultzbach ?*

C'est le temps, cependant, qui dresse, devant la signification originelle des noms de communes, l'écran le plus résistant et parfois le plus diabolique. Il n'est pas nécessaire que les syllabes changent. Celles de *Robinson,* par exemple, n'ont pas changé. Il s'agit bien d'une allusion au célèbre naufragé. Ce qui risque de s'oublier, c'est l'occasion précise de cette allusion : une enseigne de guinguette. Le plus souvent les syllabes changent vite, avec un brin de fantaisie. Tous les mots, on le sait, se transforment au cours des siècles, généralement selon des chemins prévisibles et relativement sages. Mais les noms de communes peuvent se permettre toutes sortes d'escapades, car la prononciation du nom de la ville ou du village reste à la discrétion de ses seuls habitants. A tel point que lorsque le nom ne les satisfait plus, ils le corrigent : des noms devenus incompréhensibles ont été arrangés de façon à ramener l'inconnu au connu. Ainsi pour *Longjumeau,* où deux mots connus se sont substitués à des syllabes de sonorité voisine, mais dépourvues de sens (voir p. 67).

Dans ces conditions, la recherche de l'origine des noms de communes est aussi ardue que passionnante. Comme dans une bonne enquête policière, il y a une énigme, des indices, et un génie pervers qui tente de jeter l'enquêteur sur de fausses pistes. La première vertu du toponymiste est le scepticisme. Commencer par tenir pour suspecte toute solution paraissant évidente. Non, *Bordeaux* n'est pas la ville du bord de l'eau, *Lille* n'évoque aucune île, et *Oreilla* n'a rien à voir avec l'ouïe. Seconde vertu : la patience. Dépouiller les archives et les textes pour trouver une mention suffisamment ancienne (XIVe siècle au plus tard) du nom que l'on étudie. L'ayant trouvée — si l'on a cette chance — avoir assez d'intuition pour juger si l'auteur de cette mention a reproduit exactement le nom tel qu'il avait cours à son époque, ou s'il l'a mal entendu, mal recopié, mal interprété. Une parfaite connaissance de l'histoire locale et des lois de la phonétique, ainsi que des langues régionales, de l'ancien français, du latin, du gaulois et des langues pré-gauloises permettra alors de mener le raisonnement jusqu'à l'hypothèse correcte.

Cette méthode a permis aux toponymistes de débusquer le secret d'un nombre considérable de noms de communes. Ce sont leurs découvertes qu'Éric Vial exploite, sans prétendre faire la moindre concurrence à la Bible de la toponymie qu'est le *Dictionnaire Étymologique des Noms de Lieux en France,* par A. Dauzat et C. Rostaing. Certes, son livre transmet au lecteur des étymologies proposées dans des travaux récents et donc absentes du « Dauzat » (par exemple à propos de *Cherbourg,* de *Lombez,* de *Lons-le-Saunier,* de *Pantin*). Mais le choix d'Éric Vial n'est pas celui d'un auteur de dictionnaire, et son livre ne vise pas à rendre compte de *tous* les noms de communes (il parvient tout de même à en traiter plus de 4000). Pour chacun d'eux, le lecteur trouvera, en consultant l'index, le renvoi à l'étymologie qu'il recherche. Ces noms ont été sélectionnés après élimination de la plupart des cas d'origine inconnue ou obscure, et aussi de la plupart des toponymes remontant à des noms de personnes : ils auraient constitué des listes monotones et sans fin. Le territoire couvert est celui de la France métropolitaine et des D.O.M. Toutefois, l'auteur a estimé ne pas devoir exclure des noms faisant partie du système toponymique français et recueillis en Belgique, au Luxembourg et en Suisse.

La nouveauté du livre consiste à traiter la toponymie dans une perspective dynamique, en en faisant comprendre les mécanismes. Il montre d'une manière lumineuse que les noms de nos villes et villages ont éclos par poussées successives, au gré des saisons de notre histoire. Chaque peuple venu s'installer dans notre hexagone a marqué la toponymie de son empreinte : Basques, Grecs, Gaulois, Romains, Germains, Bretons, Normands. Parfois l'invasion n'est pas celle d'une population, mais d'une idée ou d'un mode de vie : ainsi les derniers grands renouvellements de notre toponymie sont ceux qu'apportèrent le christianisme et le système féodal. La Révolution de 1789 aurait voulu être elle aussi l'occasion d'un renouvellement. Elle n'y est pas parvenue, mais Éric Vial a eu l'heureuse idée de nous décrire les tentatives faites en ce sens.

C'est donc une promenade à travers les siècles qui nous apprend que *Le Pecq* a, avec *L'Alpe d'Huez,* plus d'affinité qu'on ne croit, que *Périgueux* signifie les *Quatre Tribus,*

Nanterre le *Fort du Temple, Compiègne* le *Raccourci, Roubaix* le *Ruisseau du Cheval*, etc. L'inattendu surgit à chaque page.

Mais, dans un tel livre, la promenade se fait aussi sur les routes et les chemins. Le lecteur est emmené en voyage à travers la France, invité à s'arrêter à l'entrée de tel ou tel bourg pour écouter une histoire évoquant l'origine de son nom, ou quelque légende pittoresque liée à son destin. Ainsi resurgit, au fil des pages, l'histoire — parfois familière et souvent insolite — de nos villes et de nos villages. A tous ceux qui rêvent de puiser aux sources vives de notre langue sans rien perdre du plaisir de la découverte, un merveilleux périple est ici offert, à travers les mots et les lieux.

J. B.

Mots techniques et abréviations

La finale **-onyme** est empruntée à l'élément grec **-ônumos** signifiant *nom.*

Un **toponyme** (avec le grec **topos,** *lieu*) est un nom propre de lieu.

Un **anthroponyme** (avec le grec **anthrôpos,** *être humain*) est un nom propre de personne.

Un **hagiotoponyme** (avec le grec **hagios,** *saint*) est un toponyme fondé sur un nom de saint.

Un **hydronyme** (avec le grec **hudôr,** *eau*) est un nom propre de cours d'eau ou d'étendue d'eau.

Un **oronyme** (avec le grec **oros,** *montagne*) est un nom propre de montagne ou de colline.

Les départements dont le nom est composé sont abrégés de la manière suivante :

AHP : Alpes de Haute-Provence
AM : Alpes-Maritimes
BdR : Bouches-du-Rhône
Belfort : Territoire de Belfort
BR : Bas-Rhin
CdN : Côtes-du-Nord
CdO : Côte-d'Or
CM : Charente-Maritime
DS : Deux-Sèvres
E & L : Eure-et-Loir
HA : Hautes-Alpes
HdS : Hauts-de-Seine
HG : Haute-Garonne
HL : Haute-Loire
HM : Haute-Marne
HP : Hautes-Pyrénées
HR : Haut-Rhin
HS : Haute-Saône
HSav. : Haute-Savoie
HV : Haute-Vienne
I & L : Indre-et-Loire
I & V : Ille-et-Vilaine
LA : Loire-Atlantique
L & C : Loir-et-Cher
L & G : Lot-et-Garonne
M & L : Maine-et-Loire
M & M : Meurthe-et-Moselle
PA : Pyrénées-Atlantiques
PdC : Pas-de-Calais
PdD : Puy-de-Dôme
PO : Pyrénées-Orientales
S & L : Saône-et-Loire
S & M : Seine-et-Marne
SM : Seine-Maritime
SSD : Seine-Saint-Denis
T & G : Tarn-et-Garonne
VdM : Val-de-Marne
VdO : Val-d'Oise.

I. La nuit des temps

On croit volontiers que les Gaulois sont les tout premiers occupants de notre pays. Les manuels d'histoire s'ouvraient autrefois sur l'image d'un petit village, peu différent de celui d'Astérix. Nos « ancêtres » semblaient là de toute éternité.

Évidemment, on sait qu'il y a eu quelqu'un auparavant, celui que l'on appelle, pour faire court, « homme des cavernes »...

Serge Reggiani rappelle ironiquement la piètre idée que nous avons de cet homme en chantant :

Ils ont dit que j'étais un virtuos' du gourdin
Qui assommait bisons aurochs et bonn' fortunes
Que j'étais drôl'ment doué pour les petits dessins
De Vénus Callypig' aux tétons comm' la lune
Ils ont dit que j' vivais jadis dans une grotte
Ils ont dit tell'ment d' chos' tell'ment de trucs curieux
Qu' j'étais couvert de poils et qu' j'avais pas d' culotte.

Bref, ce n'est pas un monsieur fréquentable, et on voit mal comment une filiation peut s'établir entre ce qui ressemble fort à une brute épaisse et les contemporains de Vercingétorix. L'homme préhistorique est à peine un ancêtre, tout au plus un parent éloigné relégué au fin fond de la nuit des temps.

Mais les Gaulois sont des tard-venus, des envahisseurs arrivés entre le VIIIe et le Ve siècle avant notre ère. Et entre le « fin fond de la nuit des temps » et le VIIIe siècle, notre pays n'était pas un désert.

Au long d'interminables millénaires, des peuplades diverses sont venues s'y installer, en se mêlant aux précédents occupants. La France est née d'une superposition d'invasions. On sait aujourd'hui que 600 000 ans avant Jésus-Christ, des hommes vivaient déjà sur son territoire. On sait aussi que 3 000 ans avant notre ère, l'ensemble du territoire était occupé, même si la densité de la population était très faible. La civilisation reposait sur l'élevage du bétail et la culture des céréales, et la métallurgie faisait son apparition.

Les sources archéologiques ne nous apprennent pas grand-chose sur ces premiers agriculteurs-éleveurs-artisans. Lorsque nous pouvons individualiser un peuple, nous ignorons le plus souvent quel était vraiment son territoire. Ainsi pour les Ligures, dont on sait seulement qu'ils vivaient de la Toscane au Rhône. De l'autre côté du Rhône s'étendait le domaine des Ibères, peuplant l'Espagne et le Midi de la France jusqu'à une limite Nord tout à fait incertaine. N'oublions pas les robustes constructeurs de menhirs et de dolmens, qui se sont répandus sur notre territoire, arrivant du Sud selon les uns, du Nord selon les autres. Un fait est certain : il y a chez nous des rivières, des communes et des lieux-dits, dont le nom subsiste depuis dix, vingt, trente mille ans peut-être. Eh ! oui, l'homme de Cro-Magnon en a peut-être baptisé quelques-uns. Hélas, l'âge des noms ne peut être déterminé au carbone 14. Tout ce qu'on peut dire à propos des noms les plus anciens, c'est qu'ils existaient avant l'arrivée des Gaulois (parce qu'ils ne ressemblent en rien aux mots gaulois tels qu'on peut les reconstituer). Parfois, on peut se risquer à ajouter qu'ils sont ligures ou ibères. Au-delà, c'est le noir. On parle donc, sagement, de noms pré-gaulois ou pré-celtiques. Nous nous contenterons de présenter les éléments dont on peut raisonnablement affirmer qu'ils étaient employés avant l'arrivée des Gaulois, même si certains, par exemple ceux qui ont donné des noms communs, ont pu produire des toponymes à des époques plus récentes.

Racines pré-gauloises
évoquant le relief

Vu le peu d'éléments dont nous disposons, le sens de telle ou telle syllabe, de telle ou telle base à partir de laquelle ont pu se former des familles de mots, est toujours hypothétique. Toutefois, un certain nombre d'entre elles se retrouve soit dans des noms communs désignant telle sorte de rocher, soit dans des noms de pics, de chaînes ou de massifs. Cela permet de supposer qu'elles correspondaient au sens de « hauteur », « éminence » ou « montagne »...

On peut énumérer ces bases.

Ar-, qui semble avoir porté le sens particulier de *vallée*, est à l'origine d'ARRO (Corse), d'ARLES (BdR) et d'ARLET (HL) avec un suffixe **-el**, d'ARANC (Ain) avec un suffixe **-ink** (voir p. 20), d'ARLANC (PdD), avec **-el-** et **-ink** à la fois.

A l'époque gallo-romaine, Arles s'appelait **Arelate.** Pour une ville de la notoriété d'Arles, une simple racine pré-indo-européenne ne pouvait satisfaire les amateurs d'étymologies spectaculaires et « significatives ». On inventa un *large autel*, en latin *ara lata*, à partir d'un fait réel : la force persistante du paganisme dans la ville en dépit des efforts du grand Saint-Césaire. Frédéric Mistral, sans pourtant se lancer dans d'aventureuses spéculations toponymiques, précisait : « Arles avait autrefois sacrifié à Diane, tous les ans, trois enfants achetés des deniers publics et engraissés à cet effet, du sang desquels on aspergeait une foule considérable. »

La même racine est peut-être celle qui a fourni aux anciens habitants des Pyrénées leur mot **aran,** *vallée,* d'où les ARANCE, ARANCOU, ARANGORÈNE, etc. (PA) ; enfin, c'est de **ar-** que dérivent ORAISON (AHP) qui s'appelait **Aurason** au XIIe siècle, et surtout ORANGE (Vaucluse), **Arausione** au IIe siècle...

Bar- a donné BAR (Aveyron), BERRE (BdR), BARRÊME (AHP), BARGÈME (Var), etc. Ces toponymes du Sud de la France ont été produits dans une langue antérieure au gaulois, alors que dans le Nord de la France, les BAR (voir p. 41) remontent au gaulois **barro.** Ce qui ne rend pas les choses plus claires, c'est que le mot **barro,** qui lui aussi signifie *hauteur,* a peut-être été emprunté par les Gaulois à la langue des populations installées avant eux sur notre territoire. Attention : LE BAR (AM) s'appelait autrefois **Albarn,** composé du pré-celtique **alba** (voir p. 21) et du suffixe **-arn. Al-** a été pris pour l'article *au.*

Ben- pourrait avoir donné BANDOL (Var) et **bun-** est resté tel quel à BUN (HP)...

Cette racine pré-gauloise signifiant « bosse », il est possible qu'elle soit à l'origine du nom des beignets bosselés caractéristiques de la région lyonnaise, les « bugnes », d'autant que dans l'argot local « prendre une bugne » signifie « se faire une bosse »...

Gar- est à l'origine de GARS (AM), GARGAS (HG), GASSIN (Var), ancien **Garcin,** etc. Avec changement vocalique et adjonction de suffixe, la même racine fournit la base **gord-,** bien représentée dans GORDES (Vaucluse) et GOURDON (AM, Lot, Ardèche).

Juk- a donné JOCH (PO), JOUQUES (BdR), etc.

Kak-, phénicien selon certains, en tout cas méditerranéen, a donné **Caccabaria** qui, sous l'influence du mot latin *caballus,* cheval, est devenu CAVALAIRE (Var).

Kal- a donné CALCE (PO), CAUSSE (Gard, Hérault), de **Kaliso,** CALLAS (Var), de **Kalaris,** CALVI (Corse), de **Kaluo.** Il se peut que le début de CLAMART (HdS) doive être rattaché à cette racine. Un menhir, illustre dans l'Antiquité, serait la roche impliquée par la racine **kal-** ou **kla-.** La seconde partie du nom correspondrait à **martyrium,** mot qui, chez les Gallo-Romains, désignait une sépulture de martyrs, ou un simple cimetière (voir p. 231).

Kam- est à l'origine de CAMARADE (Ariège), CAMARÈS (Aveyron), CAMARET (Vaucluse), — mais le CAMARET du Finistère vient du latin **campus,** *champ* — et aussi de CHAMOLE (Jura), CHAMONIX (HSav.) ou CHAMOUX (Yonne, Savoie).

Kan- a donné CANNES et CAGNES (AM), CAGNOTTE (Landes), CHANOUSSE (HA), etc.

Kar- se retrouve dans tout le midi, de CARTICASI et CARBUCCIA (Corse) à CARCARÈS (Landes) et CARQUEIRANNE (Var), deux formes à redoublement, en passant par CARLAT (Cantal), CARALP (Ariège), peut-être avec **alp** (voir p. 20), CARAGOUDES (HG), sans doute avec le latin **acutus,** *aigu,* CARAMAN (HG), CASSIS (BdR), jadis **Carsis,** ou CARCASSONNE (Aude).

A propos de cette dernière ville, on raconte que Charlemagne l'assiégea alors qu'elle était occupée par les Sarrasins. Cela dura cinq ans, et la population de la ville souffrait terriblement de la faim. C'est alors qu'une femme, nommée Carcas, eut l'idée d'un stratagème.

Comme il ne restait plus aux assiégés qu'un porc et un boisseau de blé, céréale de luxe en ces temps-là, elle fit nourrir l'animal avec les grains, puis on le précipita du haut des remparts. Les assiégeants, devant l'animal gavé, pensèrent que les réserves de la ville étaient encore considérables, puisqu'on nourrissait ainsi un vulgaire cochon, et levèrent le siège, dépités. Charlemagne, quand il sut comment et par qui il avait été joué, en conçut une vive admiration et ordonna que la ville prît le nom de celle qui l'avait sauvée. La légende s'appuie sur un bas-relief portant la figure d'une femme et la légende *Carcas sum,* « je suis Carcas ».

Belle histoire, sans doute, mais les Romains connaissaient déjà la ville sous le nom de **Carcaso** (**Carcasonis** au génitif), ce qui prouve qu'elle portait déjà son nom bien avant Charlemagne.

Kar- a donné également CHARAVINES (Isère) et aussi CERBÈRE (PO), malgré l'homonymie avec le chien à trois têtes gardien des enfers, particulièrement indiqué pour donner son nom à un poste frontière. Sous une forme **kr-**, assortie d'un suffixe **-av**, cette racine a pu signifier « pierre ». On lui doit le nom de la plaine, oh combien caillouteuse, de la *Crau,* ainsi que les noms de CRAVANS (CM), CRAVANT (I&L, Loiret, Yonne), CRAVENT (Yvelines, E&L). La variante **kor-** a donné CUERS (Var), et COURNON (Morbihan, PdD).

On raconte que c'est à Cournon — celui d'Auvergne — que Jules César, enfant chéri de l'étymologie populaire, passa l'Allier. Comme il était incapable de franchir un cours d'eau sans prononcer une parole historique, au *Alea jacta est* du Rubicon répondit sur l'Allier un *Cur non?,* « Pourquoi pas ? »...

Kuk- se retrouve au PLAN DE CUCQUES (BdR). La même racine est également présente à CUGURON (HG) et CUCURON (Vaucluse), nom que des voisins mal intentionnés ont prétendu faire remonter à César. Les habitants s'étant enfuis à toutes jambes à son approche, le général romain se serait demandé « Pourquoi courent-ils ? », soit, en latin, *Cur currunt ?*

Meg-/Mag-/Mug- est à l'origine de MEGÈVE (HSav.), MAGALAS (Hérault), MOUGINS (AM) mais aussi de MAJASTRE (AHP) et des MUJOULS (AM).

Men-/Mon-/Man- se retrouve à MENTON (AM) et MENTHON (HSav.), à MONACIA (Corse), MONIEUX (Vaucluse), peut-être à MONACO (voir p. 36), et probablement à MANE (AHP, HG), ainsi qu'à MANOSQUE (AHP) et MANOT (Cher) avec le suffixe pré-celtique **-osc/-ost** (voir p. 19). On suppose qu'une variante **mim-** de cette racine est à l'origine du nom de la localité que les Gaulois appelaient **Mímate** (avec un accent sur le i) et qui est devenue MENDE (Lozère).

Mor- explique MORAS (Drôme, Isère), MORNAS (Vaucluse), MORZINE (HSav.), MORESTEL, MORETTE et LA MORTE (Isère). Avec un redoublement, on a MORMOIRON (Vaucluse).

Mes-/Mis- a donné MÉZEL (AHP, PdD), NOTRE DAME DE MÉZAGE et MIZOËN (Isère), ainsi que MISON (AHP).

Mais, nous l'avons dit, l'état linguistique de la « France » pré-gauloise est très difficile à connaître. En ce domaine, les hypothèses sont plus nombreuses que les certitudes, et, parmi les hypothèses, rares sont celles qui sont entièrement satisfaisantes. Avec le sens de *hauteur, montagne*, l'élément **mis-** convient assez bien comme origine des quatre toponymes cités ci-dessus, mais ne saurait expliquer MÈZE (Hérault) et MÉZOARGUES (BdR) dont les sites sont bien plats. Il faut donc imaginer un élément **mes-**, homonyme du précédent, dont le sens serait peut-être « marécage ». Ne tirez pas sur les toponymistes ! Non seulement ils font ce qu'ils peuvent, mais ils le font avec toute la rigueur scientifique voulue, et aucune de leurs hypothèses n'est dépourvue d'arguments.

Org- est à l'origine d'ORGON (BdR).

Pal- a donné PALNECA (Corse) ou PALLADUC (PdD), jadis **Paladunon,** avec le gaulois **dunos** (voir p. 63), et peut-être PAU (PA) ; pour cette dernière ville, voir aussi pp. 166 et 264.

Pen- a donné divers PENNE (L&G, Tarn), PENNES (Drôme), ou PENOL (Isère). La même racine, avec changement de voyelle et adjonction d'un suffixe **-p,** donne **pomp-,** d'où LE POMPIDOU (Corrèze) et POMPONNE (S&M).

Le toponyme *Le Pompidou* est devenu nom de famille, après avoir dénommé des individus originaires de ce village (ou d'un autre lieu portant le même nom). Georges Pompidou, Président de la République de 1969 à 1974, était un de leurs descendants. L'explication ultime de ce nom par une racine pré-celtique n'est pas la seule que l'on propose. En voici une autre, qui flatte davantage l'imagination. *Pompidou* a commencé par être, en langue d'oc, un nom commun formé du suffixe **-dou** issu du suffixe latin **-torium,** et d'un verbe **pompir** qui signifie *piétiner*. Le Pompidou aurait donc été jadis un lieu où l'on se réunissait pour piétiner en cadence, dans on ne sait quel rite païen ou magique (à moins que ce ne soit tout simplement pour battre le blé !). En ce qui concerne la Seine-et-Marnaise POMPONNE, il est juste de signaler qu'une autre étymologie possible fait dériver son nom du latin **Pomponia (villa),** c'est-à-dire « le domaine appartenant à Pomponius ».

Rank- nous a laissé RANCHAL (Rhône), RANCHETTE (Jura), RANCON (HV) et RANG (Doubs).

Seg-/Sig- explique SIGALE (AM), SIGOYER (AHP, HA), SIGONCE (AHP), jadis **Seguntia,** et SISTERON (AHP), jadis **Segesteron** avec le même élément **ester(on)** qu'on retrouve dans le nom de l'*Estérel* et dans ROQUESTERON (AM), avec le latin **rocca,** *roche*.

Set- est à l'origine de SÈTE (Hérault), même si, de Louis XIV à 1936, le nom de cette ville s'est écrit CETTE et si une baleine, en latin *cetus,* figure sur ses armes. C'est aussi l'origine de SÉDERON (Drôme), SEYNE (S) (AHP, Gard).

Tan- a donné TANARON (AHP) et TANNERON (Var).

Tar-/Ter-/Tur-/Tr- a donné THIERRY (AM), TARASCON (Ariège, BdR), TARTONNE (AHP), TURENNE (Corrèze), TURRIERS (AHP), et aussi TRANS (Var), TRÉVANS (AHP), TRIGANCE (Var). Voir aussi **truc,** p. 26.

Une variante **tul-** pourrait expliquer DOL DE BRETAGNE (I&V) et DÔLE (Jura).

Uk-/Ut- donne la clé d'UZÈS (Gard), jadis **Ucetio,** d'UTELLE (AM) et d'UZERCHE (Corrèze).

Ved- a donné VEDÈNES (Vaucluse), VEYNES (HA), jadis **Vedena,** et VÉZENOBRES (Gard) en composition avec le gaulois **briga** (voir p. 62).

Var-/Vor- est supposé être à l'origine de VARAGES (Var), et de VARS (HA), VOREPPE et VOIRON (Isère).

Pour cette dernière commune, le calembour était trop évident. On n'a pas su y résister. Il fallait une victime. La tradition populaire s'en prend d'ordinaire au Christ, à Jules César et à Napoléon. Ce fut le second qui fut choisi, sans qu'on sache pourquoi, et la légende affirma que César, arrivant en vue de la ville dans un état d'ivresse prononcé, se serait exclamé « Je vois rond ». Comme c'est une histoire que l'on raconte, dans l'Isère, aux petits enfants, on ne prend pas la peine d'expliquer quelle Pentecôte païenne permettait au général ivrogne de s'exprimer en français...

Il faut ajouter aux noms formés sur cette très ancienne racine celui de VARAPPE, qui désignait un couloir rocheux du Salève (HSav.), et dont la forme est très voisine de celle de VOREPPE, citée plus haut. Haut lieu d'entraînement pour les alpinistes, la Varappe s'est élevée au rang de symbole, et son nom est devenu nom commun.

Ven-/Vent-/Vint-/Vind- se retrouvent à VENCE (AM), autrefois **Vintion,** VENTÉROL (Drôme), VENACO (Corse), VENANSON (AM), VENASQUE (Vaucluse), autrefois **Vindasca,** VENELLES (BdR), VENTABREN (BdR) etc. et, bien sûr, dans le mont VENTOUX, le « géant de Provence », au sommet duquel il ne fait pas toujours du vent, comme son nom le laisse volontiers croire.

Ves-, enfin, a pu signifier « montagne » sur un immense territoire allant du Haut-Jura au Sud de l'Italie. On lui devrait le nom du *Vésuve* et du Mont *Viso*, mais aussi celui de VESOUL (HS) et de BESANÇON (Doubs).

En gaulois, cette ville s'appelait **Vesontio** ou **Visontio.** A la fin de l'Antiquité, on ne distinguait plus les consonnes B et V, et l'on vit apparaître les graphies **Besontio, Bisontio** ou **Bisentio** pour la ville, **Bisontii** pour ses habitants. Ces graphies ont entraîné les formes actuelles de *Besançon* et *Bisontin*. Au Moyen Âge, on a été frappé par la ressemblance fortuite de ces noms avec le nom latin *bison*, désignant le bœuf sauvage ; aussi l'effigie de cet animal figure-t-elle dans les armes de la ville.

Racines pré-gauloises évoquant les eaux

En nombre plus raisonnable, certaines racines pré-celtiques paraissent être en rapport avec le domaine de l'eau : rivières, sources, marécages. Elles sont présentes dans des noms propres que l'on suppose cristallisés depuis des millénaires.

Avec un suffixe **-v,** la racine **ar** (voir p. 11) aboutit à la base **arv-**, évidente dans le nom de l'affluent savoyard du Rhône, l'*Arve,* mais présente aussi dans différents ARVIEU ou ARVIEUX (Aveyron, HA).

Av- pourrait expliquer le nom antique **Avenione** qui a donné AVIGNON. En composition avec le gaulois **ritus,** *gué* (voir p. 50), cette racine a donné **Avoritum,** d'où AVORD (Cher).

Bli- serait à l'origine de BLAISE (Ardennes, Marne, HM), qui est également le nom de plusieurs rivières, et de BLOIS, anciennement **Blesae** (L&C, Jura). On lui doit aussi le *Blavet,* fleuve côtier breton.

Med- a donné un certain nombre de noms de rivières. L'une d'elles, aujourd'hui oubliée, la **Medanta,** a donné MANTES (Yvelines); une autre, la *Mayenne,* appelée **Meduana** à l'époque gauloise, a donné MAYENNE (Mayenne).

Nev- a donné **Nevera,** la *Nièvre,* et de là **Nevirno** qui devint NEVERS (Nièvre).

Rod-, racine présente dans **Rodanos** qui, à l'époque gauloise, désignait le *Rhône,* se retrouve dans ROANNE (Loire), anciennement **Rodonna** (voir **onna** p. 48).

Sav-/Sal- est susceptible d'être à l'origine de SAULON (CdO) et de SAUMUR (L&C), ancien **Salmuro,** avec un second élément obscur. On lui doit d'autre part le nom des deux *Sèvres,* Niortaise et Nantaise, et d'autres noms de rivières, plus la ville de SÈVRES (HdS), jadis **Savara,** du nom d'un ruisseau disparu.

Tel-/Tol- est à l'origine des nombreux TOULON (car le récent chef-lieu du Var n'est pas la seule commune à porter ce nom, présent aussi en Allier, Marne, S&L). On présume que cette racine signifiait précisément « source ». On peut être tenté de la retrouver dans THOLLON (HSav.), dans TOUL (M&M), dans LE THOU (Charente, CM, Loiret, Marne), et dans TOULOUSE (HG), anciennement **Tolosa.**

Var-/Vir- que l'on retrouve dans le *Var* et le *Gard* (appelé **Vardo** à l'époque gallo-romaine) a donné aussi la *Vire*, d'où le nom de VIRE (Calvados).

Vas- explique VAISON (Vaucluse), anciennement **Vasione.**

Suffixes pré-gaulois

En plus des racines, les toponymistes ont identifié au moins trois suffixes pré-celtiques.

Le premier, **-asc-**, **-osc-** ou **-usc-**, voire **-isc-**, est apparemment un suffixe ligure. On le rencontre essentiellement à l'Est du Rhône, et jusqu'en Toscane ; c'est dire qu'il caractérise la zone de plus grande influence ligure.

On le trouve en composition avec des bases pré-celtiques : avec **man-** (voir p. 14) à MANOSQUE (AHP) ; avec **mata** (voir p. 26) à MÂCON (S&L), anciennement **Matiscone** ; avec **pal-** (voir p. 15) à PALASCA (Corse) ; avec **tar-** à TARASCON (BdR), voir p. 16 ; avec **ven-** à VENASQUE (Vaucluse), voir p. 16) ; avec des mots gaulois, comme **cambo,** *courbe* (voir p. 47) à CHAMBOST (Rhône), qui s'appelait **Villa Chambosco** aux alentours de l'an 1000, avec des anthroponymes gallo-romains comme **Artinius**, tiré du gaulois **artos,** *ours*, qui a donné ARTIGNOSC (Var) ; avec des anthroponymes romains comme **Flavius** à FLAYOSC (Var), **Gratius** à GRÉASQUE (BdR), anciennement **Gratiasca** ; enfin avec des bases moins claires, comme à MAGAGNOSC (AM), et NÉVACHE (HA), anciennement **Annavasca.**

Le second suffixe, **-ink-**, est présent à coup sûr à ARLANC (PdD), voir p. 11, et à L'ALBENC (Isère), LALBENQUE (Lot), ARBENT (Jura), voir p. 21. Nous savons d'autre part qu'il existait dans le nom gallo-romain de GAP (HA) : **Vapincum.**

La transformation du V initial en G est un phénomène fréquent, affectant surtout des mots d'origine germanique (*wardan* donne *garder; waidanjan* donne *gagner,* etc.), mais pas seulement (latin *vespa* donne *guêpe, vagina* donne *gaine,* etc.). **Vápincum** étant accentué sur le a, les deux dernières syllabes ont disparu. Elles se sont maintenues dans le nom des habitants de la ville, les *Gapençais* (de **Vapincé(n)sis,** accentué sur le e).

Le troisième suffixe, **-oss-**, est associé au nom gaulois **Atto** à ATHOS (PA). Il a été fréquemment utilisé dans l'extrême Sud-Ouest de la France, en particulier à BARDOS (PA), IBOS (HP), PISSOS (Landes), ainsi que dans BISCAROSSE et SEIGNOSSE (Landes), qui ont respectivement pour base un mot aquitain qu'on retrouve dans le basque **bizcar,** *tertre,* et un anthroponyme gaulois **Senios,** d'après l'adjectif **seno,** *vieux.* Mais on le trouve également en Provence : CADEROUSSE (Vaucluse) vient de **Catarossa,** formé du nom d'homme gaulois **Cataros** et du suffixe **-ossa.**

Quelques mots pré-gaulois

Les spécialistes de la toponymie se meuvent sur un terrain plus solide lorsqu'ils découvrent, à l'origine des noms de lieux, non pas des racines, mais des mots, dont l'existence passée est prouvée de diverses manières, et notamment, dans certains cas, parce qu'ils ont traversé les millénaires et sont encore employés. En voici une liste.

Alpa, qui paraît avoir signifié, comme c'est encore le cas dans le nom commun *alpe,* « pâturage de montagne », est à l'origine, bien évidemment, du nom de la chaîne des *Alpes,* mais aussi de celui de SAINT JEAN D'AULPH (HSav.), **et,** plus curieusement, de celui du PECQ (Yvelines) ; cette ville, située au pied de la « falaise » de Saint Germain en Laye, s'appelait au VIIe siècle **Alpicum** et au XVIIe siècle le **Port-Aupec,** transformé en **au Pec** avant de prendre sa forme définitive. LE PILHON (Drôme) qui s'appelait **Alpilione** au XIIe siècle, a connu la même évolution. Plus fort encore : cinq villages de Vendée portent un nom terminé par -EN-PAREDS. Ce *Pareds,* pays étrange, devrait s'expliquer par une fausse coupe. Il faut supposer qu'on a dit autrefois **au Pareds** après avoir indûment coupé un **Aupareds,** comme tend à le prouver la forme **Alperium** que l'on trouve dans un document du XIe siècle.

Une forme voisine **alba** semble expliquer ALBI (Tarn), jadis **Albigae.** Avec le suffixe pré-gaulois **-ink-,** on a L'ALBENC (Isère), LALBENQUE (Lot), ARBENT (Jura). Avec le suffixe gaulois **-enno,** on a ALBENS (Savoie), jadis **Albinnum.** Autre suffixe gaulois, **-ate,** dans ALBIEZ (Savoie), jadis **Albiate** et peut-être plus anciennement **Albate.** Ces deux suffixes gaulois sont réunis à AUBENAS (Ardèche), jadis **Albenate.**

Une autre forme voisine, **arpa,** a donné ARPAVON (Drôme) ainsi qu'ARPAJON (Cantal), dont le nom fut transféré (voir p. 274) à une cité de l'Essonne, dont le paysage n'a évidemment rien d'alpestre.

Artig désignait un terrain récemment défriché. Les langues occitanes ont conservé, avec le même sens, le nom commun *artigo,* qui a servi à désigner plusieurs localités : ARTIGAT (Ariège), ARTIGUE(S) (Ariège, Aude, Gironde, HG, HP, Var), LARTIGUE (Gers, Gironde), etc.

Bal, qui s'est maintenu jusqu'à nos jours et subsiste tel quel en occitan, au pluriel *bals,* roches à pic, est à l'origine de BALEIX (PA) et BALSIÈGES (Lozère). Du nom des BAUX-DE-PROVENCE (BdR) a été tiré celui de la *bauxite,* le minerai dont on extrait l'aluminium. La variante **bol** a donné BEUIL (AM), BOULE D'AMONT (PO) et, jointe à la racine **kar-** (voir p. 13), BOLQUÈRE (PO).

Balma, *grotte,* est peut-être gaulois, plus sûrement antérieur. Dans la région des parlers franco-provençaux, on a LA BALME (Ain, Savoie, Jura, HSav., Isère), dont LA BALME-LES GROTTES (Isère), qui fait pléonasme ; dans les Pyrénées, BALMA (HG) ; ailleurs BAULME (CdO), BAUME (Doubs, Jura, voir p. 223), BEAUME (Aisne). BEAUMES-DE-VENISE (Vaucluse), haut lieu de la viticulture rhodanienne, doit la seconde partie de son nom à sa province, le *Comtat-Venaisin*. On trouve également des diminutifs, LES BAUMELLES (Var), LES BAUMETTES (BdR) ou encore BEAUMETTES (Vaucluse).

La *Sainte-Baume* (BdR) est une grotte qu'une tradition médiévale affirme être celle où, pendant trente ans, Marie-Madeleine, la sainte pécheresse, vint pleurer sur ses fautes passées — de là sans doute l'expression populaire « pleurer comme une Madeleine ». L'humidité permanente de la grotte, orientée au Nord, a passé, dans l'imagination populaire, pour un souvenir de ces larmes.

Barto, *hallier,* a donné les BARTHAS et BARTHE(S) du Sud-Ouest.

Borna, *source,* a donné BOURNEAU (Vendée), BOURNAZEL (Aveyron, Tarn, Cantal, Corrèze, Dordogne).

Cala a donné, du Massif Central à la Méditerranée, le nom commun *cale* qui signifie soit *pente,* soit *abri.* On peut supposer qu'à l'origine le mot désignait une pente ou un creux abrités (du vent ou du soleil). A l'époque gauloise, ce mot s'est répandu sur tout le territoire de la Gaule, sous une signification que nous ignorons.

Cala seul a donné CHELLES (S & M) et CHALLES (Ain), nom transféré par son seigneur Louis de Challes à un nouveau fief, CHALLES-LES-EAUX (Savoie).

Avec le très ancien suffixe **-ink-** a été formé le nom **calanco,** que nous connaissons bien sous la forme *calanque,* dont le sens rejoint celui d'*abri.* En dérivent CHALENÇON (Ardèche), CHALLANS (Vendée), et SALLANCHES (HSav.).

Avec des suffixes divers, **cala** a produit CALAIS (PdC), CALÈS (Dordogne), CHALAIS (Charente, Indre, Vienne), CHALLET (E & L), CHALEIX (Dordogne), CHALLEX (Ain), CHALÈZE (Doubs).

Les bourgeois de Calais étaient passés à la légende. Aujourd'hui, quasiment chassés des manuels scolaires, ils s'enfoncent peu à peu dans l'oubli. Leur histoire était un touchant exemple de dévouement. En 1347, assiégée depuis un an, ayant perdu tout espoir d'être secourue, la ville se rendit aux Anglais. Cela n'allait pas sans risque. Comme l'écrit Michelet, « il était assez probable que le roi d'Angleterre, qui s'était tant ennuyé devant Calais, qui y était resté un an, qui, en une seule campagne, avait dépensé la somme, énorme alors, de près de dix millions de notre monnaie, se donnerait la satisfaction de passer les habitants au fil de l'épée ; en quoi certainement il eût fait plaisir aux marchands anglais » — mais un tel massacre en eût appelé d'autres. On pria le monarque ; on le supplia. « Il céda (...) pourvu que quelques-uns des principaux bourgeois vinssent, selon l'usage, lui présenter les clefs, tête nue, pieds nus, la corde au col ». C'était jouer sa tête, et on comprend qu'Eustache de Saint Pierre et ses cinq compagnons, qui se portèrent volontaires, aient été considérés comme des héros... Malheureusement pour la légende, on savait depuis longtemps qu'Eustache de Saint Pierre avait reçu des Anglais pensions et charges. Vers le milieu du XIXe siècle, on démontra, preuves en main, qu'il était depuis bien longtemps de connivence avec l'assaillant... ce qui explique que l'on se soit, peu à peu, montré plus discret sur son « courage civique ».

Cala entre aussi en composition avec des noms gaulois : avec **briga,** *pont,* à **Calobriga** devenu COULOBRES (Hérault) ; avec **dunos,** *ville,* à **Caladuno** devenu CHÂLONS (Mayenne) — pour d'autres CHALON(S), voir p. 61 et 85 ; avec **onna,** *rivière,* dans différents **Calonna** devenus CALONNE (PdC) ou CHALONNES (M & L).

Cauno, *grotte,* probablement pré-gaulois, explique LA CAUNE (Tarn) ou CAUNEILLE (Landes).

Les **Cerritani** étaient une tribu ibère, dont le nom se perpétue à CÉRET (PO). Leur territoire, appelé **Cerritania,** est devenu la *Cerdagne.*

Clap, *pierre, rocher,* existe encore en occitan, où *clap* signifie *éclat de pierre* ou *tas de pierres,* d'où les noms relativement récents de CLAPIERS (Hérault), LES CLAPAS (Gard), ou TERRE-CLAPIER (Tarn), et les noms beaucoup plus anciens de CLAVANS (Isère), jadis **Clapatone,** et CLAVEYSON (Drôme), jadis **Clapasione.**

Garric est resté *garric* en gascon et en languedocien, et est devenu *garrig* en catalan. Dans ces langues, le mot désigne le chêne kermès. Le provençal *garrigo,* qui a donné en français *garrigue,* désignait d'abord un lieu planté de chênes. Ce très vieux mot est à l'origine de nombreux toponymes : LE GARRIC et GARRIGUES (Tarn), LA JARRIGE (Cantal, Corrèze, Landes, HL, Lot, PdD, Vienne, HV), LE JARRIEL (S & M), (LE) JARRIER (Eure, I & L, LA, Nièvre, Orne, Sarthe, Savoie, S & M), ainsi que LA JARRIE (CM).

Gava, *torrent de montagne*, a donné, outre le nom commun *gave*, JAVIE (AHP) et GAVARNIE (HP).

Grava, *petite pierre,* a donné des GRAVES et des LA GRAVE (HA, Tarn, Charente, Gironde), mais aussi GRAVELOTTE (Moselle) sans compter, bien entendu, le nom commun *gravier*.

Gergo, *hauteur*, s'est illustré dans le nom de la vaillante *Gergovie* des Arvernes et vit encore dans GIRGOLS (Cantal).

Ili, mot aquitain signifiant *ville,* a donné ILHEU (HP), LAS ILLAS et ILLE-SUR-LA-TET (PO), ainsi que ILONSE (AM), OLORON (PA), autrefois **Ilurone,** et BAGNÈRES-DE-LUCHON (HG), anciennement **Iluxone** (pour les formes basques voir p. 32).

Ille-sur-la-Têt a prêté son nom à un étrange conte de Prosper Mérimée, *la Vénus d'Ille.* Un certain Monsieur de Peyrehorade a découvert dans ses terres d'Ille une statue de Vénus en bronze. Cette statue a manifesté une puissance maléfique, lors de son exhumation, en brisant la jambe d'un ouvrier et en renvoyant une pierre à un polisson qui la lui avait lancée. Le matin de son mariage, le fils de M. de Peyrehorade se débarrasse de sa bague pour jouer à la paume, et la passe, par jeu, à l'annulaire de la statue. Quand il veut la reprendre, la statue a replié le doigt : il ne peut plus la retirer. Le lendemain matin on le retrouve, dans son lit, mort étouffé, le corps marbré de contusions. La bague gît sur le tapis. Sa jeune femme, devenue folle, raconte qu'une femme de bronze est venue dans la nuit étreindre son mari. Le père fait fondre la statue maudite qui est transformée en cloche. Depuis que cette cloche sonne à Ille, on dit que les vignes ont gelé deux fois.

Mérimée n'avait pas été inspiré par une statue réelle — il avait brodé sur une chronique ancienne — mais il aurait été dommage de ne pas matérialiser la belle et redoutable Vénus d'Ille. Ce fut fait, non pas dans le village mais sur la place de la Loge, à Perpignan, grâce à une création de Maillol.

D'autre part, à l'époque romaine existaient au moins deux villes appelées *Illiberis* ou *Illiberri :* ce sont aujourd'hui Grenade (Espagne) et ELNE (PO) ; sur l'origine de ce nom, voir p. 132. Sachant qu'il existe en basque un adjectif *berri,* nouveau, et que le basque et l'ibère sont deux langues qui ont entretenu des rapports étroits, on en conclut qu'*Illiberis* (ou *Illiberri*) était l'équivalent de *Villeneuve*. En tout cas, un des ports de l'ancienne Elne s'appelait **Cauca Illiberis** — **Cauca** paraît également être un nom ibère ; on le retrouve dans CAUX (Aude, Hérault). Au VIIe siècle, ce nom est

devenu **Caucholiberi.** L'évolution continuant, on aboutit à la forme actuelle de COLLIOURE (PO). Enfin, une inscription de l'époque gallo-romaine nous révèle que LOMBEZ (Gers) s'appelait autrefois **Eliumberrium,** ce qui nous donne une autre *Villeneuve* ibère.

Lavinca, mot ligure signifiant *éboulis,* explique mieux le nom commun *avalanche* que le latin *labina,* éboulement. La forme ancienne d'*avalanche* est en effet *lavanche* (*la lavanche* est devenu *l'avalanche* par confusion avec *aval*). A ce nom semblent se rattacher ceux de LÉONCEL (Drôme) et de LINCEL (AHP). Il est formé sur une racine **lav-**, qui se retrouve dans LAVARS (Isère) et LEVENS (AHP, AM). On en rapproche l'élément **lap-** qui apparaît dans le Massif Central à LAPS (PdD) et LAPTE (HL).

Mata devait signifier *forêt* ou *buisson*. Nous en avons hérité dans MATEMALE (PO), dont le second élément a été reconnu comme un mot pré-celtique **mala,** *montagne*. On le retrouve également dans LES MATHES (CM) ou MATHONS (HM). On a cru d'autre part pouvoir isoler un mot ligure **matro,** qu'on suppose lié à cette racine, et qui serait à l'origine de MATRA (Corse) et de MAYRES (Ardèche, Isère, PdD).

Nesta, *rivière* a donné NESTALAS et NESTIER (HP), et le nom de la *Neste,* rivière pyrénéenne.

Nava, *vallée,* se reconnaît dans VAULNAVEY (Isère), VAUNAVES (AHP), VAUNAVEYS (Drôme), noms pléonastiques, puisque composés avec le latin **vallis,** *vallée;* également dans BELLENAVES (Allier), avec l'adjectif *belle,* dans BARNAVE (Drôme) avec **bar-** (voir plus haut p. 11), sans compter les NABAS (PA), NAVES (Allier, Ardèche, Corrèze, Savoie, HSav., Tarn), NAIVES (Meuse) ou NAGES (Gard, Tarn).

Narbo serait le nom d'un dieu ibère, jadis honoré à NARBONNE (Aude).

Serra, *montagne allongée,* survit en espagnol sous la forme *sierra,* mais aussi en français sous la forme *serre,* qui, dans le Sud de la France, désigne une colline étroite et allongée. D'où d'innombrables SERRE(S), LE SERRE, LA SERRE, et aussi SERRA (Corse), SERRIÈRES (Ardèche, Isère, M&M, S&L, Savoie, Ain), SÉRANON (AM), SERRABONNE, SERRALONGUE (PO), SERRAVAL (HS), SARREMEZAN (HG) avec le latin **medianus,** *du milieu,* SARLAT (Dordogne) avec le latin **latus,** *large,* et TRESSERRE (PO) avec le latin **trans,** *au-delà.*

Tala, *terre argileuse* nous a laissé TALLARD (HA), TAURES (PdD), TAL(L)OIRE (AHP, HS), etc.

Tosca, *taillis,* survit en occitan. On retrouve ce mot dans des noms comme LA TOUCHE (Drôme) ou TOUCHAY (Cher), mais aussi TOUQUES (Calvados), TOUQUIN (S&M) ou LE TOUQUET (PdC).

Truc, probablement dérivé de la racine **tar-/ter-** (voir p. 16) survit lui aussi en occitan avec le sens de *montagne.*

On le retrouve dans LE TRUCQ (Corrèze) et LA TRUCHÈRE (S & L); on peut lui rattacher un mot **trauco**, signifiant *ravin, gouffre*, qui a donné en français le nom commun *trou* et le nom propre TROÔ (L & C).

Enfin, des dizaines de noms de localités ne peuvent être rattachés à aucune langue connue. On n'y peut démêler ni racines ni suffixes, ni déceler le moindre sens acceptable. On sait qu'ils sont très anciens, qu'ils existaient avant l'arrivée des Gaulois. Là s'arrête la science, pour le moment.

Parmi ces noms ininterprétables, citons ALÈS (Gard), jadis **Alesto,** ANGOULÊME (Charente), ancienne **Ecolisma** devenu **Engolisma** sans doute sous l'influence de noms germaniques commençant par *Eng-;* APT (Vaucluse), ancienne **Apta** baptisée *Colonia Apta Julia* par les colons romains ; BÉZIERS (Hérault), ancienne **Baiterra** ; BORDEAUX (Gironde), ancienne **Burdigala** ; EAUZE (Gers), ancienne **Elusa** ; FOIX (Ariège), ancienne **Fucsos** ;MARTIGUES (BdR), anciennement **Marticum,** etc.

Nous finirons par un exemple montrant quelles extraordinaires transformations ces noms très anciens ont pu subir avant d'arriver jusqu'à nous.

Il existait en Gaule une ville nommée **Oblenco** dont le nom était formé d'une racine **obl-,** étrangère, semble-t-il, aux langues celtiques, et du suffixe **-ink** (voir p. 20). **Oblenco** s'est transformé en **Oblenc, Oublenc,** puis **Oublanc** ; *la ville d'Oublanc* est devenue *la ville dou Blanc,* c'est-à-dire *la ville du Blanc,* d'où LE BLANC (Indre) dont les armoiries portent un cygne et cette devise : « sans tache, comme lui ».

II. Les Basques

Au Sud-Ouest de la Garonne, la classique antienne « Nos ancêtres les Gaulois » n'est guère pertinente. Les Ibères, dont la langue n'était pas indo-européenne, venaient du bassin de l'Ebre, en Espagne. Au ve siècle avant notre ère, ils avaient franchi les Pyrénées par l'Est et par l'Ouest, et s'étaient installés dans le Sud de la Gaule, jusqu'au Cantal et à la région de Nîmes. Là, ils se heurtèrent aux Celtes, alors en pleine expansion, qui les refoulèrent jusqu'à la Garonne d'une part, jusqu'aux limites de l'actuel Roussillon, de l'autre, c'est-à-dire aux limites actuelles du catalan et du gascon.

Puis, ce fut la romanisation, qui acheva le travail ébauché par les Celtes. On en peut suivre les limites dans la toponymie : les noms caractéristiques formés au moyen des suffixes **-acum** ou **-anum** (voir pp. 126 et 130) se retrouvent jusque dans la région de Pau, Tarbes, Argelès, mais ni dans les Landes ni surtout dans le Pays Basque, qui ne put être conquis.

Il y a un mystère de la langue basque qui reste à peu près entier. Les tentatives de rapprochement effectuées entre cette langue et d'autres langues du globe (parfois très lointaines, comme les langues du Caucase ou même le japonais) n'ont pas encore abouti à des résultats décisifs. Un certain nombre de spécialistes sont tentés de voir dans le basque un dialecte de la langue ibère (mais on ne connaît pas l'ibère !), ou encore la forme actuelle de la langue des anciens Aquitains qui, à l'arrivée des Romains, se différenciaient nettement des Celtes.

La tradition basque proclame hautement l'extrême difficulté de la langue, que Lucifer lui-même n'a jamais été capable d'apprendre, et son extrême ancienneté. Elle aurait été inspirée par Dieu lui-même, et serait « aussi naturelle à l'espèce humaine que le roucoulement au pigeon, l'aboiement au chien ».

Du VIe au VIIIe siècle au moins, les Basques redescendirent des montagnes où ils avaient été confinés. Les Romains les appelaient *Vascones*, d'où, plus tard, leurs noms de *Bascons*, puis *Basques*. Le territoire qu'ils conquirent fut nommé *Vasconia*. Après leur reflux, il garda son nom : ce fut la *Gascogne* (pour le passage du V au G, voir p. 20). Ceux qu'on appelle aujourd'hui les Gascons ne sont pas, pour la plupart, d'anciens Basques : ce sont les habitants d'une région occupée un temps par les Basques. Cette occupation n'eut que des conséquences limitées, au moins en ce qui concerne la toponymie. Il faut toutefois citer les quelques traces du nom même des envahisseurs : BASCON(S) (HG, Landes), BASCOU(S) (Dordogne, Gers), BASCOS (Landes). Les noms de GACOGNE (Nièvre) et de VACOGNES (Calvados) correspondent probablement à la déportation par Pépin le Bref de Basques prisonniers de guerre.

D'autre part, une particularité phonétique des anciens parlers du Sud-Ouest, ibère, aquitain et basque, s'est particulièrement bien maintenue sur le domaine de l'expansion basque : la transformation de la consonne F en H aspiré. En voici quelques exemples : le lieu-dit LE FORT DU HA, à Bordeaux (Gironde), le nom HA venant du latin **fanum,** *temple* (voir p. 134) ; HIIS (HP) et HIX (PO), venant du latin **fines,** *limite* (voir p. 87) ; les SAINT-ÉLIX (Gers, HG) qui sont en fait des *Saint-Félix*, etc.

Le basque est une langue agglutinante, d'où quelques noms de lieux-dits d'aspect très impressionnant, comme INTHASENDARRAGIRATZEBURUKOHARIA, c'est-à-dire *le rocher du sentier boueux du bout de la fougeraie*, dans la commune de Béhorléguy (PA). Voici les principaux éléments de la langue basque qui apparaissent dans la toponymie.

La racine **ar-** (voir p. 11) est représentée par **aran,** *vallée,* présent dans ARNEGUY (PA), avec **egui,** *au bord de,* HARANBERRY (PA), avec **berri,** *nouveau.* On rattache à la même racine le mot **arri,** *pierre,* que l'on trouve en composition avec **ast,** *pointe rocheuse,* à ARRAS (HP) et ARRAST (PA), avec divers suffixes à ARRAUTE, ARREAU, ARRENS (HP), ARROUT (Ariège), ARROS et ARROSES (PA), avec des éléments inconnus à GUINARTHE et GUÉTHARY (PA), avec

ain, *beaucoup,* et **pe,** *dessous,* à AINHARP (PA). BIARRITZ (PA) pourrait être composé de **arri** et signifierait alors *les Deux Pierres ;* il peut aussi être composé de **aritz,** *chêne,* et voudrait dire en ce cas *les Deux Chênes.*

As, ast, aitz, *pointe rocheuse,* donne AAST, ASTE (PA, HP), ASTIS, ASTUGUE (HP), peut-être ASTON (Ariège), en tous cas ASSAT, ASSON (PA). Avec **asp,** *derrière,* on a ASASP (PA) ; avec **gain** ou **goyen,** *le plus haut,* ASCAIN (PA) ; avec le latin **quadratus,** *carré,* ASCARAT (PA), et avec **barren,** *derrière,* HASPARREN (PA).

Bai, *rivière,* donne BAIGORRY (PA), *Rivière Rouge,* et peut-être BAYONNE (PA), *Rivière Bonne.*

D'autres étymologies font de Bayonne une *bonne baie* ou *le confluent des rivières.* Il en est une, particulièrement fantaisiste, qui affirme que le nom de la ville provient de **baï, ona,** *oui, c'est bon.* Bayonne, c'est le pays de la baïonnette, ou couteau bayonnais, décrit au début de l'époque moderne par Agrippa d'Aubigné, produit industriellement par les maîtres couteliers de la ville, auxquels Louis XV doit donc les dernières victoires de son règne.

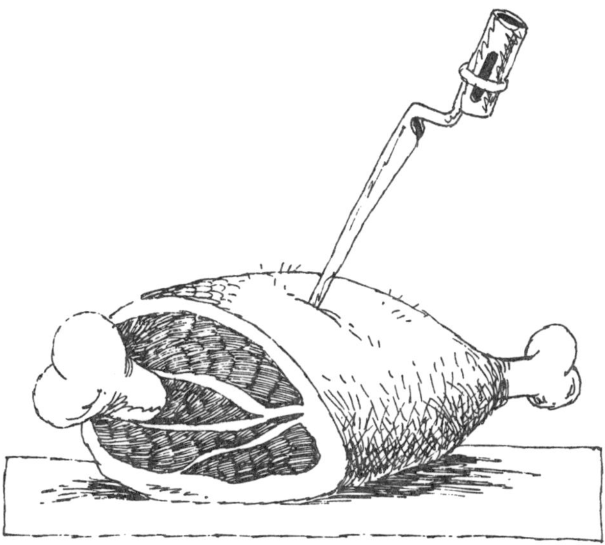

L'arme figure sur les nouvelles armoiries attribuées en 1696 à la ville par d'Hozier, garde de l'armorial général de la France, et qui sont « de sable à une baïonnette renversée d'argent, la poignée d'or, surmontée d'une couronne murale ». Plusieurs versions de l'invention de la baïonnette existent. Une la fait naître à Bayonne même, une autre dans la région. Selon la première, ce fut durant le siège que Bayonne soutint, en 1523, contre les rois d'Angleterre et d'Aragon coalisés que les femmes de cette ville, se chargeant courageusement de la défense des remparts, eurent l'idée d'attacher des couteaux au bout de fusils. Selon la seconde, des Basques enfermés dans un fort appelé depuis « la redoute de la baïonnette » auraient eu cette idée qui leur aurait permis de repousser les Espagnols qui les encerclaient.

Bide, *chemin,* a donné BIDACHE, BIDARRAY (PA). BIDART (PA) composé avec **arte,** *entre,* doit signifier *Entre les chemins.*

Bur, *tête* ou *hauteur,* a donné BURRET (Ariège), BUROS, BUROSSE (PA), ainsi que BOURISP (HP), avec **pe,** *en dessous de,* et CIBOURE (PA), de **Çubi-buru,** *Tête de pont.*

Cambo, en pays de langue basque, pourrait être différent du **cambo** celte qui signifie *courbe* (voir p. 47). Il s'agirait d'un mot dont personne ne sait s'il est vraiment basque, et qui désignerait une *source.* Il pourrait avoir donné en particulier CAMBO-LES-BAINS (PA).

Ibar, *vallée* a donné IBARRON (PA), et aussi LARRIBAR (PA), avec **larre,** *pâturage* (voir plus loin p. 32).

Iri, *domaine* puis *village,* à rapprocher de l'ibère *illi* (voir p. 24), a donné IRIGARAY (PA), *Village Haut,* IRIGOYEN (PA), *Village du Sommet,* ou IRIBERRY (PA), *Village Neuf.*

Larre, *pâturage* ou *lande,* a donné LARUNS (PA), LARCEVEAU (PA) avec **zabal,** *étendu,* LARRESSOR (PA) avec **sorho,** *prairie.*

Mendi, *montagne,* donne MENDY (PA) ; MENDIGARA (PA), avec **gara,** *haut ;* MENDIGORRY (PA), avec **gorri,** *rouge ;* ARMENDARITZ (PA), avec **arr,** *rocher* et **aritz,** *chêne :* il s'agit donc d'une *Montagne Rocheuse où poussent les Chênes.*

En proviennent aussi MENDIONDE (PA), avec **hondo,** *au pied de,* MENDIVE (PA), avec **ve,** *en bas de,* LIMENDOUS (PA), avec le latin **lucus,** *bois* (voir p. 134), et enfin MENDITTE et MENDIBIEU (PA) avec des éléments obscurs.

Ur, *eau,* est présent à URT (PA), à UHART (PA) avec **arte,** *entre,* à UHALDE (PA) avec **alde,** *à côté de.* **Urketa,** qui signifie *quantité d'eau,* a donné URCUIT (PA).

Ust, *espace vide et plat,* a donné UZ (HP), USTON (Ariège), et USTARITZ (PA) avec **aritz,** *chêne.*

D'autres éléments sont également courants dans la toponymie basque, mais sont surtout représentés dans des lieux-dits. Il s'agit essentiellement d'**etche,** qui désigne une maison isolée, d'**eliça,** adaptation du latin **ecclesia,** *église,* et de **jauregui,** qui désigne une maison noble. **Egui,** d'ailleurs, signifie *chez :* IROULÉGUY (PA), par exemple, c'est *Chez la fileuse.* **Baita** a également le sens de *chez.* Avec des noms de famille, on trouve GOYETCHEBAITA (PA), *Chez Goyetche,* et même LAFFITTEBAITA (PA), *Chez Lafitte,* qui est de toute évidence une formation récente, avec un nom étranger à la région.

D'autres mots basques se retrouvent dans la toponymie, mais sont moins courants : **aihera,** *moulin,* a donné AYHERRE (PA) ; **aintzi,** *marécage,* AINCILLE (PA) ; BANCA (PA), c'est la *forge* ou la fonderie. **Baso,** *forêt,* en composition avec un élément non identifié, a produit BASSUSSARRY (PA). **Behor,** *jument,* a donné BÉHORLÉGUY (PA). **Ezpel,** *buis,* est à l'origine d'ESPELETTE (PA). **Haltz,** *aulne,* est à l'origine de HALSOU (PA) et, avec **beheti,** *en bas,* de ALÇABÉHÉTI (PA). **Handi,** *grand,* a donné HENDAYE (PA). **Ithor,** *fontaine,* a donné ITHOROTS (PA), avec **otz,** *froid ;* **itsats,** genêt, ITXASSOU (PA), etc.

III. Les Grecs

Pour les Grecs, peuple de marins et de commerçants, créer des comptoirs et des colonies était une tradition doublée d'une nécessité. Ces colonies, d'ailleurs, avaient un statut bien différent de ce que l'on a appelé ainsi par la suite. C'était des « filiales » des cités grecques, qui devenaient aussitôt indépendantes, même si les habitants conservaient des relations commerciales privilégiées et des liens affectifs avec la mère patrie.

En Gaule, ce furent des habitants de Phocée, ville grecque de la côte d'Asie mineure, qui vinrent s'installer, vers 600 avant notre ère, et créèrent des colonies sur la côte provençale. MARSEILLE (BdR), **Mascalia** fut la plus importante, et sans doute la première de ces créations.

On raconte que les Phocéens débarquèrent, sans intention de s'installer, le jour même où le souverain local, le roi Nam, devait marier sa fille. Selon l'usage de la tribu, la jeune fille devait choisir son époux en lui tendant une coupe — et ce soir là, Gyptis, fille de Nam, tendit la coupe symbolique à Protis, le chef des marins grecs. C'est ainsi que ces derniers restèrent sur place, et que naquit plus tard une petite fille nommée Massalia...

La légende est belle, et cette version idyllique offre l'inestimable avantage de faire oublier tout ce qu'il put y avoir de violences, de contraintes, de rapports de force dans cette installation.

Attention : MARSEILLE-EN-BEAUVAISIS (Oise), MARSILLARGUES (Gard, Hérault), MARSEILLAN (Gers, Hérault, HP), MARCILLOLES (Isère) et MARSEILLETTE (Aude) ont pour origine un nom d'homme. A l'époque gallo-romaine, c'étaient des domaines dont les propriétaires s'appelaient Marcellus.

Les Phocéens de Massalia ont eux-mêmes colonisé la côte et créé des villes auxquelles ils ont donné des noms grecs. En Espagne, on peut citer *Ampurias* qui vient d'**emporion,** *marché* ou *comptoir*. AMPUIS (Rhône) et AMPUS (Var) viennent également d'**emporion**, mais indirectement. Ces deux villes furent en effet fondées par les Romains qui les baptisèrent du nom d'**emporium**, qu'ils avaient emprunté aux Grecs.

Ce sont les Massaliotes qui ont fondé AGDE (Hérault), en grec **Agathê Tukhê**, la *Bonne Fortune*, nom de divinité destiné à porter chance à la colonie.

On leur doit également NICE (AM), en grec **Nikaia**, la *Victorieuse*.Il s'agit sans doute aussi d'un nom destiné à porter chance à la fondation, en l'occurrence d'une épithète attachée au nom d'une divinité, peut-être Athéna. On a dit aussi qu'il s'agirait d'un nom indigène, que les Grecs auraient simplement modifié pour qu'il ait une signification dans leur langue. **Niss** en ligure signifierait *point d'eau.*

Cela dit, la plus surprenante et la plus fantaisiste des interprétations du nom de Nice a été donnée par un chanoine du XVIe siècle qui, constatant que, sur place, Nice s'écrivait *Nizza* et se prononçait *Nitça*, en avait conclu un peu hâtivement que, prise entre France et Italie, elle n'était « ni çà, ni là »... Il en voulait pour preuve le blason de la ville et du comté, un aigle qui tient une de ses pattes levée, ne sachant pas, selon ce digne ecclésiastique, dans quel pays la poser...

Quant à ANTIBES (AM), c'est **Antipolis**, la *Ville d'en face* (de **anti**, *en face*, et **polis**, *ville*), c'est à dire, probablement, d'en face de Nice.

Le nom de MONACO vient de **Monoecus**, transcription latine du grec **Monoikos.** C'était, dans l'Antiquité, un petit port placé sous la protection d'*Héraklès Monoikos*, c'est-à-dire d'Héraclès « le Solitaire ». Il est probable qu'il y avait là, avant l'arrivée des Grecs, un petit comptoir phénicien placé sous le patronage du dieu tyrien Melkart, que les Grecs ont assimilé à leur Héraclès.

Reste que l'appellation de Solitaire, attribuée à cette occasion à Héraclès, est bien mystérieuse. On peut supposer que les Grecs ont entendu prononcer sur place, pour désigner l'endroit, un nom autochtone (ligure ?) qu'ils ont cru comprendre *Monoikos*...

Le latin *Monoecus* explique le nom actuel des habitants, les Monégasques, de **Monoecascus,** avec le suffixe-**asc** d'origine ligure (voir p. 19). Le nom actuel de Monaco est une altération italienne, contaminée par le nom commun *monaco,* moine. Plus proche du nom originel, il remplace une forme populaire dans laquelle l'évolution phonétique avait fait des ravages ; **Monoecus** s'était peu à peu transformé en *Mourgues,* ancien nom du fameux rocher.

CEYRESTE (BdR) correspond également à un nom antérieur au grec, mais « rhabillé » en **Kitharistês,** *Joueur de cithare*. La Ceyreste antique occupait l'emplacement actuel de LA CIOTAT. Au moment des invasions sarrazines, elle s'est repliée dans les collines. La sécurité revenue, le site primitif fut réoccupé sous un nouveau nom signifiant à peu près *centre ville* (voir. p. 147).

Une tendance universelle, chez les conquérants, est de transformer un nom incompréhensible en une forme aux sonorités voisines et qui possède un sens en leur langue. En toponymie, on appelle cela un « rhabillage ». Le phénomène a peut-être joué pour **Monoikos** (voir ci-dessus). On supposera donc que, dans la langue locale, Ceyreste était désignée par un mot ressemblant à **Kitharistês.** Par la suite, l'imagination poétique aidant, on a imaginé qu'il s'agissait de la « ville de la lyre » à cause de la forme des collines voisines...

D'autres noms sont d'origine grecque, sans correspondre à des établissements massaliotes.

AGAY (Var) doit venir d'**Agathon,** qui signifiait *Bon* et pouvait être une épithète porte-chance, ou bien d'**Agathôn,** nom d'homme.

LEUCATE (Aude) vient de **Leukatês,** dérivé de l'adjectif **leukos,** *blanc,* peut-être à cause de la couleur des rochers... CADARACHE (BdR), CHALETTE (Aube) et CHARETTE (Isère, S&L) remontent à **kataraktês,** *chute d'eau,* mais le mot était passé en latin sous la forme **cataracta,** et ces toponymes sont d'origine gallo-romaine. C'est un phénomène du même ordre qui explique le nom de GRENOBLE (Isère), à partir de **Gratianopolis**. Bien que **polis,** en grec *ville,* ne se soit pas intégré au vocabulaire latin, cette façon de forger un nom de ville s'est répandue bien au-delà des limites de la Grèce, et le nom de Grenoble signifia d'abord : *Ville de (l'empereur) Gratien*. Le nom de cet empereur, qui régna de 375 à 383 sans laisser un souvenir impérissable, se retrouve aussi — mais il faut bien l'y chercher — dans le nom de la moyenne vallée de l'Isère, le *Graisivaudan,* issu de **Gratianopolitanus,** c'est-à-dire *Grenoblois*.

IV. Les Gaulois

Nos « ancêtres » les Gaulois

L'Histoire remplace la Préhistoire lorsque les sources écrites viennent s'ajouter aux sources archéologiques. Pour notre pays, cela se passe relativement tard : au moment de la conquête romaine. Les Romains écrivent, César « fait des commentaires », et voilà les Gaulois, derniers envahisseurs en date, devenus à tout jamais nos seuls, nos véritables ancêtres. Astérix prendra pour nous le relais des livres de classe de la Troisième République.

A l'Ouest du Rhin et des Alpes, les Celtes n'apparaissent que peu avant 700 av. J.-C. Ils viennent du Sud de l'Allemagne, où ils vivaient tranquilles, industrieux et prolifiques, jusqu'au jour où leurs voisins du Nord, touchés par de mauvaises conditions climatiques, entreprirent de leur disputer leur territoire. Par contrecoup, ils se mirent en route à leur tour. Bientôt ils vont se répandre en une gigantesque diaspora armée vers l'Asie mineure, vers la Grèce, l'Italie, l'Espagne, vers les Iles Britanniques bien sûr, mais surtout vers la France. Ils ont les moyens de s'imposer : ils excellent à la métallurgie du fer. Leurs armes sont donc très supérieures à celles des peuples qu'ils rencontrent. De plus, ils sont particulièrement mobiles, grâce à la domestication du cheval et à l'usage du chariot attelé. Les Gaulois n'occupent pas tout le territoire de notre pays. Jules César trouvera des tribus ligures dans les Alpes. D'autre part, on a vu que les Ibères, ou leurs cousins aquitains, n'avaient pas été repoussés au-delà de la Garonne. En dehors de ces quelques poches, la majeure partie de l'actuelle France est recouverte par l'invasion. Celle-ci s'est faite en deux fois ; après le premier déferlement du VIIe siècle, il y en a un second, deux cents ans plus tard : une deuxième vague de Celtes survient, qui prient leurs cousins de se serrer un peu vers le Sud du pays ; ils portent le nom de Belges et s'installent de la Seine au Rhin. Sous l'Empire Romain, ce qu'on appelle la Gaule Belgique s'étend pratiquement jusqu'à Paris.

Une fois installés, les Gaulois redeviennent très vite des agriculteurs. Ils prospèrent, une aristocratie se dégage rapidement, un artisanat supérieur à celui de Rome ou de la Grèce se développe, et l'on se trouve face à un pays riche qui pourra nourrir un nombre considérable d'habitants. Le chiffre de huit millions, sur lequel s'entendent la plupart des démographes, peut sembler modeste, mais, pour l'époque, il est très important.

Cette population comprend, dans une proportion inconnue, les descendants des populations soumises, mais le vainqueur a imposé sa langue. Celle-ci — le gaulois — fait partie des langues celtiques, qui sont elles-mêmes une branche des langues indo-européennes, et présentent, comme telles, des ressemblances sensibles avec d'autres langues indo-européennes comme le latin (et les langues romanes qui en découlent), le grec, les langues germaniques, les langues slaves, ainsi qu'un grand nombre de langues indiennes et iraniennes.

Le gaulois a disparu, sauf, dit-on, dans certains cantons du pays de Vannes (Morbihan), dont le dialecte en serait une forme résiduelle. En revanche, certaines de ses sœurs celtiques sont encore vivantes, comme le breton (voir p. 203), le gallois ou l'irlandais. A son tour, l'envahisseur romain imposera le latin, rapidement dans les villes, mais beaucoup plus lentement dans les campagnes. En 473 encore, l'évêque de Clermont, Sidoine Apollinaire, félicite son beau-frère Ecdicius de ce qu'il a fait, comme l'écrit Michelet, « déposer à la noblesse arverne la rudesse du langage celtique ». César est alors mort depuis plus de cinq siècles.

Aucune des invasions successives n'a totalement éliminé la langue précédente. Le gaulois comportait un certain nombre de mots empruntés par les Celtes aux langues parlées avant eux sur notre territoire, et le latin parlé en Gaule était émaillé de vocables empruntés au gaulois. Le maintien des anciennes langues est particulièrement accusé en toponymie, pour la raison bien simple qu'il est difficile et peu avantageux de traduire les noms propres (ainsi, aux États-Unis, une grande quantité de villes, de rivières, de lacs, et même d'états, ont gardé leur nom indien).

S'ils ont conservé une partie des noms légués par leurs prédécesseurs, s'ils en ont traduit quelques-uns, les Gaulois ont aussi imposé des noms nouveaux aux lieux où ils s'installaient. Les toponymes gaulois s'inspirent du site, de la végétation, de la faune, ou tout simplement utilisent des mots signifiant peu ou prou *village*.

Le relief et les sols

Aginnus semble être la forme latinisée d'un mot gaulois signifiant *rocher* ou *hauteur*, qui a donné AGEN (L&G), AYEN (Corrèze) et AYN (Savoie).

Le mot **ardu**, qui désignait également une *hauteur*, est à l'origine de ARDES (PdD), ARDEUIL, (Ardennes) ou ARDOIS (Ardèche), ainsi que du nom des *Ardennes*.

Est-il aussi à l'origine de notre adjectif *ardu ?* Non ; celui-ci vient du latin **arduus,** *haut, escarpé, difficile*. Mais la ressemblance n'est pas fortuite. Le gaulois et le latin étaient deux langues sœurs de la famille indo-européenne, de sorte que **ardu** et *arduus* étaient cousins.

Barro signifiait *hauteur*. A l'époque gallo-romaine, on a employé une forme féminisée **barra** qui a donné le français *barre*, d'où *barrer, barrière*, etc. On note que dans les Alpes, *barre* a encore le sens d'*escarpement rocheux*. Le nom gaulois est en tout cas à l'origine de BAR-LE-DUC (Meuse), BAR-SUR-AUBE, BAR-SUR-SEINE (Aube) et BARR (HR). Les dérivés français expliquent BARALLE, BARASTRE (PdC) et LABARRÈRE (Gers). Voir aussi la racine pré-gauloise **bar-**, p. 11.

Le mot français *bec* est d'origine gauloise. Employé métaphoriquement au sens de « pointe », il nous a laissé BECCAS (Gers) et quelques noms bretons commençant par BEC- comme BEC-MELEN (Morbihan), ou BEC-MENEZ (Finistère), **melen** et **menez,** en breton, signifiant respectivement *jaune* et *montagne*. Les -BEC normands ont une autre origine (voir p. 215).

Broccos signifiait aussi *dent, pointe,* ou *éperon*. On lui doit (LE) BROC (M&L, AM, PdD), BROCAS (Landes) et BROUCHAUD (Dordogne). Le passage du mot en latin, sous la forme **brocca,** est à l'origine du nom commun *broche,* et aussi de LA BROQUE (BR). En revanche, BROCHON (CdO), vient de l'anthroponyme germanique **Brisco.**

Calma ou **calmis** est peut-être un mot emprunté à une langue pré-celtique, et apparenté à la racine **kal-** (voir p. 12) ; il signifiait *hauteur dénudée* et a donné LA CA(L)M (Aveyron, Lozère), LACAM (Aveyron, Lot), LA CHALP (Isère, HA), LA CHAMP (Lozère, Ardennes), CHAUX (Jura, etc.) ainsi que LA CHAUX-DE-FONDS (Suisse). Avec le gaulois **maro,** *grand,* il donne MARCHAL (Cantal) et MARCHAUX (Doubs) ; avec l'anthroponyme gaulois **Bricco,** BRECONCHAUX (Doubs). On lui doit peut-être aussi CARMAUX (Tarn).

La France est constellée de noms issus de ce très ancien mot **calma,** qui est un des grands fournisseurs de toponymes. Au Moyen Âge, il était encore utilisé. C'était, selon les régions, le mot *calm, cam, caume,* mais la forme la plus répandue était *chaume,* d'où un très grand nombre de lieux-dits LA CHAUME ou LES CHAUMES. Quand le nom commun fut sorti d'usage, on relia ces noms à l'autre mot *chaume,* « tiges de céréales coupées », dont l'origine est toute différente puisqu'il vient du latin **calamus,** *tige*. L'oubli du nom *chaume,* « hauteur dénudée », a favorisé les étymologies erronées. Ainsi les MONTCALM n'ont jamais été des collines sereines, et, pour bon nombre de CHAUMONT (CAUMONT dans le Nord-Ouest), il faut renoncer à l'explication par *Chaud-Mont* (en souvenir d'un incendie mythique) ou par *Chauve-Mont,* bien que, dans ce cas, le sens soit respecté.

Cantus signifiait, semble-t-il, *côté,* ou *flanc de colline ;* on le retrouve à CHANTES (HS). Avec un autre nom gaulois, **ialos,** *clairière,* il a donné **Cantoialo,** d'où **Chanteujol** et enfin CHANTEUGES (HL). Avec un élément pré-celtique obscur, il a formé **Avicanto,** puis **Avigan,** compris comme *A Vigan,* d'où, finalement, LE VIGAN (Gard).

Durno, *poing,* signifie également *éperon* dans LE DOURN (Tarn).

Juris, *hauteur boisée,* a donné JEU (Indre), JOURS (CdO), et PIRAJOUX (Ain) avec le latin **petra,** pierre. Avec l'adjectif latin **clarus,** *clair,* il explique LE CLERJUS (Vosges), le *Clair Sommet.* Un dérivé **Jurassos** a fourni le nom du Jura, et, muni du suffixe pré-celtique **-ink,** JORESSANT (Suisse). Un nom **mello,** *hauteur,* dont l'existence n'est que probable, a pu produire, seul, MELLE (DS), et, avec l'adjectif latin vulgaire **vacius,** *vide,* MILLEVACHES (Corrèze).

Millevaches est surtout connu pour son plateau, vaste étendue vallonnée où paissent, c'est un fait, un certain nombre de bovidés ruminants. Que ceux-ci soient neuf cent quatre-vingt-dix-neuf, ou quelques dizaines de plus, n'entre guère en ligne de compte. Comme dans bien des cas, l'étymologie la plus évidente n'était pas la bonne... D'une hauteur moyenne de mille mètres, ce plateau, exposé aux vents d'Ouest et du Nord, connaît un climat rude qui en fait un pôle d'exode rural. Sa vocation semble bien être de rester ce qu'il était à l'origine, une « hauteur vide ».

Pennos, *tête,* est employé au sens figuré à PANON (Sarthe), et à MERPINS (Charente) avec l'adjectif **maro,** *grand* (voir aussi la racine pré-gauloise **pen-,** p. 15).

En ce qui concerne les surfaces plates, **lanon,** *plaine,* a donné LAIN (Yonne) et, avec **briga,** *place-forte* (voir p. 62), LANOBRE (Cantal) ; mais on le trouvait essentiellement dans la forme **Mediolanon,** *Plaine centrale* ou *Centre de la plaine* (avec **medio,** *du milieu*). Beaucoup de villages gaulois furent ainsi baptisés. Le nom est devenu MÂLAIN (CdO), MAULAIN (HM), MEILLANT (Cher), MÉOLANS (AHP), MESLAN(D) (L & C, Morbihan), MEULAN (Yvelines), MEULIN (S & L), MEYLAN (Isère, L & G), MOËLAINS (HM) MOISLAINS (Somme), MOLAIN (Aisne, Jura), MOLLANS (Drôme), MOL(L)IENS (Oise, Somme) ainsi que CHATEAU-MEILLANT (Cher), MONTMEILLANT (Ardennes) et MONTMÉLIAN (Savoie).

En revanche, MIÉLAN (Gers) n'est qu'indirectement rattachée à cette série. Cette commune a été ainsi baptisée en hommage à Milan, en Italie (voir p. 265), qui est le plus célèbre des anciens **Mediolanon.** En effet, les Gaulois s'étaient aussi installés en Italie du Nord, appelée par les Romains *Gaule Cisalpine.*

La racine indo-européenne de **landa,** *terrain découvert,* se retrouve dans l'allemand *Land* et l'anglais *land,* pays. **Landa** a donné en français les noms *lande* et *lanne.* Seul le premier a survécu comme nom commun. On le trouve comme nom propre dans divers LA LANDE (Gironde, M&L, Manche, Oise, Orne, Yonne), LANDES (Calvados, CM, L & C, SM), LA LANDELLE (Oise), LANDELLES (Calvados, E & L). Le second est bien conservé dans LANNE(S) (PA, HP, Gers, L & G), LA LANNE ou LALANNE (HP), et avec le latin **medianus,** *du milieu,* dans LANNEMEZAN (HP).

Enfin **raton,** au sens de *plateau,* se retrouve à RAZENGUES (Gers) et RAZÈS (HV).

En ce qui concerne les déclivités et anfractuosités **cumba,** *vallée sèche,* a donné *combe,* mot courant autrefois, mais de plus en plus oublié. Déjà au début du XIXe siècle, Charles Nodier notait : « Il n'y a pas un village dans tout le royaume où cette expression ne soit parfaitement intelligible, mais on l'a omise dans le dictionnaire, parce qu'il n'y a point de combe aux Tuileries, aux Champs Élysées et au Luxembourg. »

Voilà comment un mot dépérit, ne survivant plus que grâce aux géographes qui lui ont attribué un sens très spécialisé et... à la toponymie. On en rencontre en effet de nombreux dérivés : LA COMBE (Isère), LACOMBE (Aude), (LES) COMBES (Doubs, Hérault), COMBS-LA-VILLE (S&M), COMPS (Var, Drôme, Gard, Gironde, Aveyron), CONS (M&M, HS), LES COMBAS (Gard), COMBIERS (Charente), COMBAILLAUX (Hérault) ou COMBAULT (S&M), COMBEFA (Tarn) avec **fanum** (voir p. 134), COMBOVIN (Drôme) ou COMBEROUGER (T&G) avec les anthroponymes germaniques **Alwin** et **Roger.**

Croso a donné l'adjectif *creux* en français, mais aussi (LA) CREUSE (HS, Somme), CREUZIER (Allier), LE CREUSOT (S&L), CROIZET (Loire), CROS (AM, Gard, Hérault, PdD), CRUET (Savoie), CROZE (Creuse, Dordogne) ou LE CROUZET (Doubs), ainsi que CROTH (Eure). Une curiosité : PETIT-CROIX (Belfort) est un **Petit Creux,** traduit en allemand, de façon erronée, *Klein Kreuz, Petite Croix,* puis retraduit en français. Un dérivé gaulois **crosno,** *trou d'eau,* a donné l'ancien français *crosne* d'où CROSNE (Essonne).

Nanto, *vallée,* qui est peut-être antérieur aux Celtes mais a été adopté et diffusé par eux, n'explique pas NANTES (LA, voir p. 82), mais est à l'origine, seul ou avec des suffixes, de NAMPCEL (Oise), NANTEY (Jura), NANTUA (Ain), NANTOUX (CdO), NANTOIS (Meuse), NAMPS (Somme), NAN(S) (Doubs, Var, Jura, CdO), NANT (Aveyron, Meuse) et NANC (Jura).

En composition, on trouve **Nanto** avec **ialos** (voir p. 70), d'où divers NANTEAU et NANT(H)EUIL (S&M, DS, Dordogne, Charente, Aisne, Marne, Oise, Ardennes), voire NANTOUILLET (S&M) avec un diminutif. Avec **divos,** *dieu,* on a DINAN (CdN), ex **Divonantos.** Associé à des adjectifs latins, il donne : avec **clarus,** *clair,* NANCLARS (Charente), la *Vallée Claire ; avec* **maurus,** *noir,* MORNAND (Loire) et MORNANT (Rhône), deux *Vallée(s) Noire(s).* Ces exemples prouvent que le mot a survécu à la conquête romaine dans la plus grande partie de la Gaule. Il est d'ailleurs encore bien vivant en Savoie où *nant* signifie *torrent, ruisseau.*

Les sols, et en particulier les sols humides, ne sont pas oubliés.

Ana, *marais,* a donné ANET (E&L), ANNEL (Oise), ANNESSE (Dordogne), ANOYE (PA), etc.

Braco, *marais,* est passé en latin sous la forme **bracium,** et de là en ancien français sous la forme *brai.* On doit à ces formes diverses les noms de BRACH (Gironde), BRAS (AHP, Aube, CdO, Marne, HM), BRAY (Aisne, Calvados, Eure, etc), mais pas BRAY (S&L) qui s'appelait **Brigia** au xe siècle. Une forme féminisée **bracia** a donné BRAIZE (Allier), BRIE (Aisne, I&V), BRIIS (Essonne). Enfin l'adjectif **braciosus,** *marécageux,* a donné BRACIEUX (L&C), et le diminutif **braciolum** BROU (Ain, E&L, S&M).

Glisomarga signifiait littéralement *belle marne* ou *marne gluante.* Apocopé en **glisa,** le mot a donné *glaise,* ainsi que le nom propre GLEIZÉ (Rhône), et, par chute du G initial, LIZERAY (Indre), LIZIÈRES (Creuse) ou LIZEROLLES (Aisne).

Luta, *boue,* se retrouve dans LODÈVE (Hérault), ancienne **Luteva,** LOËX (HSav.), LUYÈRES (Aube), DELUT (Meuse).

Margila a donné en ancien français *marle* et *marne.* Seule cette dernière forme s'est conservée. Il nous reste en toponymie les noms de MARLE(S) (Aisne, S&M, PdC), MARLHES (Loire), LA MAILLERAYE (SM). Avec un mot occitan signifiant *égout,* on a MARGUESTAU (Gers). AUMALE (SM) vient de **Alba Margila,** avec un adjectif latin signifiant *blanche.* La forme *marne* a peut-être donné MARNES (DS), mais on verra une autre étymologie possible p. 75.

Nauda, *terre humide,* a donné le nom commun *noue,* de même sens, ainsi que NODS (CdO), (LA) NOÉ (Aube, I&V), LES NOËS (Aube, Loire), LA NOUE (Marne), NOEUX (PdC), NOEL (Doubs) ou NOELLET (M&L), et aussi NUITS (Yonne, CdO).

On ne peut parler de NUITS-SAINT-GEORGES (CdO) sans évoquer ses vins. On dit que ce sont les Romains qui ont défriché la butte de la Romanée, mais la célébrité des vins de Nuits n'en est pas moins récente. Depuis Molière, les médecins du XVIIe siècle ont mauvaise réputation. Leurs remèdes étaient fantaisistes, et souvent dangereux. L'un d'entre eux, pourtant, eut une heureuse inspiration en recommandant à Louis XIV, souffrant, de boire du vin de Nuits. Cela n'eut sans doute que peu d'influence sur l'évolution de la maladie, mais cela rendit peut-être sa convalescence plus agréable. Toujours est-il qu'un vin qui jusqu'alors ne quittait guère sa province fut tout à coup reconnu à sa juste valeur, réclamé à Versailles, à Paris, et jusqu'en Hollande ou en Prusse... La fortune du pays était faite, grâce à un médecin qui, pour une fois, avait renoncé à la sempiternelle saignée...

Le contenu du sous-sol est apparemment évoqué dans ARGENTEUIL (VdO, Yonne, voir p. 70), ARGENTAN (Orne), ARGENTON (Indre, L&G, Mayenne, DS), noms qui reposent sur le gaulois **argento,** cousin du latin *argentum* qui a donné *argent*. Ces noms ont peut-être conservé le souvenir d'anciennes mines d'argent.

De l'époque gauloise date également ARGENTAT (Corrèze). ARGENT (Cher), L'ARGENTIÈRE (HA) et LARGENTIÈRE (Ardèche) sont apparemment des formations latines à partir d'**argentum,** *argent,* et d'**argentaria,** *mine* ou *fonderie d'argent*.

Les eaux

Les hydronymes sont nombreux et variés. **Abona,** *rivière,* a donné ENTRAUNES (AM), *Entre deux rivières,* avec le latin **inter,** *entre*. **Ambe,** *rivière,* a donné AMBÈS (Gironde), AMBIALET et AMBON (Morbihan), ainsi qu'AMBOISE (I&L), ancienne **Ambatia.**

Bedo, *fossé* ou *canal,* a donné le nom commun *bief* et le nom propre LE BÉAGE (Ardèche).

Cambo, *courbe d'un cours d'eau,* est à l'origine de CAMALÈS (HP), CHAMBŒUF (CdO) et KEMBS (HR). Pour CAMBO-LES-BAINS, voir p. 32.

Comboros, *confluent,* a donné COMBRES (E&L), COMBRAY (Calvados), ESCOMBRES (Ardennes), avec l'ancienne préposition *ès,* etc.

Attention : le Combray de la *Recherche du Temps Perdu* n'est pas celui du Calvados. Le nom a été appliqué par Marcel Proust au village bien réel où il avait passé son enfance, et qui s'appelle Illiers : voir p. 289.

Condate, *confluent,* a donné en pays de Loire CANDÉ (L & C, M & L) ; dans le Midi et le Centre, CONDAT (Cantal, Corrèze, Lot, PdD, HV, Dordogne), CONDAL (S & L), CONAT (PO) ; dans le Nord du pays et en Normandie CONDÉ (Indre, Meuse, Aisne, etc.). **Condate** a aussi donné CANDES (I & L), CONDES (Jura, HM), CONTE (Jura), CONTZ et KONTZ (Moselle), COSNE (Nièvre, Allier), et, avec des diminutifs, CONDEAU (Orne), CONDEL (Calvados). Avec le gaulois **magos,** *marché* (voir p. 67), il a fourni CONDÉON (Charente), de **Condatomagos.** En revanche, le nom, plus connu, de CONDOM (Gers) ne semble pas pouvoir venir de *Condatomagos,* car, dans le Sud de la France, le T de *Condate* ne disparaît pas. Condom a bien pour origine un nom en **-omagos,** mais la première partie du nom est sans doute un anthroponyme.

Dubron, *eau courante,* nous est parvenu sous les formes DOUVRES (Ain, Calvados), DÈVRE (Cher) et DEVROUZE (S & L).

Glanna, *rive,* a donné GLAIGNES (Oise) et GLENNES (Aisne).

Gronna, *lieu marécageux,* est à l'origine de GOURNAY (Indre), mais non de ses homonymes (DS, Eure, Oise, etc.) issus d'un anthroponyme gallo-romain **Gordinus.**

Lautron, *bain,* est à l'origine de LURE (HS) et de LORREZ (S & M).

Lindon, *étang,* a donné LEMPDES (HL, PdD), mais pas LALINDE (Dordogne), bastide fondée en 1267 par le sénéchal anglais Jean de la Linde.

On a rattaché à la même racine le nom gaulois **ledone,** qui pourrait expliquer LONS-LE-SAUNIER (Jura), jadis **Ledone.** Le nom **ledone** est attesté au sens de *marée de morte eau,* ce qui ne paraît guère pouvoir concerner le chef-lieu du Jura, mais il pouvait aussi avoir le sens plus général d'*eaux stagnantes.*

Onna, *source* ou *rivière,* en composition avec l'adjectif latin **tarda,** *lente,* a donné THERDONNE (Oise) ; avec le mot **ab, qui signifie également** *source* ou *rivière,* on a AVOSNES

(CdO), et avec un anthroponyme gaulois **Perros,** PÉRONNE (Somme). Avec le pré-celtique **lausa,** *pierre plate,* qui a donné le nom commun *lauze,* on a LAUSANNE (Suisse), jadis **Lousonna.** Avec **bria,** issu de **briga,** *colline,* le gaulois a fait **Brionna,** d'où BRIONNE (Eure), et même BRIENNE (Aube).

Brienne est célèbre par son école militaire, où Napoléon Bonaparte entra comme boursier le 23 avril 1779 — il n'avait pas dix ans. Il y souffrit des moqueries de ses camarades, de jeunes nobles infatués de leurs noms, pour qui un Corse était un peu plus qu'un Canaque, et un peu moins qu'un Huron. Son prénom, prononcé à peu près *Napollioné,* devint vite *La-Paille-au-Nez.* L'enfant écrivit à son père, en avril 1781, une lettre qui mérite d'être citée :

« Mon père,

Si vous ou mes protecteurs ne me donnez pas les moyens de me soutenir plus honorablement dans la maison où je suis, rappelez-moi près de vous, et sur-le-champ. Je suis las d'afficher l'indigence, et d'y voir sourire d'insolents écoliers qui n'ont que leur fortune au-dessus de moi, car il n'en est pas un qui ne soit à cent piques au-dessous des nobles sentiments qui m'animent. Eh quoi ! Monsieur,

votre fils serait continuellement le plastron de quelques nobles paltoquets qui, fiers des douceurs qu'ils se donnent, insultent en souriant aux privations que j'éprouve ! (...) Cette lettre, veuillez le croire, n'est point dictée par le vain désir de me livrer à des amusements dispendieux : je n'en suis pas du tout épris. J'éprouve seulement le besoin de montrer que j'ai les moyens de me les procurer comme mes compagnons d'études.

Votre respectueux et affectionné fils, De Bonaparte, cadet. »

On comprend que le futur empereur ait été taciturne, orgueilleux, solitaire. On comprend aussi qu'il se soit réfugié dans les études — les mathématiques, mais aussi l'histoire de César et celle d'Alexandre le Grand.

Ritus, enfin, est le *gué,* dont le rôle était évidemment capital quand les ponts étaient rares. Lieu de passage obligé, il est particulièrement apte à fixer une agglomération. On trouve **ritus** associé à des anthroponymes gaulois. **Gisos** donne **Gisoritu** puis **Gisortis** et enfin GISORS (Eure). **Bonos** donne **Bonoritu,** puis BONNARD (Yonne).

Avec le mot **petor,** *quatre,* on a BÉDARRIDES (Vaucluse) : les *Quatre Gués.* Avec l'adjectif **novio,** *nouveau,* s'est formé **Novioritu,** le *Nouveau Gué,* d'où NIORT (DS). Toutefois, les NIORT de l'Aude et de la Mayenne semblent avoir une autre origine, inconnue.

On le trouve aussi associé à **ambe,** *rivière, à* AMBORT (Cantal) et peut-être AMBERT (PdD).

Un toponyme ayant pour sens « gué de la rivière » n'est ni enthousiasmant ni même satisfaisant. Peu de gués réussissent le tour de force de se passer de cours d'eau. Toutefois, si l'on suppose que l'élément signifiant *rivière* est au pluriel, le nom semble plus plausible. On a fait d'Ambert la cité des Ambivareti, dont César rapportait la dissidence d'avec les Arvernes et que la capture de Vercingétorix ne décida pas à se soumettre à Rome. Leur nom signifierait *ceux qui sont protégés de tous côtés* (sous-entendu : par leurs montagnes).

On a aussi imaginé qu'il s'agissait d'une déformation du nom d'*Ambertos,* roi gaulois qui aurait installé là un groupe de Phocéens qui n'avaient pas trouvé de place à Marseille et étaient partis dans l'intérieur des terres. L'origine marine des habitants expliquerait la tradition locale des naumachies, c'est-à-dire des combats navals simulés, et l'habitude de suspendre des nefs dans les rues pour la Fête-Dieu. Mais le fait que l'industrie traditionnelle de la ville soit la toile à voile peut être une explication suffisante.

En associant **ritu** à **ialos,** *clairière* ou simplement *lieu* (voir p. 70), le gaulois a fait **Ritoialo,** d'où RÉAU (S & M), REUIL (Marne, Aisne), RIEUX (Oise) et RUEIL (HdS), à moins qu'il ne faille expliquer ce dernier nom par une forme **roto,** qu'on retrouverait également à RUELLE (Charente), et surtout à ROUEN (SM) ; voir p. 68.

Camboritu est formé avec **cambo,** *méandre ;* on lui doit, outre *Cambridge* (Angleterre), CHAMBORD (L&C, Eure), CHAMBORS (Oise), CHAMBOURG (I&L), dont la fin s'est déformée par attraction de la finale -BOURG, très courante, et CHAMORET (HV).

Enfin, **vabero,** *ruisseau,* a donné LAVAUR (Tarn), VABRE (Tarn, Aveyron), ou VAVRE (Charente), ainsi que VAIVRE (Doubs, HS, CdO, HM), VAVRAY (Ain, Sarthe), VOIVRE (Vosges), VOREY (HL), WAVRANS (PdC) ou WAVRILLE (Meuse).

La végétation

On rencontre également bon nombre de noms évoquant des arbres, des plantes ou des types de végétation.

En règle générale, il s'agit d'espèces sauvages. Nos ancêtres ont donné à leurs installations des noms correspondant à ce qu'ils avaient trouvé sur place plutôt qu'à ce qu'ils cultivaient.

Aballos, *pommier* (même racine indo-européenne dans l'anglais *apple*), a donné ALLUYES (E&L), AVAILLES (I&V, Vienne, DS), AVALLON (Yonne), AVALLEUR (Aube), ancien **Aballoduro,** (H) AVELUY (Nord, Somme), ÉVAILLÉ (Sarthe), HAVELU (E&L).

Un pommier n'a pas suffi à certains Avallonais : trop commun, trop rustique. La découverte, au cours de fouilles, d'une statue de grande taille, un homme dévoilant la moitié droite de son buste, considéré d'abord comme un dieu solaire, puis comme Apollon en personne, permit de passer de l'arbre à un dieu. C'était sans grand fondement, mais plus glorieux...

Bagos, *hêtre,* ou plutôt son dérivé **bagina,** est à l'origine de BEYNES (Yvelines).

Betua, *bouleau,* explique LE BEZ (Tarn), BÉDÉE (I & V), peut-être BAIS (I & V, Mayenne). Avec les mots latins **rivus,** *rivière,* et **tortus,** *tordu,* il a pu donner BERRIEUX (Aisne) et TORTEBESSE (PdD). A l'époque gallo-romaine s'est installé le diminutif **betullus** qu'on retrouve dans BELLAY (VdO), BELLEUSE (Somme), BELLOY (Oise, Somme, VdO), et d'où est issu l'ancien français *boul,* suffixé en *bouleau.* De nombreuses localités gardent le souvenir des « bouls » qui poussaient autrefois sur leur territoire : (LE) BOULAY (I & L, Loiret, Mayenne, etc.), LA BOULAYE (S & L), BOULEUSE (Marne), LE BOULOIS (Doubs), et même LA BOUILLIE (CdN).

Brogilo, le *petit bois,* a donné l'ancien français *breuil.* On lui doit de nombreux (LE) BREIL, (LE) BREUIL(H), LA BREILLE (M & L), et aussi BREUX (Eure, Meuse), BRIEUIL (DS), BRIOT (Oise), BRIOU (L & C), LE BROUICH (Gers), BRUILLE (Nord), ainsi que BRÉHÉMONT (I & L) et BRULLEMAIL (Orne), où, contre toute attente, il n'est pas associé à des noms communs, mais aux anthroponymes **Aymon** et **Adhémar,** alors que BREUILAUFA (HV) reste inexpliqué. Ajoutons, pour faire bonne mesure, les diminutifs BREUILLET (CM, Essonne), BROUILLET (Marne) et BRULLIOLES (Rhône).

Broccia, *arbustes épineux, taillis* (c'est un dérivé de **broccos,** *pointe,* voir p. 42), a donné en français *brosse, brousse, broussaille.* On retrouve ce mot dans LA ROQUEBRUSSANE (Var) (voir *roque* p. 259), LABROUSSE ou LA BRO(U)SSE, et aussi BROSSAINE (Ardèche) et LE BROUSSAN (Var).

Brucos devait désigner la *bruyère.* En proviennent BRUC (I & V), BRUCH (L & G), BRUGES (Gironde), LE BRUSC (Var), BRUSQUE (Aveyron), BRUX (Vienne), BRUAILLES (S & L) et BRUGHEAS (Allier). A l'époque gallo-romaine s'est répandue la forme **brucaria** qui a donné le nom commun *bruyère* et de nombreux toponymes : les BRUYÈRE(S) du Nord de la France et des pays franco-provençaux, mais aussi les BRIÈRE(S) et BRUÈRE, du Centre et de l'Ouest, les BRUG(I)ÈRE(S) du Massif Central, les BRUGUIÈRE(S) du Midi, ainsi que les dérivés comme LE

BRUGERON (PdD), ou BROUVELIEURES (Vosges), anciennement **Bruerolles**, diminutif de *Bruères*, puis **Broueureules**, puis **Broueleure**.

Cassanos, qui a donné le français *chêne*, est un mot prégaulois, bien qu'il soit passé dans les langues celtiques. Le nom latin du chêne, **quercus**, n'a pas réussi à s'imposer, sauf en Corse où l'on a QUERCITELLO. Dans le Nord et la Normandie, **cassanos** a produit des noms en QUESN-, dans le Sud-Ouest, des noms en CASS-, et dans le reste de la France, des noms en CHA- ou CHE- (voir la carte p. 53). **Cassanos** ne se trouve que rarement en composition avec un autre élément. Citons pourtant BELLECHASSAGNE (Corrèze) et, avec *couper*, LA COPECHAGNIÈRE (Vendée).

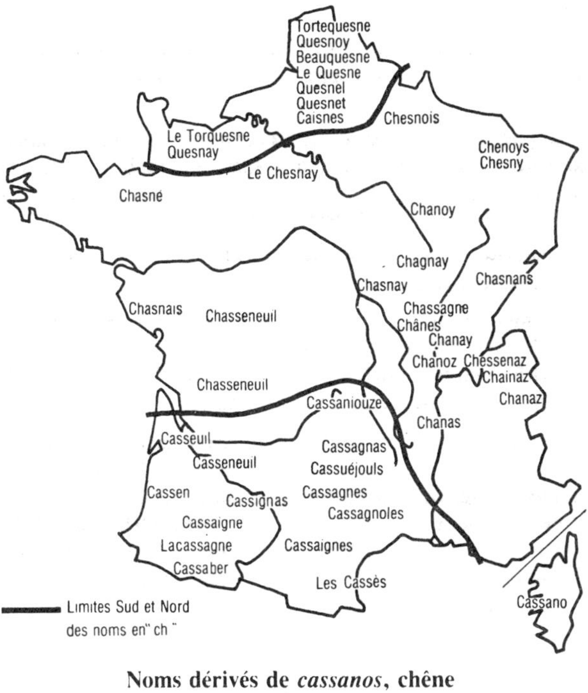

Noms dérivés de *cassanos*, chêne

Corma, *sorbier,* a donné LE CORMIER (Eure), et CORME (CM), ainsi que CORME(I)LLES (Calvados, Eure, Oise, VdO), CORMERAY (Loire, Manche), CORMOYEUX (Marne), CORMOZ (Ain).

Crennos, qui signifiait *chaume,* nous a donné CRANNES (Sarthe), CRENNES (Mayenne) et CRENEY (Aube).

Derva, autre nom du chêne, nous a laissé le DER de MONTIER-EN-DER (Aube), ainsi que DARVOY (Loiret), et DREVANT (Cher).

AVRÉE (Nièvre), IVOY (Cher), YÈVRES (Aube), YVOIRE (HSav.) et IVORY (Jura) viennent d'**ivos** ou **eburos,** *if.*

LEYMENT (Ain), LIMANS (AHP), LIMAS (Rhône), LIMEIL (-BRÉVANNES, VdM), LIMEUX (Cher, Somme), LIMOURS (Essonne), LIMOGES-FOURCHES (S&M), LIMOISE (Allier) et LIMERAYE (I&L) viennent de **limo,** *orme.*

SAUGUES (HL) ou SAULGES (Mayenne) viennent de **salic,** *saule,* cousin du latin *salix,* de même sens (voir p. 121).

Sapos, *sapin,* est passé en français sous sa forme latinisée *sappinus,* mais remonte aux Celtes, et explique LE SAP (Orne), SAPOGNE (Ardennes), SAPOIS (Jura, Vosges), LE SAPPEY (Isère, HS), SEPPOIS (HR).

Sparnos, *épine,* explique ÉPERNAY (CdO, Marne) et ÉPERNON (E&L).

Tanna signifiait *chêne.* Il a donné DENÉE (M&L), TANNAY (Ardennes, Nièvre), TENNIE (Meuse), TANNERRE (Yonne), TANUS (Tarn), THENIOUX (Cher), THENEUIL (I&L), ou THÉNEVILLE (Allier).

Varenna, *lande,* est peut-être antérieur aux Celtes, mais a été adopté par eux. Il a d'abord laissé en français le mot *varenne* désignant soit un terrain inculte soit une terre légère et peu profonde. On trouve des (LA) VARENNE et des (LES) VARENNES un peu partout, sauf dans le Sud-Est. Comme variantes, on connaît VARESNES (Oise), VAROGNE (HS) et le diminutif LA VERNELLE (Indre).

Les varennes, terrains incultes, étaient les lieux de chasse par excellence. Les seigneurs francs se les réservèrent et interdirent aux paysans « romains » d'aller y chasser. Il leur parut que le mot *varenne* avait un rapport évident avec les mots germaniques *wardôn*, qui a donné en français *garder*, ou *warôn*, qui a donné en français *garer* et qui signifiait *mettre à l'abri*. Prononcé à la germanique, **warenna,** le mot devint *garenne* (voir, pour le passage de V à G, p. 20), dont le sens premier est « réserve seigneurale de chasse ». D'où d'assez nombreux (LA) GARENNE, (LES) GARENNES. Cette restriction sévère du droit de chasse au profit du seigneur durera jusqu'à la Révolution. Son abolition sera considérée par les paysans français comme une des conquêtes les plus importantes.

Vernos, *aulne*, a donné le nom commun *vergne* et un très grand nombre de toponymes : voir la carte p. 56. Cette carte montre que, tout compte fait, l'arbre tutélaire des Gaulois était l'aulne, et non le chêne. Pourquoi tant de lieux d'habitations désignés par le nom de cet arbre ?

Pensons à nos ancêtres cherchant, dans cette Gaule couverte de forêts, des sites découverts et offrant des ressources en eaux. Ces sites une fois trouvés, ils s'y installaient. Or, quel est l'arbre qui pousse volontiers dans ce type d'endroit ? L'aulne précisément.

La faune

Les animaux sauvages sont assez bien représentés dans la toponymie gauloise.

L'alouette, en gaulois **alauda,** d'où *aloue*, puis *alouette*, chante à CANTALOSE (HG) et CANTALAUZE (Aude).

Artos, *ours*, est à l'origine de ARTAIX (S&L), ARTHAZ (HSav.), ou ARTALENS (HP).

Bebros, *castor*, a donné BIÈVRES (Aisne, Ardennes, Essonne). La ville de l'Essonne a en fait pris le nom de la rivière Bièvre, la *Rivière aux castors*. Avec différents suffixes, on a BEUVRY (Nord, PdC), BRÉVANDS (Manche),

Noms issus de *vernos*, aulne

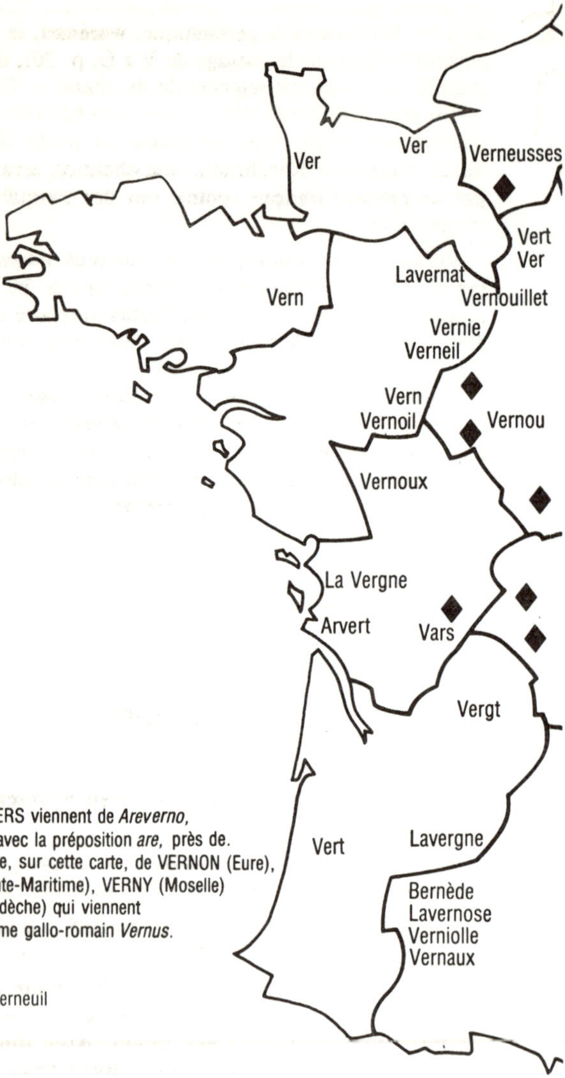

ARVERT et AUVERS viennent de *Areverno*,
Près de l'aulne, avec la préposition *are*, près de.
On note l'absence, sur cette carte, de VERNON (Eure),
VERGNÉ (Charente-Maritime), VERNY (Moselle)
et VERNOSC (Ardèche) qui viennent
d'un anthroponyme gallo-romain *Vernus*.

◆ Toponyme Verneuil

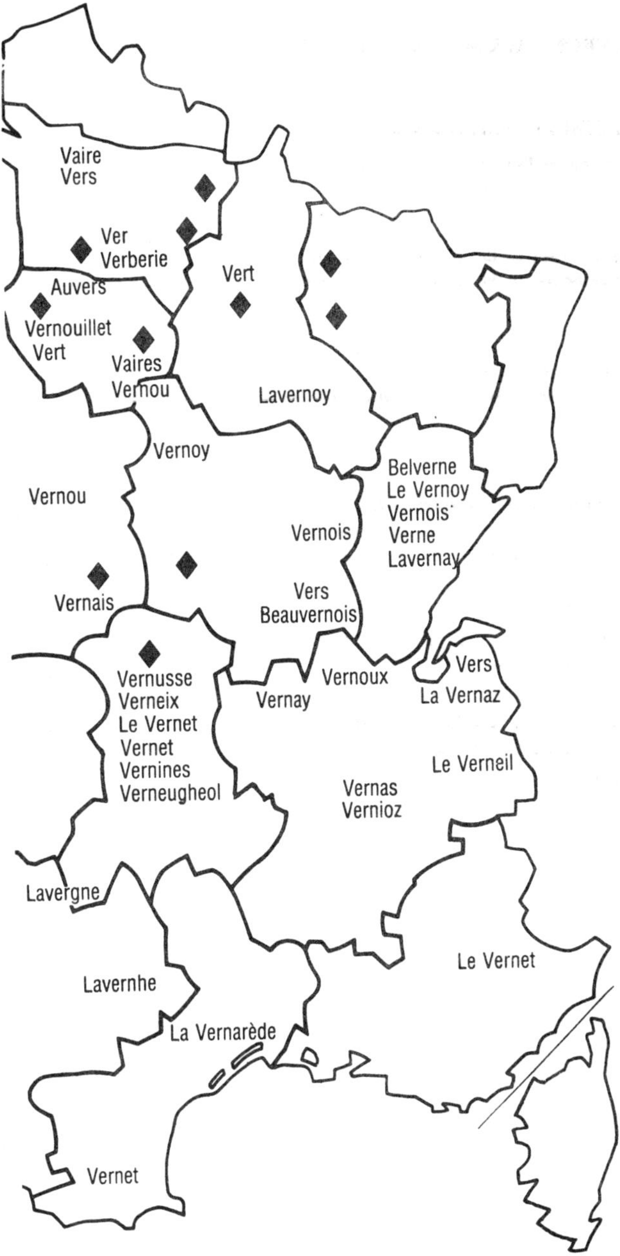
Vaire
Vers
Ver
Verberie
Auvers
Vernouillet
Vert
Vaires
Vernou
Vert
Lavernoy
Vernoy
Vernou
Vernois
Vers
Beauvernois
Vernais
Belverne
Le Vernoy
Vernois
Verne
Lavernay
Vernusse
Verneix
Le Vernet
Vernet
Vernines
Verneugheol
Vernay
Vernoux
Vers
La Vernaz
Le Verneil
Vernas
Vernioz
Lavergne
Lavernhe
La Vernarède
Le Vernet
Vernet

BOUVRON (M&M, LA), BEAURIÈRES (Drôme), et LA BRÉVIÈRE (Calvados). Avec le mot germanique signifiant *église*, vraisemblablement accolé à l'ancien nom du village, on a BIBERKIRCH (Moselle).

L'étang de Beuvry (PdC) évoque moins l'industrieuse activité des castors que les maléfices du diable. On prétend qu'autrefois un château s'y mirait. Nul n'en avait jamais vu le maître. Nul ne savait ce qui s'y passait. Ceux qui en parlaient disparaissaient rapidement. Chaque avant-veille de Noël, on entendait jusqu'à minuit des gémissements et des éclats de rire. Sans rien dire, par crainte du châtiment, les villageois imaginaient quelques méphistophéliques orgies. Une certaine année, ce fut pire que d'habitude. Personne ne put dormir dans le pays. Le lendemain, il ne restait plus qu'un chemin, quelques ponts, mais ni tourelles ni murailles. A la place de l'étang, on découvrit une fontaine tourbillonnante, qui fut qualifiée de *Fontaine Hideuse*. On dit qu'au siècle dernier encore, l'avant-veille de Noël, la source émettait cris, pleurs et ricanements, lointains échos des monstrueuses fêtes d'antan.

Jorcos, *chèvre sauvage,* paraît être à l'origine de JORQUENAY (HM). **Salar,** *truite,* a inspiré SALERANS (HA). **Taxos,** *blaireau,* a engendré le bas-latin **taxonaria,** à l'origine de *tanière,* qui a donné ÉTEIGNIÈRES (Ardennes), TACHOIRES (Gers), LA TAGNIÈRE (S&L), noms dans lesquels on reconnaît plus ou moins aisément *tanière,* et aussi TAXENNE (Jura) ou TESSON (CM). Cela dit, on peut être tenté de rattacher certains de ces noms au latin **taxus,** *if.* Enfin, **turcos,** *sanglier,* se retrouve à TURGON (Charente), vraisemblablement par l'intermédiaire d'un homme appelé *Sanglier.*

Les noms de personnes

Une des façons les plus simples de désigner un lieu n'est-elle pas d'en nommer le propriétaire ? Nous ne parlerons pas ici des noms de communes signifiant *la Clairière de X* ou *la Forteresse de Y*. On les trouvera dans le chapitre suivant, dans les rubriques consacrées aux mots signifiant *clairière* ou *forteresse*. Nous ne parlerons pas non plus des toponymes manifestement gallo-romains, c'est-à-dire associant un nom gaulois à un suffixe latin, ni de ceux obtenus à partir du suffixe gaulois **-aco,** latinisé en **-acus** ou **-acum,** qui ne s'est répandu que sous l'occupation romaine : il nous a paru normal de ne pas les isoler des noms d'origine latine.

Restent les noms purement celtes. Ils correspondent sans doute à de grandes exploitations, propriétés d'une aristocratie militaire et foncière, composée de ceux que César appelle **equites,** c'est-à-dire ceux qui combattent à cheval et non à pied. La grande propriété aristocratique gauloise était pratiquement ignorée de l'archéologie traditionnelle. Elle passait inaperçue. La photographie aérienne a permis de la mettre en évidence dans le Nord de la France.

A **Lantios,** nom porté par plusieurs personnages dans les Alpes, correspondent LANS (Isère) et LANSLEBOURG (Savoie).

Le domaine d'un certain **Lugios,** auquel on a rajouté la préposition *de* puis l'article *le,* est devenu LE DÉLUGE (Oise), qui ne doit rien à Noé, ni à la météorologie. Celui d'un nommé **Lustrios** est devenu LHUITRE (Aube).

Petuarios, le *Quatrième,* c'est-à-dire le quatrième enfant d'une famille, a laissé son nom à PITHIVIERS (Loiret) ; et **Pentinos,** le *Cinquième,* à PANTIN (SSD).

Avec des suffixes celtiques autres que **-aco,** le nom de certains personnages a pu se maintenir jusqu'à nos jours.

LUNAS (Hérault) et LUNAX (HG) proviennent du nom d'un **Lunos,** suivi du suffixe **-ate. Lunos** est d'autre part l'origine de LUS-LA-CROIX-HAUTE (Drôme).

CHATOU (Yvelines) est un ancien **Cattavo,** composé de l'anthroponyme **Cattos,** *le Chat,* et du suffixe **-avo.**

Le nom d'un certain **Vilicos** a servi à désigner son domaine : ce fut **Vilicenna**, devenu VINCENNES (VdM).

CORBIE (Somme) vient d'un surnom **Corbos,** le *Corbeau,* affecté du suffixe celtique **-edia...** Le même surnom est à l'origine de CORBON (Calvados, Orne), ou de CORBONOD (Ain), qui semblent comporter le suffixe gaulois **-one.**

La légende assure que les habitants d'un bourg voisin, jaloux des tours de l'église de Corbie, en firent construire d'identiques, puis voulurent s'emparer des corbeaux qui les peuplaient. Ils en firent une razzia, une nuit. Le lendemain, d'un coup d'aile, les oiseaux étaient de retour. On recommença, cette fois en leur coupant les ailes. Mais les oiseaux rentrèrent chez eux en se traînant sur leurs pattes, et aucun corbeau ne se posa plus jamais sur les tours de ces voisins envieux.

C'est le suffixe **-one** qui fut le plus employé, à l'époque gauloise, pour désigner des lieux d'après des noms de

personnes. Ainsi **Alingos** a laissé son nom à **Alingone,** d'où **Alangon,** compris *à Langon* et devenu LANGON (Gironde); **Alantios** a laissé le sien à **Alantione,** devenu ALENÇON (Orne); **Cabellios** à **Cabellione** devenu CAVAILLON (Vaucluse). On peut supposer qu'un quasi-homonyme **Cabillos** a donné son nom à CHALON-SUR-SAÔNE (S&L), malgré les hésitations des écrivains latins sur le suffixe (**Cabillonem, -onum, -onam**). Deux **Catinos** ont inspiré deux **Catinone,** devenus CHINON (I&L), et CHÂTEAU-CHINON (Nièvre). Un **Divios** a donné son nom à **Divione,** devenu DIJON.

Iccios, nom fort à la mode chez nos ancêtres, surtout dans le Centre de la Gaule, a donné **Iccione,** d'où USSON (PdD, Vienne). Mais USSON (Loire) s'appelait jadis **Icciomagos** (voir **magos,** p. 67). Le même **Iccios,** sans suffixe, a donné IS-SUR-TILLE (CdO).

Luccios, par le même processus, a donné LUÇON (Vendée) et MONTLUÇON (Allier); **Turnos** a donné TOURNON (Ardèche), et **Virisios** a donné VIERZON (Cher), jadis **Virisione.**

Habitations et constructions

Les termes gaulois désignant des constructions, ont été extrêmement productifs. Les principaux d'entre eux sont un reflet des grandes formes de vie économique et sociale. Ainsi, aux toponymes en **-ialo** correspondent des villages de paysans établis au centre de zones cultivées; aux toponymes en **-mago** les bourgs commerçants établis au carrefour d'axes routiers; enfin, aux toponymes en **-duno** et en **-duro,** des villes perchées ou fortifiées, refuges en cas de guerre et résidences permanentes du roi et des nobles, ainsi que d'une population d'artisans et de commerçants.

Attegia, *cabane,* est à l'origine d'ATHÉE (CdO, I&L, Mayenne) et de multiples ATHIS (Somme, Marne, Orne), dont ATHIS-MONS (Essonne). Un synonyme muni d'un préfixe différent, **aretegia,** a donné ARTHIES.

Bona, *village,* a donné, seul, BONNE(S) (Charente, Vienne). Un dérivé **Bononia** est à l'origine de BOULOGNE-SUR-MER (PdC) ; les autres BOULOGNE sont des transferts, voir p. 266. Quant à LILLEBONNE (SM) c'était autrefois **Juliobona,** ainsi nommée en hommage à Jules César. Le nom est apparemment devenu **Juillebonne** ; on l'a rendu plus « parlant » en en faisant *l'Ile bonne.*

Briga, nom lié à la même racine indo-européenne que l'allemand *Berg,* montagne, a d'abord signifié *colline,* puis *forteresse.* Utilisé comme second élément dans nombre de toponymes, il a donné des noms finissant par **-óbriga,** altérés en **-óbra,** d'où assez souvent -EUVRE en terre d'oil et -OBRE en pays d'oc.

On le trouve employé seul pour désigner un certain nombre de villages situés sur des hauteurs, appelés BRIE, dont BRIE-COMTE-ROBERT (S&M) — voir aussi p. 46, BROYE (S&L, HS), d'où certains BRION (Isère, Lozère, M&L).

La chaîne de suffixes **-ant, -ione,** donne la forme **Brigantione,** qui signifie littéralement *éminence* et qui est devenue BRIANÇON (HA).

Avec le pré-celtique **vin-t** (voir p. 16), on eut **Vintiobriga,** d'où VINSOBRES (Drôme), dont le nom, dans un terroir vinicole, se prête à diverses plaisanteries. Les bouteilles de la cave coopérative locale portent en particulier ce slogan, dû, paraît-il, à un évêque du cru : « Vinsobres, sobre vin, buvez-en sobrement. »

Avec l'anthroponyme gaulois **Banna,** on eut **Bannobriga,** d'où BONNOEUVRE (LA), et, avec d'autres anthroponymes gaulois, COUTOUVRE (Loire), DENÈVRE (HS), DENEUVRE (M&M) et CHÂTEL-DE-NEUVRE (Allier), VALLABRÈGUES (Gard), VOLESVRE (S&L), VALLABRIX (Gard).

Avec **canto,** *brillant,* on trouve **Cantobriga,** d'où CHAMPDOR (Ain), où la notion d'éclat est miraculeusement restituée. Avec **vindos,** *blanc,* furent nommées de nombreuses *Citadelles Blanches,* **Vindobriga,** d'où viennent les VAND(O)EUVRE(S) (Aube, Calvados, Indre, Vienne).

Avec **vidu,** bois, on a **Vidobriga** qui a donné VOIVRES (Sarthe).

Enfin, avec le latin **mons,** *mont,* on a le pléonasme BRIMONT (Marne).

Briva, *pont,* a donné les BRIVE(S) (Corrèze, Indre, Mayenne, Sarthe, HL, Jura), et aussi BRÈVES (Nièvre), BRIOUDE (HL), jadis **Brivate.**

En composition, on trouve **briva** avec des noms de rivière. Les noms signifient alors *Pont sur...* Sur le Cher, CHABRIS (Indre), ex **Carobrivas ;** sur la Sauldre, en gaulois **Salera,** SALBRIS (L&C), ex **Salebrivas ;** sur la Sarthe, BRISSARTHE (L&C), ex **Brivosarta.** Avec **duros** (voir p. 65), les Gaulois firent **Brivoduro,** qui donna BRIARE (Loiret) et **Brieure,** devenu BRIEULLES (Ardennes, Meuse).

Cleta, signifiant *palissade,* explique CLAIS (SM), CLAYE (I&V), CLOYES (E&L), CLÈDES (Landes), CLAYEURES (M&M), et même (LES) CLEFS (M&L, HSav.), dont l'orthographe est évidemment née d'une confusion.

Dunos a, tout comme **briga,** signifié d'abord *colline,* puis *forteresse ;* mais le mot a fini par perdre son sens plein, pour désigner simplement une *agglomération.* On trouve DUN seul (Ariège, Creuse, Indre, Cher, Nièvre, Meuse), aussi sous les formes DUNG (Doubs) ou DHUN (Nièvre), ou avec des diminutifs : DUNEAU (Sarthe), DUNET (Indre), etc.

Dunos apparaît surtout dans des noms composés, toujours comme second terme. Le premier terme peut être un anthroponyme — le plus souvent gaulois : **Laucos** a donné **Laucoduno,** d'où LAUZUN (L&C), et aussi LOUDUN (Vienne), malgré plusieurs étymologies locales fantaisistes.

La plus facile est celle qui explique le nom de la ville par *Loupdun ;* elle inspira le choix du loup comme emblème de la cité. La plus imaginative pose, à l'origine, la forme *Losdunum,* attestée dans un document médiéval : ce nom fut, dit-on, donné à la ville parce qu'en creusant les fondations de ses remparts, on exhuma *l'os d'un homme* !

Avec le surnom **Gabros,** *la Chèvre,* on fit **Gabroduno,** d'où JABRUN (Cantal).

Avec **Meclos,** on fit **Mecloduno,** d'où MELUN (S&M) et MEUDON (HdS). **Melissos** a donné **Mulceduno** et de là MUSSIDAN (Dordogne), ainsi sans doute que MUCHEDENT (SM).

L'anthroponyme peut également être romain, ou gallo-romain, preuve que la forme a continué à produire des toponymes après la conquête. On citera SERANDON (Corrèze) forgé sur **Serranus,** LIVERDUN (M & M), sur **Liber.** AUTUN (S & L) et AUTHON (E & L, L & C, Essonne) sont d'anciens **Augustodunum,** nommés ainsi en hommage à l'Empereur Auguste. On trouve également **duno** en composition avec **eburos,** *if,* qui semble ne pas désigner la végétation locale mais être une plante totémique. **Eburoduno** a ainsi donné, outre YVERDON (Suisse), AVERDON (L & C), ÉBRÉON (Charente), et EMBRUN (HA).

Les composés formés avec **Lug** sont présentés p. 76.

Formé avec **magos,** *marché* (voir p. 67), **Magoduno** a donné MÉDAN (Yvelines), MEHUN (Cher), MEUNG (Loiret) et MAUZUN (PdD).

Avec **cambo,** « courbe », on a **Camboduno** qui est à l'origine de CHAMBEZON (HL) et CHAMPÉON (Mayenne). Avec un élément obscur, on obtient **Casmoduno,** d'où CHAUMONT-LE-BOIS (CdO ; pour les autres Chaumont, voir p. 42); et avec **sego,** *force,* **Segoduno,** d'où SUIN (S&L) et SYON (HSav.). L'adjectif **novio,** *nouveau,* sert à former **Novioduno** d'où NEUNG-SUR-BEUVRON (L&C) et NIEUDAN (Cantal). Quant à **are,** préposition signifiant *près de,* on la trouvait dans **Areduno** qui est devenu ARDIN (DS), ARDON (Jura, Loiret, Ain, Aisne), ARZON (Morbihan). **Uxello,** *haut,* a donné **Uxelloduno,** et de là EXOUDUN (DS), ISSOUDUN (Creuse, Indre) et ISSOLU (Lot). VÉZEZOUX (HL) vient soit de **Visoduno** avec **visu,** *digne,* soit de **Vicoduno** avec **vico,** *combat.*

Un certain nombre de composés en **-duno** restent obscurs, comme VERDUN (Meuse, Ariège, Aude, S&L, T&G, etc.), nom issu de **Viro-** ou **Veroduno.**

Verdun (Meuse) voit en tout cas sa vocation militaire inscrite dans son nom même. César y avait établi des dépôts d'armes et de vivres pour les légions qui montaient la garde face aux Germains. Vauban avait perfectionné les fortifications dues au Chevalier de Ville, et dont une partie — les souterrains — fut encore utilisée durant la Première Guerre mondiale.

On a proposé, pour expliquer les divers VERDUN, un préfixe à sens intensif **ver-** : VERDUN serait donc la *Sur-forteresse.*

Quoi qu'il en soit, on connaît des composés faisant intervenir des éléments latins, comme le pléonasme **Castellodunum,** d'où CHÂTEAUDUN (E&L) : voir **castellum,** p. 255 ; ou comme **Roccadunum,** qui a donné ROQUEDUR (Gard), et renvoie à **rocca,** *roche :* la terminaison en R est le résultat d'une déformation assez tardive, due à l'attraction de l'adjectif *dur.*

Duro est un adjectif qui est devenu un nom commun, exactement comme son équivalent français *fort.* Seul, il a donné DURAS (L&G).

On le trouve parfois comme premier élément d'un composé. Avec le gaulois **mello,** *hauteur,* il a donné **Duromello,** DORMELLES (S&M) ; avec **epomanduo,** qui devait signifier *éleveur de chevaux,* il a donné **Epomanduoduro,** devenu MANDEURE (Doubs) ; avec l'adjectif latin **clarus,** *clair,* **Duroclarum,** d'où DUCLAIR (SM) ; il se peut enfin que le mot **corio,** *armée,* ait servi à composer DOMQUEUR (Somme), ancien **Durocoregum...**

En règle générale, toutefois, **duro** est en seconde position. Avec l'anthroponyme gaulois **Autessios,** on a **Autessio-**

duro, aujourd'hui AUXERRE (Yonne) ; avec **Briccios, Briccioduro,** BRESSUIRE (DS) ; avec **Taros, Taroduro,** TARARE (Rhône) ; avec Valicios, **Valicioduro** d'où WAULSORT (Belgique). **Iccios** (voir p. 61) explique **Iccioduro,** c'est-à-dire ISSOIRE (PdD).

On a fait d'Issoire, une des deux villes victimes — avec Ambert — des plaisanteries des *Copains* de Jules Romains, une création de Bituit, roi des Arvernes, qui l'aurait appelée **Isiodorum** pour honorer d'une part son fils Dorix, de l'autre la déesse Isis. On a également affirmé que le nom signifiait en grec l'*égal présent* (**Ison dôron**) parce que Bituit aurait donné la moitié de la somme dont son fils avait besoin pour bâtir cette ville — ce qui supposerait que nos ancêtres connaissaient bien la langue grecque...

On trouve aussi MANHEULLES (Meuse), qui provient d'un dénommé **Maginos.**

Celui-ci, bien qu'il ait donné son nom à un fort, n'est probablement pas l'ancêtre de Maginot, député bleu horizon et entrepreneur de travaux publics « dans le civil », concepteur, au lendemain de la Première Guerre mondiale, de la plus sophistiquée et de la plus inefficace des lignes fortifiées, derrière laquelle l'état-major français crut pouvoir s'endormir en laissant Hitler mettre l'Europe à feu et à sang, jusqu'au douloureux réveil de 1940...

Le *Fort de Maginos,* **Maginoduro,** a d'abord donné **Manhoduro,** puis **Manhuerre,** et c'est cette dernière forme qui s'est altérée en MANHEULLES.

Dernier anthroponyme de notre liste-échantillon, **Turnos** est à l'origine de **Turnoduro,** devenu TONNERRE (Yonne). Les jeux de l'évolution phonétique ont fini par donner au *Fort de Turnos* le nom le plus retentissant de la toponymie française...

Avec **divos,** *dieu,* on a **Divoduro,** qui a donné JEURRE (Jura), JOUARRE (S&M), etc. La transformation de l'initiale est conforme aux lois de la phonétique française. Il suffit de rappeler que le latin **diurnus** a donné dans notre langue *jour.*

Avec un adjectif latin, on a AUTOIRE (I&V), dans lequel on reconnaîtra **altus,** *haut.* Enfin, avec un élément obscur, **Soloduro** a donné SOLEURE (Suisse) ; on le reconnaît plus aisément sous la forme allemande *Solothurn.* Avec un autre élément inconnu, **Plaioduro** a donné PLEURE (Jura) et PLEURS (Marne), dont l'étymologie a de quoi dissiper tout chagrin.

Magos aurait signifié originellement *champ*, puis *marché*, enfin *ville*.

On le rencontre rarement seul. Toutefois, MAYET (Sarthe) en est probablement un diminutif. En composition, il s'efface presque totalement. Les Gaulois mettaient l'accent sur la dernière voyelle -o- du premier élément. En conséquence, les finales en **-ómagos** se sont transformées en **-ómos,** ce qui explique qu'il ne reste le plus souvent qu'un son *-on, -an* ou *-en*.

Avec un anthroponyme gaulois **Blatos, magos** a donné sans doute **Blatomagos,** puis à l'époque mérovingienne **Blatomo** devenu BLOND (HV). **Briennos** a donné **Briennomagos,** d'où BRI(E)N(N)ON (Cher, L&G, Nièvre, Yonne). **Carantos** a donné **Carantomagos,** devenu CHARENTON (Cher) et CARENTAN (Manche). Dans ces deux cas, le temps a rendu méconnaissable l'élément **magos.** Cet élément n'est attesté dans aucune des formes anciennes de CHARENTON-LE-PONT (VdM), ce qui suppose que le nom de la ville provient de **Carantone,** forme simplement suffixée de **Carantos.**

Par ailleurs CONDOM (Aveyron, Gers) vient de **Condomagos,** formé avec **Condos,** et BRUMATH (BR) de **Broccomagos,** formé avec **Broccos.**

Avec des adjectifs gaulois, on a SENAN (Yonne) de **Senomagos,** *le Vieux Marché* (**seno** = *vieux*), et surtout toute une série de noms dérivés de **Noviomagos,** *le Nouveau Marché :* NO(U)VION (Somme, Aisne, Ardennes), NOVION (Ardennes), ainsi que NOYEN (Sarthe, S&M), NOYON (Oise), NYONS (Drôme), NÉOUX (Creuse), NIJON (HM), NOJEON (Eure), NOGENT-LE-ROTROU (E&L) et NOGENT-SUR-VERNISSON (Loiret) sont d'anciens **Noviomagos,** mais pas leurs nombreux homonymes (voir p. 78). Enfin, bon exemple des caprices de la transmission des noms de lieux, c'est aussi un **Noviomagos** qui est à l'origine de LONGJUMEAU (Essonne).

La transformation de -vio- en -jo- est normale et se retrouve dans **Divione,** devenu *Dijon*. **Noviómagos** se transforme en **Noviómo,** puis **Nogeom, Nogeon,** dont la dernière finale peut s'ouvrir en *Nogen(t)* (le *t* final est purement graphique). Un de ces Nogeom a été remplacé par un diminutif **Nogemello.** A cette époque (vers le début du Moyen Âge), il existait un mot *gemello* forme altérée du latin **gemellus** signifiant *jumeau*. Les habitants du village ont cru pouvoir interpréter son nom en le modifiant un peu ; ce fut

Nongemello : le bourg n'avait pas son pareil ! Puis *gemello* évolua en *jumeau*, et le village devint **Nonjumeau.** Le nom ne semblait tout de même pas très clair. Une dernière petite touche, et l'apparente négation *Non* fut remplacée par l'adjectif *long*.

Avec le nom commun gaulois **argento,** *argent* (voir p. 47), on a ARGENTON (L&G, Indre) et ARGENTAN (Orne), à partir d'**Argentomagos.** RIANS (Cher), RIOM (PdD, Cantal) et RUOMS (Ardèche) sont d'anciens **Rigomagos** dans lesquels on reconnaît encore **rig** ou **rix,** *roi,* ce qui indique peut-être que les droits de marché étaient perçus par le souverain local.

Magos a été associé à des noms d'arbres : à **cassanos,** *chêne,* ce qui donne **Cassanomagos,** d'où CHASSENON (Charente) ; à **eburos,** *if,* à l'origine d'**Eburomagos,** qui, perdant sa première voyelle ainsi que quelques autres, est devenu BRAM (Aude).

Magos est également associé à **catu,** *combat,* qui a donné *cat* en breton, dans **Catumagos,** *le Marché du combat ? la Place d'armes ? le Champ de bataille ?* d'où viennent CAHAN (Orne), CAHON (Somme) et surtout CAEN (Calvados). Quant à PONT-DE-RUAN (I&L), ROM (DS), ROUEN (SM) et RUAN (L&C, Loiret), ce sont des dérivés de **Rotomagos,** dont le premier élément reste obscur. **Roto** signifiant *roue* ou *course,* on pourrait voir dans ces villes d'anciens champs de courses, mais il semble qu'une forme plus ancienne de leur nom ait été **Ratumagos.**

Magos semble avoir donné peu de toponymes après la conquête romaine. Citons cependant CLION (Indre), avec l'anthroponyme latin **Claudius (Claudiomagos).**

Terminons enfin sur un cas de composition avec un élément obscur : ce sera **Giemagos,** qui a donné GIEN (Loiret).

Le nom commun *montjoie* désignait en ancien français les amas de pierres servant de bornes le long des chemins. Le mot et la chose semblent nous venir des Gaulois, chez qui **manta** signifiait *chemin* et **gauda,** *tas de pierre*. Certains villages nés auprès de ces bornes portent le nom de MONTJOIE (Doubs, Manche, PdD).

Rate signifiait *rempart* ou *forteresse ;* en irlandais, il existe un mot très proche, *raith,* enclos fortifié. **Argentorate** était le nom originel de STRASBOURG (BR) : voir p. 138. Un homonyme a donné ARGENTRÉ (Mayenne), *Forteresse blanche comme de l'argent* ou peut-être *Forteresse où l'on extrait (ou travaille?) l'argent*. CARPENTRAS (Vaucluse) s'appelait **Carbantorate,** avec **carbanto,** *char*, et COUTRAS (Gironde), **Corterate,** avec un premier élément obscur.

On a voulu faire de *Carpentras* une association du latin *carpere*, brouter et du mot *rat*, d'autant qu'on voit sur le flanc gauche de l'église Saint-Siffrein une sculpture appelée *boulo di garri, la boule aux rats*, sphère sur laquelle courent des rongeurs. La même existe à Saint-Germain-l'Auxerrois, à Paris. L'Église, dans ses périodes d'antisémitisme, y a vu le symbole des Juifs assiégeant la chrétienté, dans d'autres périodes celui des péchés dévorant le monde.

Les activités agricoles

Les activités agricoles sont représentées par quelques termes génériques.

Bodica, *friche,* a donné BOUZIC (Dordogne), et MARBOUÉ (E&L) avec l'adjectif **maro,** *grand.* COUARGUES (Cher) et les divers COUDERC (*couderc* est nom commun dans le Massif Central et le Sud-Ouest, et désigne le pré communal) viennent de **coterico,** *pâturage commun.*

Gorto, *jardin, enclos,* est à l'origine de GORCY (M&M), GORSES (Lot), GORZE (Moselle), ou LA GORCE (Ardèche, Gironde).

Ialos, c'est d'abord la *clairière,* c'est-à-dire le *lieu défriché* et, pour finir, simplement le *village.* **Ialos,** toujours en fin de mot, donne différentes terminaisons, dont la carte de la page 72 donne une répartition. -EUIL est la forme la plus courante, surtout en région parisienne.

Le premier élément est le plus souvent un anthroponyme gaulois. Ainsi, **Bonos** a donné **Bonoialo,** d'où BONNEUIL (Charente, Indre, SM, VdO, Oise, Vienne, VdM). **Corbos** a donné **Corboialo,** d'où CORBEIL (Essonne), dont l'étymologie populaire a fait *Cœur bel,* symbole de courage et de dévouement envers le Roi... les armoiries de la ville comportant d'ailleurs un cœur et une fleur de lys. **Cristos** (rien à voir avec le Christ) a sans doute donné **Cristoialo,** d'où CRÉTEIL (VdM). **Critos** a donné CREIL (Oise), et **Orgos** ORGUEIL (T&G), etc.

De nombreux adjectifs ont également été mis à contribution : adjectifs gaulois, d'abord, comme **maro,** *grand,* qui est à l'origine de MARE(U)IL (Charente, Dordogne, Sarthe, MAROUÉ (CdN), MAREUGHEOL (PdD), MAREAU (Loiret), MARIOL (Allier), MAROLS (Loire), MARVEJOLS (Gard, Lozère), MAROILLES (Nord), LE MARILLAIS (M&L), MAREILLES (HM), tous anciens **Maroialo. Novio,** *nouveau,* se retrouve dans N(I)EUIL (Charente, I&L), NEUILH (HP), anciens **Novioialo ; seno,** *vieux,* dans SÉNEUJOLS (HL). Enfin, **vindo,** *blanc,* explique les VANDEUIL (Marne), VENDEUIL (Aisne, Oise), VENTEUGES (HL), VENTEUIL (Marne) et VENTUÉJOLS (Cantal), anciens **Vindoialo.**

On trouve également des adjectifs latins : **altus,** *haut,* donne AUTEUIL (Paris), effectivement surélevé par rapport

à l'ancienne forêt de Billancourt, AUTHIOU (Nièvre), AUTHOUILLET (Eure).

Des noms communs gaulois sont à l'origine de ÉBREUIL (Allier) : **eburos,** *if ;* CASSUÉJOULS (Aveyron) : **cassanos,** *chêne ;* VERNEUIL (Allier, Charente, etc.) : **verno,** *aulne.*

D'autres noms, latins cette fois, ont été également associés à **ialos.** ARCUEIL (VdM) vient d'**arcus,** *arc,* et doit son nom aux arches d'un aqueduc dont on peut encore voir les

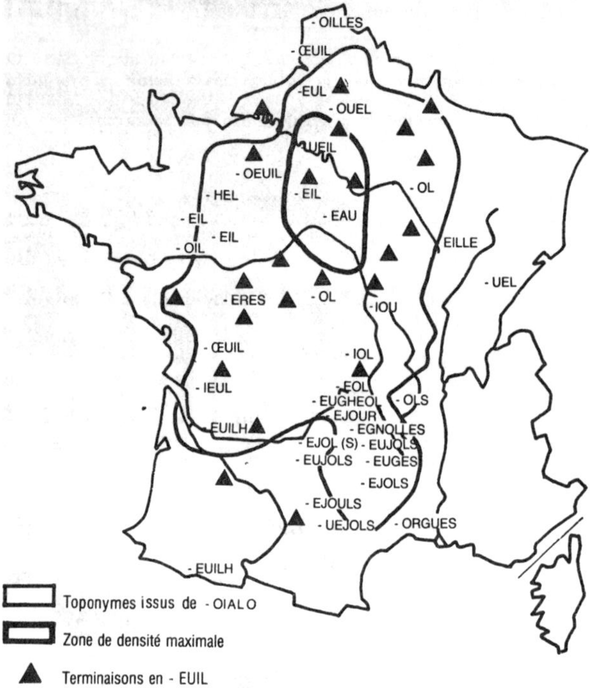

Terminaisons issues de *oialo*

vestiges. Le travail de l'étain est évoqué à ESTANDEUIL (PdD) qui provient de **stannum,** *étain ;* la culture du *lin,* **linum,** à LIGNOL (Aube) ; la présence d'une *clôture,* **saep-**

tum, à SEPTEUIL (Yvelines) ; d'un *gué,* **vadum** à VOEUIL (Charente). Les *épines,* **spinae,** qu'il a fallu éliminer, ont laissé leur souvenir à ÉPINEUIL (Cher, Yonne), comme à ÉPINAY (Essonne, SSD, etc.) ou ÉPINEAU (Yonne).

Enfin, et c'est la preuve que ce mot a été vivant très longtemps, on trouve **ialos** avec des noms germaniques : avec le nom même des Francs à FRANCUEIL (I & L) ; avec celui des Basques, peut-être déportés là après une révolte, à VASCOEUIL (Eure). RAMBOUILLET (Yvelines) est le diminutif d'un ancien **Rambeuil,** ex **Ramboialo,** sans doute composé de l'anthroponyme germanique **Rambo.**

Olca, *terre labourable,* est à l'origine de OCHES (Ardennes), OUCHES (Loire), et de DOSCHES (Aube), avec agglutination de la préposition *de.*

Rica, *sillon* (qui a donné le nom commun *raie*), explique RIS-ORANGIS (Essonne).

En ce qui concerne l'élevage, la toponymie de notre pays lui fait une place limitée. Citons **banvos,** *porc,* qui a donné BANVOU (Orne) ; **gabra,** *chèvre,* à qui l'on doit GEVROLLES (CdO) ; **marca,** *cheval,* qui paraît à l'origine de MARQUISE (PdC) ; **orcos,** autre nom du *porc,* a donné ORCHES (Vienne) et OURCHES (Drôme, Meuse) ; enfin **tarvos,** *taureau,* pourrait avoir inspiré **Tarva,** ancien nom de TARBES (HP). On peut aussi imaginer que nos ancêtres pratiquaient la pisciculture : le nom de VANVES (HdS), pourrait venir de **venna,** *vivier,* qui a donné le nom commun *vanne.*

Les dieux gaulois

Par la grâce des manuels de l'école primaire et de la barbe blanche de Panoramix, nous croyons avoir quelques idées, d'ailleurs sommaires et le plus souvent erronées, sur les druides. En revanche, nous ne savons pratiquement rien des dieux qu'adoraient nos ancêtres. Il ne reste d'eux que quelques cris de guerre proférés par les compagnons d'Astérix lorsqu'ils s'apprêtent à mettre à mal les légionnaires romains. A cette ignorance, on peut trouver deux causes. La première, c'est la romanisation. Des noms romains ont été appliqués aux dieux celtes. La seconde, c'est la christianisation. Les évêques, et Martin de Tours le premier, ont tout fait pour extirper les cultes ancestraux. De ces dieux, de leurs temples, il ne reste guère, en dehors de maigres vestiges archéologiques, que quelques toponymes. Encore faut-il être prudent, et se souvenir que ces mots fossilisés ne témoignent pas toujours d'îlots de résistance du paganisme ; ils peuvent même désigner des lieux où le dieu n'a jamais été particulièrement vénéré. En effet, on repère souvent un intermédiaire humain, le propriétaire du domaine, qui portait un nom dérivé de celui de la divinité.

On constate que les dieux les plus présents dans la toponymie actuelle de la France sont ceux dont le nom est lié aux sources. Paul-Marie Duval, spécialiste du monde celtique, explique ainsi le culte de ces dernières :

« Glacée par les neiges ou brûlante de la chaleur souterraine, l'eau murmure ou gronde, luit, purifie, féconde et guérit. Aussi les sources, lieux de naissance des cours d'eau, reçoivent-elles un culte pour elles-mêmes ».

Leurs noms, qui étaient à la fois nom de la source et de la divinité qui y était associée, se retrouvent encore aujourd'hui. Ainsi **Alauna** a donné ALLAMPS (M&M), ALLONNE(S) (Oise, DS, E&L, etc.) et ASLONNES (Vienne). **Borvo** a donné BOURBONNE (HM), BOULBON (BdR), et divers BOURBON (Allier, S&L), mais pas LA BOURBOULE (PdD) : ici, l'article dénonce une formation plus récente et, de fait, le nom dérive de l'ancien français **borbe,** *boue,* dont dérivent aussi les mots *bourbeux, bourbier.* Mais **borbe** provient directement du mot gaulois **borva,** *source boueuse, bourbier,* qui n'est évidemment pas sans rapport avec le nom du dieu Borvo.

BOURBON (Allier) a donné son nom à la dynastie que les historiens de jadis qualifiaient de « troisième race des monarques français ». A la mort du roi Henri III de Valois, la loi salique faisait de son plus proche parent mâle le nouveau roi. C'était son cousin au vingt-deuxième degré, Henri, seigneur de Bourbon et roi de Navarre. Devenu Henri IV, il fonda cette « troisième race » qui, au-delà de la Révolution et de l'empire, régna sur notre pays jusqu'en 1848, et occupe encore aujourd'hui, avec Juan Carlos Ier, le trône d'Espagne.

Étrangement, Henri de Navarre ne fut pas le premier Bourbon à être roi de France. Les Guise, qui tenaient Paris, proclamèrent roi son oncle, le cardinal de Bourbon. C'était un moyen de faire pièce à un prétendant protestant, et de ménager l'avenir : le prélat n'avait guère d'héritier en ligne directe... On oublia vite cet éphémère « Charles X ». Les écoliers l'ignorent et les touristes sont étonnés de le voir parmi les portraits qui ornent la Galerie des Offices, à Florence.

On est tenté de rattacher au nom d'un dieu **Bormo,** avatar ou cousin du précédent, le nom de BORMES (Var). Autre nom de divinité des eaux : **Divona,** la *Divine,* a donné des noms de rivière comme la *Dive* ou la *Divonne,* ainsi que ceux de DIONS (Gard), DIVONNE-LES-BAINS (Ain), DIONNE (CdO).

Ivaros a donné ÉVAUX (Creuse) et **Luxovios** LUXEUIL (HS). Enfin, **Nerios** est à l'origine de NÉRIS (Allier), et peut-être de NAYRAC (Aveyron), NÉRAC (L&G), NÉRÉ (CM), NÉRY (Oise), qui peuvent aussi provenir d'un anthroponyme gaulois **Nerios** mais n'en désignent pas moins des terroirs riches en fontaines...

En dehors des sources, un terme a donné de nombreux dérivés ; il s'agit de **Matrona,** ou plutôt **Matronae,** au pluriel. Ces divinités, représentées en groupe, incarnaient la terre, la nature, l'idée de maternité. Sur les monuments anciens, elles sont représentées avec une corne d'abondance. On les trouve surtout dans l'Est du pays, sur l'axe Rhône-Rhin. Le nom **Matrona** se retrouve dans celui de la rivière *Marne* et de certaines villes appelées MARNES (DS, HdS), ainsi que dans METEREN (Nord), MOTHERN et NIEDER-MODERN (BR), ce dernier avec l'allemand **nieder,** *en bas ;* et dans MARNAZ (HS), MAYRONNES (Aude), MEYRONNE(S) (Lot, AHP).

On peut également avoir affaire à des dieux purement locaux, protecteurs de la ville ou du village. **Aximo** était ainsi le dieu d'AIME (Savoie). **Belatos** celui de BELAN (CdO), autrefois **Belatone ; Segeta** celui de SCEAUX-DU-GÂTINAIS (Loiret), ancien **Segetellum** (les autres *Sceaux* ont une autre origine, voir p. 225) ; et **Sinquatis** celui de CINQUEUX (Oise).

L'étymologie locale a donné une explication hautement fantaisiste de ce dernier nom, en le rapportant au latin *Sinus Quietus, lieu tranquille* — un bon slogan pour un syndicat d'initiative, mais une piètre étymologie.

Plus connus et mieux attestés sont les équivalents gaulois d'Apollon. Parmi eux, **Virotutis** a donné VERTUS (Marne) ; **Grannos** nous a valu GRAND (Vosges) et GRANE (Drôme)... Mais le plus connu de ces « Apollons » celtes, c'est **Belenos,** dieu solaire dont le nom est à l'origine de BEAUNAY (Marne), BLANOT (CdO), BLÉNOD (M&M), BONNAY (S&L), et, sous une forme féminisée, de B(E)AULNE (Aisne, Essonne), BEAUNE (CdO, Allier, HL, etc.). BOLLÈNE (Vaucluse) vient d'un anthroponyme germanique **Abboleno,** et non de **Belenos,** comme on l'a écrit parfois...

Leucetio, le *Brillant,* est comparable au dieu romain Mars et a donné LAUZES et LUZECH (Lot).

Quant à **Belsama,** ou **Belisama,** la *Très Brillante,* elle est liée à l'éclair ou au feu terrestre, et est à l'origine des noms de BALESMES (I&L), BELLÈME (Orne), BLESMES (Aisne, Marne), ou BLISMES (Nièvre).

Mais le plus important, le plus vénéré de ces dieux, c'est **Lug,** que César, dans ses *Commentaires,* appelle « Mercure ». C'est le maître suprême des travaux de paix. Il est normal qu'il ait été hautement apprécié du peuple d'artisans qu'étaient nos ancêtres. Ceux-ci, dans leur mythologie, donnaient au travailleur manuel la prééminence sur le guerrier. Avec **dunos** (voir p. 63), il a donné LAON (Aisne), LION (Loiret) et LYON (Rhône), tous issus de divers **Lugduno.**

Qu'il s'agisse ou non d'un souvenir de l'antique culte de Lug, Lyon fut la capitale religieuse des Gaules. Sous les Romains, c'est là que se dressait le sanctuaire « d'Auguste et de Rome » auquel venaient sacrifier tous les ans les délégués des « cités » gauloises (voir p. 80).

D'autre part, Lyon eut la première des Églises chrétiennes de notre pays. Son fondateur, un grec d'Asie, Pothin, était disciple de Saint Jean Polycarpe, lui-même disciple de Saint Jean. A trois générations, l'Église lyonnaise remonte aux apôtres. Pothin mourut en 177, à plus de quatre-vingt-dix ans, dans une persécution aux allures de pogrom qui vit le martyre de Sainte Blandine. Son successeur Irénée compte au nombre des Pères de l'Église, et fut l'auteur du premier catéchisme.

L'ancienneté, les sacrifices subis, la valeur de ses chefs donnèrent à l'Église lyonnaise un prestige particulier, qui a duré jusqu'à nos jours et confère à l'archevêque de Lyon le titre, tout honorifique, de « primat des Gaules ». Ce titre, n'étant accompagné d'aucun

pouvoir, est tombé en désuétude, et au XXe siècle, il a été surtout employé pour désigner ironiquement Édouard Herriot, leader du parti radical, maire de Lyon...

Citons enfin le dieu **Nemausos,** dont le nom se prononçait différemment selon les régions. Accentué sur l'**e,** **Némausos** a donné NÎMES (Gard); accentué sur **au,** **Nemaúsos** a donné NEMOURS (S & M), autrefois **Nemous.**

Deux noms communs gaulois à valeur religieuse ont également laissé des toponymes. C'est d'abord **divos,** *dieu,* à qui nous devons DINAN (voir p. 45), ainsi que DEUIL (VdO) et DOEUIL (CM), anciens **Divoialo** (voir **ialos** p. 70). C'est ensuite **nemeton,** *temple,* assez tôt contracté en **nempton.** Les hybrides gaulo-latins NAMPONT (Somme) et NEMPONT (PdC), avec le latin **pons,** *pont,* signifient le *Pont du Temple.* NANTERRE (HdS) ancien **Nemetoduro,** avec **duro** (voir p. 65) est donc la *Citadelle du Temple;* SENANTES (E & L, Oise) ancien **Senonemeto,** avec **seno,** *vieux,* signifie le *Vieux Temple,* et, au contraire, NONANT (Calvados, Orne) ancien **Novionemeto,** avec **novio,** *nouveau,* équivaut au *Temple Neuf.*

Aussi ancienne que Paris, Nanterre occupe une place éminente parmi les voisines de la capitale. Lieu de naissance de Gavroche, s'il faut en croire le premier couplet qu'il a chanté, elle fut aussi, dans les années 1968, un symbole fantasmatique : celui d'une Université dans laquelle les étudiants n'étudiaient pas, mais préparaient, dans une sorte de sabbat permanent, les pavés et autres ustensiles avec lesquels ils se répandaient chaque soir dans les rues de la capitale pour y semer la confusion et la ruine des valeurs éprouvées. Il ne faudrait pas oublier tout de même qu'elle vit la naissance, vers 422, d'une bergère nommée Geneviève qui sut, en 451, empêcher les Parisiens d'abandonner leur ville aux hordes d'Attila. Paris résista, les Huns reculèrent, et Sainte Geneviève devint la patronne de notre capitale.

A sa ville natale elle a laissé un puits, toujours visible devant la cathédrale Sainte-Geneviève et dont l'eau, pendant des siècles, a fait, paraît-il, miracle.

Quelques adjectifs

A côté des noms, plusieurs adjectifs celtes se sont maintenus dans la toponymie.

Noviento, *nouveau,* dérivé de **novio,** est non seulement à l'origine de la plupart des NOGENT, sauf N.-SUR-VERNISSON (Loiret) et N.-LE-ROTROU (E & L), qui sont des compositions avec **magos** (voir p. 67), mais aussi de NEPVANT (Meuse), NOUAN(S) (I & L, L & C, Sarthe), NO(U)HANT (Cher, Creuse, Indre), NOUVION (Aisne), NOVEANT (Moselle), NOVIANT (M & M), NOYANT (Aisne, Allier, I & L, etc.).

L'étymologie populaire s'est emparée de *Nogent-sur-Seine* (Aube). Ignorant que le mot remontait aux Gaulois, on l'a rattaché à... la guerre de Cent Ans. La ville devrait son nom à un épisode décisif d'un combat entre Français et Anglais. Les seigneurs français, qui allaient succomber sous le nombre et voyaient leurs troupes déserter, auraient crié « A nous, nos gens ! » Les fuyards se seraient alors repris et auraient mis en pièces l'ennemi. Le cri « Nos Gens » serait resté attaché au lieu sur lequel il avait été poussé.

Samo, *tranquille,* a fourni SAMOIS (S & M). **Seno,** *vieux,* semble apparaître dans un mot de sabir gaulo-latin **senomuro,** avec le latin **murus,** *mur.* C'est le nom que les Gallo-Romains auraient donné aux villes abandonnées, visibles encore par les ruines de leurs murs d'enceinte. Les SEMUR (CdO, S&L, Sarthe), ainsi que SERMUR (Creuse), pourraient donc être, à l'origine, des villages réinstallés sur des sites abandonnés.

Tavos, *tranquille,* a donné TAVANT (I&L), TAVAUX (Aisne, Jura), TAVEL (Gard), TAVERS (Loiret) et THIÈVRES (PdC).

Uxello, *haut,* a donné USSEAU (DS), USSEL (Corrèze, Allier, Cantal, Lot), UXELLE (S&L), et, par agglutination de l'article, LUSSANT (CM) et LUSSAULT (I&L).

USSEL (Corrèze) a été interprété souvent comme une déformation de l'ancien français *huis scel,* porte fermée, d'où les armoiries de la ville : « une porte d'or clouée et ferrée de sable accompagnée de trois étoiles en champ d'azur ».

Le superlatif de cet adjectif, **uxisama,** est à l'origine de EXMES (Orne), HEUME (PdD), HUISMES (I&L), OISÈME (E&L). Pour ISSANGES (HL), il faut supposer une forme **uxisamia.**

Vello, *bon,* avec **-sama** au superlatif est à l'origine de VELESMES (Doubs, HS).

Vindo, *blanc,* a donné VENDÔME (L&C), ex **Vindocino,** VENDREST (S&M), et VANDIÈRES (Marne).

Quelques noms obscurs

Les noms gaulois que nous avons cités jusqu'ici nous livrent, en totalité ou en partie, la signification qu'ils avaient quand nos ancêtres les ont choisis. Il en est d'autres dont le sens s'est perdu. On les sait — ou on les présume — gaulois parce qu'ils étaient déjà connus à l'époque gallo-romaine, et parce qu'on y retrouve des racines ou des suffixes celtiques. Mais on ne peut les « traduire ». Voici quelques toponymes français qui découlent de ces noms obscurs.

ANNEMASSE (HSav.), de **Anamasci**; BRANTÔME (Dordogne), de **Brantosama**; CRAON (Mayenne), de **Credone**; CRAONNE (Aisne), de **Cravenna**; DECIZE (Nièvre), de **Decetia**; ESSONNES, de **Exona** (nom de rivière); LANGEAIS (I&L), de **Alingaviis**; LOCHES (I&L), de **Locca**; NONTRON (Dordogne), de **Nontrone**; VIENNE (Isère), de **Vienna**.

Pour certains noms, on hésite entre une origine gauloise et une origine pré-gauloise; ainsi pour ARCACHON (Gironde), de **Arcasso,** où l'on n'est pas sûr de reconnaître les éléments gaulois **are,** *près de,* et **cass-**, qu'on retrouve, par exemple dans le nom des **Tricasses,** dont découle *Troyes* (voir p. 85); BOURGOIN (Isère), de **Bergusinum**; ÉTAMPES (Essonne), de **Stampae,** alors que son homonyme de l'Aisne vient du germanique **stapel,** *entrepôt;* SORGUES (Vaucluse), qui a pris le nom de la rivière *Sorgue,* autrefois **Sulga**; THOUARS (DS), de **Toaricis,** dérivé du nom de la rivière **Toaro,** aujourd'hui le *Thouet.*

Peuples et cités de la Gaule

Notre pays était, avant la conquête romaine, une mosaïque de tribus. Chacune avait son territoire. Elles étaient fédérées en groupements plus vastes, que les Romains appelèrent *civitates,* cités : quatre tribus composaient la cité périgourdine des Pétrocores; la cité auvergnate des Arvernes en comptait davantage, de même que celle, vendéenne et poitevine, des Pictaves. Ces deux dernières couvraient trois ou quatre de nos actuels départements. Chaque cité avait à sa tête son roi héréditaire et sa capitale, souvent un modeste bourg fortifié. Rome respecta, en général, les divisions traditionnelles, quand elle prit en main l'administration du pays. Elle permit aux vaincus de se gouverner eux-mêmes, à moindres frais pour le vainqueur. Auguste désigna une soixantaine de chefs-lieux. C'étaient parfois des agglomérations déjà importantes, surtout dans le Sud-Est ; mais ce furent souvent des capitales créées de toutes pièces, en des lieux où l'on ne voyait auparavant que quelques huttes. Parfois, la capitale traditionnelle d'une peuplade était située trop loin du réseau des voies romaines : ce fut le cas de la capitale des Éduens, Bibracte, sur l'actuel mont Beuvray, qui s'effaça devant une ville nouvelle, **Augustodunum,** aujourd'hui AUTUN (S&L). Ces chefs-lieux devinrent des villes peuplées et actives. Toute l'administration s'y concentrait. Elles étaient le cadre de tous les cultes officiels. Les notables s'y installaient, avec tous ceux qu'ils faisaient vivre. Plus tard, elles devinrent le siège des évêchés. Comment s'étonner qu'on les retrouve aujourd'hui, le plus souvent, parmi les villes de quelque importance ?

Leur nom actuel ne dérive généralement pas de celui sous lequel les textes latins nous les font connaître. En effet, nos ancêtres, trouvant sans doute bien fastidieux d'apprendre les noms de leurs « départements » avec ceux de leurs « préfectures », jugèrent plus simple d'oublier tout simplement ces derniers. Ainsi, au lieu de désigner la capitale de la cité des Ambiens par son nom propre *Samarobriva,* ils préférèrent l'appeler *Les Ambiens,* en latin **Ambiani,** ce qui nous a donné AMIENS (Somme).

De même ANGERS (M&L), ancienne *Juliomagus,* porte le nom des Andécaves. ARRAS (PdC), qui s'appelait d'abord *Nemetacum,* porte celui des Atrébates. AVRANCHES (Manche) porte celui des Abrincates ; AUCH (Gers) celui des Ausques ; BAYEUX (Calvados) celui des Baiocasses, BAZAS (Gironde) celui des Vasates, et BEAUVAIS (Oise) celui des Bellovaques. L'homonyme BEAUVAIS (Tarn) est une bastide (voir p. 263) fondée en 1339 et ainsi appelée en hommage à Jean de Marigny, évêque de Beauvais. Mais BEAUVAIS-SOUS-MATHA (Charente) n'est qu'une déformation du latin **Bellum visum,** *belle vue.* CAHORS (Lot) porte le nom des Cadurques, ce qui explique que ses habitants soient parfois appelés *Cadurciens.* BOURGES (Cher) porte celui des Bituriges et CHARTRES (E&L) celui des Carnutes.

On a rapproché le nom des Carnutes du celtique *cairn,* signifiant *pierre.* Cette pierre pouvait être celle qui servait d'autel aux druides... Le pays des Carnutes était en effet un grand centre de la religion druidique, ce que tout lecteur d'*Astérix et la Serpe d'or* est à même de vérifier. Du reste, la région n'a jamais cessé d'inspirer la ferveur, et les réunions rituelles des Druides ont été remplacées par les pèlerinages chrétiens.

Un CHARTRES en Ille-et-Vilaine correspond à la présence d'un groupe de Carnutes au milieu des Redons du pays rennais. Il en va de même, dans le pays des anciens *Parisii*, pour CHARTRETTES (S&M). CORSEUL (CdN) doit son nom aux Coriosolites. ÉVREUX (Eure) a pris le nom des Eburoviques, dans lequel on reconnaît le nom commun gaulois **eburo**, *if*, probablement la plante totémique de cette population. JAVOLS (Lozère) a pris le nom des Gabales, JUBLAINS (Mayenne) celui des Diablinthes. Le nom des Diablinthes, purement gaulois comme tous ces noms de peuples, n'a rien à voir avec celui du *diable*, qui nous vient du grec par l'intermédiaire du latin.

LANGRES (HM) conserve le nom de son peuple, les Lingons, et LIMOGES (HV) celui des Lémoviques, probablement dérivé de **limo**, en gaulois *orme* (encore une plante totémique).

LIMOGES aurait été fondée, selon une légende locale, par un prince nommé Lemovix, un rescapé de la guerre de Troie ! L'idée peut paraître étrange, mais elle n'est que banale. C'est un décalque de la fondation de Rome par le Troyen Énée. Une légende semblable racontait la fondation de la France par un prince troyen nommé Francus : Ronsard entreprit de la mettre en vers dans son poème *la Franciade*. Et un peu partout, des érudits, peu satisfaits de voir, aux origines de leur bonne ville, le nom d'une peuplade qu'Homère et Virgile avaient superbement ignorée, se lancèrent allègrement dans la contrefaçon.

LISIEUX (Calvados) a reçu le nom des Lexoviens, et LE MANS (Sarthe) celui des Cénomans ; ce nom, réduit à **Celmans** vers le VIIIe siècle, est devenu LE MANS par confusion entre *Cel-* et un démonstratif. MEAUX (S&M) garde le souvenir des Meldes, nom qui s'est encore mieux conservé dans le nom des habitants, les *Meldiens* ou *Meldois*. Le nom de METZ (Moselle) vient sans doute des Médiomatriques ; celui de NANTES (LA) des Namnètes et celui de PARIS, ex *Lutèce*, des Parisii.

Les noms de la capitale de la France ont beaucoup excité les imaginations. *Lutèce* viendrait, selon les légendes, de *Lucus*, dix-septième descendant de Dis, fils de Japhet et petit-fils de Noé, venu

LIMOGES

s'établir en Gaule. Les fantaisies étymologiques se donnèrent d'autant plus libre cours que le nom exact de Lutèce est incertain. On le trouve écrit *Lutecia, Lucetia, Loucotecia, Leucotocia,* etc.

On a mis ce nom en rapport avec l'adjectif grec *leukos,* blanc, ce qui suppose que nos ancêtres avaient connu le grec, hypothèse peu probable. *Blanc* renverrait au plâtre de Paris, ou, si l'on en croit Rabelais, au fait que les habitantes y ont les cuisses plus blanches qu'ailleurs. On connaît la chanson : « Paris, c'est une blonde. » Plus sérieusement, *Lutèce* aurait pu signifier en gaulois *abri au milieu des eaux.* Le fait que le premier établissement humain y a été l'île de la Cité irait dans ce sens. En fait, le nom doit reposer sur un anthroponyme. En tout cas, il y avait en Gaule une autre **Lutecia,** devenue LUDESSE (PdD).

Quant au nom des Parisii, il renverrait à *Parrasia,* bourg d'Asie Mineure dont les habitants auraient accompagné Héraklès lorsqu'il alla cueillir les pommes d'or du jardin des Hespérides, à l'extrême ouest du monde. Cette origine est bien farfelue. Celle qui renvoie aux rescapés du sac de Troie, et particulièrement à Pâris, ne vaut guère mieux.

Enfin, Paris serait l'égale de la mythique ville d'Ys (par-Ys)... Une prophétie bretonne annonce d'ailleurs que *Pa vo beuzet Paris, Ec'h adsavo Ker Is :* « Quand Paris sera noyé resurgira la ville d'Ys ».

PÉRIGUEUX (Dordogne) doit son nom aux Pétrocores, de **petor corio,** *quatre armées,* c'est-à-dire *quatre tribus.*

POITIERS (Vienne) doit le sien aux Pictaves. Les Poitevins pourront être flattés de savoir qu'on rattache le nom de leurs ancêtres à un adjectif **picto,** signifiant *rusé.* REIMS fut désignée par le nom des Rèmes.

Un certain Rémus, chef des Rèmes, serait apparenté, lui aussi, aux Troyens, mais simplement par alliance. On voit dans la cathédrale de Beauvais une tapisserie le représentant en train de donner sa fille en mariage à Francus, fils du troyen Hector (voir plus haut). Rème ressemble trop à Rémus, le frère de Romulus, pour qu'il n'y ait pas eu une légende affirmant que la ville a été fondée par lui... On suppose qu'il aurait échappé par miracle au coup porté par son frère, après qu'il eut franchi l'enceinte sacrée de Rome, à peine tracée.

RENNES (I & V), ex *Condate,* était la capitale des Redons ; RODEZ (Aveyron), celle des Ruthènes, les habitants actuels pouvant être appelés *Ruthénois* aussi bien que *Rodéziens.*

SAINTES (CM) conserve le nom des Santons. Le nom de SENLIS (Oise) vient des Silvanectes. Les documents de diverses époques nous permettent de suivre l'évolution du nom : **Silvanectas** est passé à **Selnectes,** puis, par métathèse (interversion des consonnes), à **Senlectes,** qui a précédé *Senlis.*

SENS (Yonne), ex *Agedincum,* porte le nom des Sénons, lui-même formé sur l'adjectif gaulois **seno,** *vieux, vénérable.*

SOISSONS (Aisne) créée de toutes pièces par les Romains sous le nom d'*Augusta,* a servi de capitale aux Suessions, dont elle conserve le nom. Un autre SOISSONS (CdO) vient de **Saxones,** les *Saxons :* l'influence du premier a déterminé son évolution phonétique.

TROYES (Aube) nous rappelle les Tricasses; TOURS (I & L), ex *Caesarodunum,* les Turons; et VANNES (Morbihan) les Vénètes. Des Vénètes, on en connaît d'autres, fort loin du golfe du Morbihan. Ils étaient installés au Nord du delta du Pô. Étaient-ils cousins des premiers? C'est possible; en tout cas, ils ont eux aussi donné leur nom à une ville : **Venetia,** en italien *Venezia :* Venise...

VERMAND (Aisne) porte le nom des Viromanduens. VIEUX (Calvados) porte le nom des Viducasses. Les autres VIEUX ont des étymologies diverses, renvoyant soit tout simplement à l'adjectif français, soit à un éventuel bas-latin **viantium,** *relais,* cas de VIEUX (Tarn), soit au latin classique **vadum,** *gué,* cas de VIEUX-FUMÉ (Calvados), soit au latin **viculus,** *petit village* (voir p. 151).

Quelques cités ont perdu leur rang du fait des Romains, mais leurs anciens chefs-lieux portent néanmoins le nom du peuple qui y était installé. C'est le cas de CHÂLONS-SUR-MARNE (Marne), capitale des Catalauni, de CHORGES (HA), capitale des Caturiges dont le nom signifiait *Rois du combat,* de DREUX (E & L), capitale des Durocasses, de RIEZ (AHP), capitale des Reii, de SÉES (Orne), capitale des Sagii, de VERGONS (AHP), capitale des Vergunnes.

SAINT-PAUL-TROIS-CHÂTEAUX (Drôme) fut également la capitale d'une cité gauloise, celle des Tricastins. Au xe siècle, elle reçut le nom d'un saint évêque et s'appela *Saint-Paul-Tricastins.* Plus tard, la population crut que le nom de sa ville désignait les trois châteaux *(trois-castels)* qui l'entouraient à quelque distance. On n'hésita pas à « traduire » *Tricastin* par *Trois-Châteaux.* Mais la région d'alentour s'appelle toujours le *Tricastin.*

Deux cas particuliers sont à signaler. Une des *civitates*

gallo-romaines était celle des Elusates. Exceptionnellement, elle n'a pas donné son nom à sa capitale, mais l'a reçu de celle-ci. Les Elusates étaient les gens d'**Elusa** : c'est ce nom qui a donné EAUZE (Gers). D'autre part, la cité des Convènes portait un nom latin et non gaulois. Et pour cause : cette cité n'existait pas avant l'arrivée des Romains, qui la créèrent en regroupant plusieurs tribus, qu'ils dénommèrent — il fallait y penser — les *Rassemblés,* en latin *Convenae*. Ce nom fut boudé par les autochtones, qui lui préférèrent l'adjectif latin **communis,** *commun*. Ils appelèrent leur territoire **Communia,** d'où est sorti en français *Comminges,* dans SAINT-BERTRAND DE COMMINGES (HG).

Pour comprendre le rapport qui existe entre le nom de ces peuples gaulois et celui des villes actuelles, il faut voir que le terme d'origine est une forme latinisée (ces villes ont reçu leur nouveau nom à l'époque gallo-romaine), et que la forme de départ n'est pas toujours celle qu'indiquent les dictionnaires ou les manuels d'histoire. Ainsi, pour *Amiens,* on indique la forme *Ambiani,* alors qu'il faut partir d'**Ambiánis,** d'où **Ammiánis, Amians,** et *Amiens :* ainsi s'explique le *s* final.

De même, le rapport entre les noms de certaines provinces ou régions et ceux de leur capitale s'explique par leurs noms gallo-romains. Ainsi **Andecávis** donne *Angers* (**Andegávis, Andjais,** *Angers :* le *r* est purement graphique et ne cherche pas à noter une consonne effectivement prononcée), tandis que **Andecávum,** *pays des Andécaves,* donne *Anjou.* Même chose pour *Poitiers* (de **Pictávis**) et *Poitou* (de **Pictávum**). Deux noms très voisins peuvent aboutir à des noms très dissemblables. **Bitúriges** donne *Bourges* (**Biturges, Bedourges, Beourges**) et **Bituŕigium** *Berry.* **Ruthénis** donne *Rodez,* et **Ruthénicum** *Rouergue* (**Rodénicu, Rodéncu, Roéngu, Roérgo**). Les autres couples comparables sont *Arras,* de **Atrábates** et *Artois,* anciennement **Arretois,** de **Atrabaté(n)sem** ; *Cahors,* de **Cadúrcis** et *Quercy,* de **Cadurcínum** ; *Javols,* de **Gabáles,** et *Gévaudan,* de **Gabalitánum.** *Limoges,* de **Lemóvices,** et *Limousin,* de **Lemovicínum** ; *Périgueux,* de **Petrocóriis,** et *Périgord,* de **Petrocóritum** ; *Saintes,* de **Sántones** et *Saintonge,* de **Santónia.**

Les limites des cités ont laissé des traces dans la toponymie. **Randa,** *limite* en gaulois, a donné RANDAN (PdD). **Camaranda,** *chemin frontière* avec le gaulois **cam-,** *chemin,* a donné CHAMARANDE(S) (Essonne, HM). **Equoranda,** *limite d'eau,* a donné AIGURANDE (Indre), EYGURANDE (Corrèze), IGUERANDE (S&L), INGRANDE(S) (Indre, I&L, M&L, Vienne), INGRANNES (Loiret), YGRANDES

(Allier), YVRANDES (Orne). Enfin, **aranda** avec le préfixe **are**, *près de*, a fourni ARANDAS (Ain), et ARANDON (Isère).

A la conquête romaine, un certain nombre de ces **randa** ont été traduits en latin par un choix de mots signifiant *frontière* : **fines, terminus, limes, confinium. Fines** a donné FAIN(S) (CdO, Eure, E&L), FEIN(G)S (L&C, Orne, I&V, Loiret), FISMES (Marne), HINX (Landes), HIIS (HP), HIS (HG) et HINGES (PdC).

Pour FAIN-LES-MONTBARD (CdO) et FAINS (Meuse), voir p. 134.

Terminus a donné TERMES (Ardennes, Aude, Lozère) ainsi que THERMES (Gers, HP). **Limes, limitis,** a donné LINTHES (Marne), et **confinium** CUNFIN (Aube).

Il y a peut-être lieu enfin, de joindre à cette liste les noms dérivés d'un autre mot latin, **meta,** signifiant *borne* : ceux de MÉDIS (CM) et de MÉDEYROLLES (PdD).

Avec ces noms, nous sortons définitivement du vocabulaire celte : la Gaule, désormais, se romanise...

« Civitates » gallo-romaines et, le cas échéant, villes tirant leur nom de celui de la cité

1	Abrincates	*Avranches*
2	Ambiens	*Amiens*
3	Andécaves	*Angers*
4	Arvernes	(Auvergne)
5	Atrébates	*Arras*
6	Ausques	*Auch*
7	Baiocasses	*Bayeux*
8	Bellovaques	*Beauvais*
9	Bituriges	*Bourges*
10	Bituriges vivisques	(région de Bordeaux)
11	Boiates	(région d'Arcachon)
12	Cadurques	*Cahors*
13	Calètes	(région de Dieppe)
14	Carnutes	*Chartres*
15	Cénomans	*Le Mans*
16	Convènes	(Comminges)
17	Coriosolites	*Corseul*
18	Diablinthes	*Jublains*
19	Éburoviques	*Évreux*
20	Éduens	(à peu près la Saône-et-Loire et la Nièvre)
21	Élusates	*Eauze*
22	Gabales	*Javols*
23	Helvètes	(Suisse)
24	Lémoviques	*Limoges*
25	Leuques	(Sud-Lorraine)
26	Lexoviens	*Lisieux*
27	Lingons	*Langres*
28	Mediomatriques	*Metz*
29	Meldes	*Meaux*
30	Ménapes	(Flandre)
31	Morins	(région de Boulogne-sur-Mer)
32	Namnètes	*Nantes*

33 Nerviens	(de Valenciennes à Anvers)
34 Nitiobriges	(région d'Agen)
35 Osismiens	(région du Finistère)
36 Parisii	*Paris*
37 Pétrocores	*Périgueux*
38 Pictaves	*Poitiers*
39 Rauraques	(Haut-Rhin)
40 Redons	*Rennes*
41 Rèmes	*Reims*
42 Ruthènes	*Rodez*
43 Santons	*Saintes*
44 Segusiaves	(région de Lyon)
45 Sénons	*Sens*
46 Séquanes	(région de Franche-Comté)
47 Silvanectes	*Senlis*
48 Suessions	*Soissons*
49 Tarbelles	(région des Landes et du Béarn)
50 Tongres	*Tongres* (Belgique)
51 Trévires	*Trèves* (Allemagne)
52 Tricasses	*Troyes*
53 Turons	*Tours*
54 Unelles	(Cotentin)
55 Vasates	*Bazas*
56 Veliocasses	(région de Rouen)
57 Vellaves	(région du Velay)
58 Vénètes	*Vannes*
59 Viducasses	*Vieux*
60 Viromanduens	*Vermand.*

V. Les Romains

La Gaule romaine

A l'origine, Rome, comme la Grèce, commerçait avec les *barbares,* c'est-à-dire avec *nous.* Elle vendait de l'huile, du vin, des produits fabriqués. Elle achetait des céréales, du bétail, des métaux... Elle grandit. Sa population s'accrut. Le commerce devint insuffisant, il fallut conquérir...

Cela permettait d'offrir à la plèbe des terres à coloniser, aux négociants, aux banquiers, au fisc, un nouveau champ d'action. Une fois l'Espagne enlevée à Carthage, on voulut s'assurer le contrôle des routes qui y menaient. Sous prétexte de voler au secours des Marseillais, menacés par les Celtes, on s'installa. De 125 à 122 avant notre ère, la rive gauche du Rhône fut conquise, puis ce fut le tour de l'actuel Languedoc. En 118, une colonie de citoyens romains était fondée à Narbonne, sur des terres confisquées. Dans le même temps, Rome s'assurait l'alliance des Éduens, et battait la coalition des Arvernes et des Allobroges. Elle tenait ainsi une *province,* **provincia,** mot qui a donné *Provence.*

L'exploitation impitoyable à laquelle se livrèrent les administrateurs n'empêcha pas cette partie de la Gaule, dite Narbonnaise, de se romaniser. On distingua la *Gallia Togata, en toge,* habillée à la romaine, de la *Gallia Braccata, en braies* ou *en pantalons,* à la celte. Cela explique sans doute certains aspects de la civilisation du midi, et même que des prénoms comme César ou Marius aient longtemps été typiquement méridionaux ; cela explique enfin la densité des toponymes d'origine latine dans ces régions.

De 55 à 50 avant notre ère, c'est l'ensemble de la Gaule qui est conquise. Jules César était proconsul, c'est-à-dire gouverneur, de la Gaule Narbonnaise. Il était en contact avec ses voisins du Nord avec qui il avait passé des traités d'alliance ou de protectorat. Il réunissait autour de lui une sorte d'état-major de jeunes nobles gaulois, dont un certain Vercingétorix, venus apprendre le métier d'administrateur ou de chef militaire. Au nom des traités, il intervint contre l'invasion des Suèves, Germains ou Celto-Germains, et contre les Helvètes, qui prétendaient s'installer en Aquitaine. Son intervention s'accompagna d'excès, de brutalités, et surtout d'une installation permanente dans des régions non officiellement conquises. Des révoltes sporadiques éclatèrent, et, en 52 avant notre ère, ce fut l'insurrection. Elle fut presque générale, surtout après la victoire gauloise de Gergovie, qui convainquit les hésitants. Tant bien que mal, les Gaulois acceptèrent de confier à Vercingétorix le commandement unique. Mais la discipline des légions romaines et le métier de leurs chefs finirent par contraindre Vercingétorix à se réfugier dans Alésia. Ce fut la fin.

La Gaule a perdu son indépendance, mais César a besoin d'elle. Il va enrôler les meilleurs guerriers dans son armée. Ils lui serviront à conquérir le pouvoir, à Rome. En échange, il accorde aux vaincus une certaine autonomie, et un statut plus favorable que l'ancien statut de la Narbonnaise. Les empereurs accentueront cette tendance. Pour les provinciaux, la chute de la République sera une bonne affaire : on continuera à les considérer comme des brebis, mais on les tondra au lieu de les écorcher.

Cette amélioration relative se double d'un essor économique. Les commerçants et les artisans gaulois ont désormais accès à un marché immense : tout l'empire. Ils sauront en profiter pleinement. Cela explique sans doute que la Gaule se soit sentie, sinon romaine, du moins étroitement liée à Rome. En 70, les représentants des cités gauloises, réunis à Reims, choisissent le loyalisme, c'est-à-dire la prospérité. L'éphémère empire gaulois du IIIe siècle, lui-même, correspondra à la volonté des militaires de défendre efficacement la romanité de la Gaule, dans une période d'effondrement du pouvoir central. Quant aux Bagaudes, dont les bandes errantes sillonnèrent le pays durant tout le IVe siècle, leur mouvement correspond à une révolte sociale de paysans ruinés par les guerres et par le fisc et non à une revendication nationaliste.

Ainsi, jusqu'aux grandes invasions, la Gaule a été romaine. Le latin y a pénétré. Les notables ont adopté la langue du vainqueur. Ils ont été suivis par la plupart des citadins. Petit à petit, les campagnes aussi ont été touchées, surtout à partir du IIIe siècle : c'est alors que le christianisme se développe, et le latin est sa langue de propagation.

C'est parce qu'il n'y a pas de solution de continuité entre le latin et le français que nous avons regroupé presque tous les toponymes ayant une origine latine dans ce chapitre, indépendamment de leur ancienneté. Certains remontent au Ier siècle avant notre ère, d'autres à la fin du Moyen Âge, mais tous renvoient à une même langue, modifiée, déformée, malaxée par les siècles. L'aspect d'un nom d'origine latine ne permet guère de déterminer la date à laquelle il a été appliqué à la localité qu'il désigne. Prenons le cas d'ÉVEUX (Rhône, voir p. 106). Il est certain que ce nom remonte à l'adjectif latin **aquosus,** *humide.* Du Ier au XIIIe siècle, sa prononciation a progressivement évolué de [aquosum] à [eveus]. Donc, en théorie, la localité a pu être baptisée à n'importe quelle époque comprise entre le Ier et le XIIIe siècle. Seul un document historique bien daté mentionnant ce village peut nous dire avant quelle date ce nom lui a été donné. Avant, cela peut être un an avant, ou dix siècles avant, car les documents médiévaux sont rédigés en latin par des clercs fort savants, qui, chaque fois qu'ils le peuvent, écrivent les noms de lieux sous la forme qu'ils auraient eu en latin classique, et pas du tout sous la forme qu'ils entendent prononcer autour d'eux. Restent quelques indices : VALBONNE (Ain, AM, Gard) a dû être nommée avant que *val,* issu du nom féminin **vallis,** soit passé au masculin, c'est-à-dire avant le Xe siècle. La présence de l'article constitue également une présomption de relative modernité, son usage régulier ne s'imposant guère avant le Xe siècle : un FONTAINE sera donc en principe antérieur au Xe, un LA FONTAINE postérieur, encore que l'article puisse fort bien avoir été rajouté sur le tard.

Nous n'avons exclu de ce chapitre que les noms les plus récents d'une part, et d'autre part ceux qui correspondent à la religion chrétienne et à la féodalité, phénomènes méritant, nous a-t-il semblé, un traitement particulier.

Les hauteurs

Comme le vocabulaire celte, le vocabulaire latin a fourni un vaste échantillonnage de mots indiquant le relief.

En ce qui concerne les hauteurs proprement dites, **aspera,** adjectif signifiant *rugueuse,* puis nom signifiant *hauteur rocailleuse,* est à l'origine d'ASPÈRES (Gard), ASPRET (HG), ASPRES (HA), etc. **Botulus,** *boudin* ou *saucisson,* désignant une hauteur allongée, a donné BUELLAS (Ain).

Caput, *tête,* peut prendre, entre autres sens, celui de *hauteur.* C'est ainsi que l'on explique CAPVERN (HP) interprétable comme *tête verte,* c'est-à-dire *sommet boisé.*

Cucullus, *capuchon,* a donné COGOLIN (Var) et COGULOT (Dordogne). **Collis,** *colline,* a donné LA COLLE (AM, AHP), et QUEUILLE (PdD).

Crista, *crête, aigrette* a pris le sens de *hauteur,* surtout sous la forme masculine régionale **cristum,** qui a donné CREST (Drôme).

Cumulus, *amas, amoncellement,* a produit COMBLES (Meuse), COMBLEUX (Loiret) ou COMBLOUX (HS), et MAUCOMBLE (SM) avec **malus,** *mauvais.*

Deruptus, *abrupt,* est devenu DROUX (HV). **Gibbus,** *bosse,* est à l'origine de GIBEL (HG). **Jugum,** *joug,* et, par métaphore, *sommet,* est en concurrence étymologique avec le pré-latin et peut-être pré-gaulois **juris** (voir p. 43), de même sens. On lui doit à coup sûr JOUX (Rhône, Yonne), BEAUJEU (AHP, HS, Rhône), ainsi que MIJOUX (Ain), de **Medium Jugum,** *Sommet du Milieu.* **Meta,** *borne,* peut désigner un rocher en forme de colonne, et explique LES MÉES (AHP), dont les homonymes viennent en revanche de **mansus,** *demeure* (voir p. 148).

On raconte que les rochers du bord de la Durance, qui ont donné son nom au village des Mées, sont des moines pétrifiés… Ils vivaient dans la montagne, au début du Moyen Âge, quand les seigneurs locaux guerroyaient contre les Sarrasins. Le Sire de Bevon avait pris en otage des Mauresques. Leur âge, leur nombre, leur beauté faisaient qu'on pouvait le soupçonner de s'être constitué un harem. Les moines s'en allèrent vérifier s'il était dans les intentions du seigneur de libérer les prisonnières. Ils en profitèrent pour les regarder. Ce ne fut pas du goût de leur chef spirituel, Saint Donat, qui pria tant et si bien que les pécheurs furent pétrifiés sur place, sous leur capuchon, dans une posture telle que leurs invisibles visages de pierre ne pourraient plus guère apercevoir que les eaux claires de la rivière.

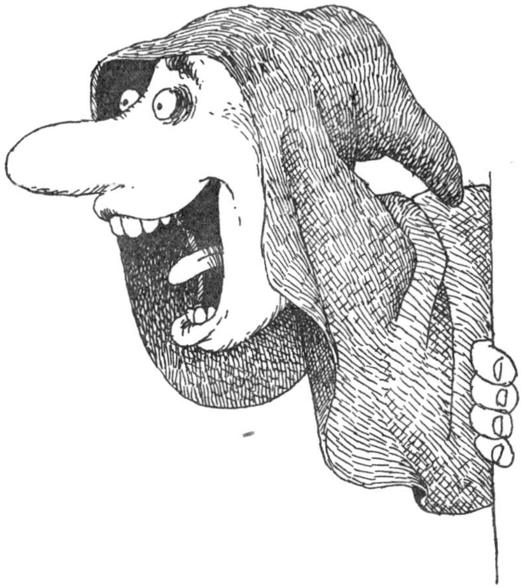

LE MOLARD, ou MOLLARD, est le nom, en pays alpin, de nombreux hameaux ou lieux-dits. Comme MOLAS (HG) et LES MOLLETTES (Savoie), il s'agit de dérivés de **mola,** *meule,* spécialisé dans le sens de *colline arrondie.*

Mons, *mont,* ou plus modestement *colline,* que l'on retrouvera désignant des châteaux forts (voir p. 258) a donné quelques centaines de toponymes. Il apparaît seul, sous les formes MONS (Charente, CM, Hérault, PdD, Var, Belgique), (LE) MONT (M&M, PA, HP, S&L, Vosges), MONTE (Corse), ou MONTS (I&L, Oise). Le plus souvent, il est accompagné d'un déterminant, qui peut être un nom de région : MONT-DE-MARSAN (Landes); de rivière : LE MONT DORE (PdD); ou, plus fréquemment, l'ancien nom du village, lui-même emprunté à un nom de personne : MONBAZILLAC (Dordogne), *Bazillac* venant du latin **Basilius** ; MONTARGIS (Loiret), *Argis* venant du gaulois **Aredios** ; MONTMÉDY (Meuse), *Médy* venant du gaulois **Madia** ; ou MONTMORENCY (VdO), *Morency* venant du latin **Maurentius.**

On peut aussi avoir affaire à un nom commun désignant une agglomération : MONTVICQ (Allier), avec le latin **vicus** (voir p. 151) ; ou à un nom à valeur topographique : dans CUMONT (T & G) le premier élément est **kuk** (voir p. 14) ; dans CULMONT (HM), c'est le mot *cul,* du latin **culus,** au sens de *fond de vallée ;* dans MONTBARD (CdO) le second élément est le gaulois **barro** (voir p. 41) ; dans MONTCORNET (Ardennes, Aisne) il s'agit de l'ancien français *cornet* signifiant *pointe...*

En fait, l'énumération des éléments accompagnant le nom *Mont* constituerait un inventaire digne de Prévert : une construction militaire, un *mirail* ou *poste de guet* dans MONTMIRAIL (Marne) ; un animal fabuleux dans MONDRAGON (Vaucluse) ; un autre, bien réel, **caprellus,** le *chevreau,* dans MONCRABEAU (L & G).

Moncrabeau est le siège d'une curieuse institution, l'Académie des menteurs. Certains disent qu'elle remonte au XVIIIe siècle, d'autres qu'elle fut fondée par des vétérans des armées napoléoniennes qui s'ennuyaient après leur retour au pays. Le maire du village est recteur de cette Académie, qui s'ouvre à toute personne ayant raconté « une belle histoire », assis dans un fauteuil de pierre, que chacun peut voir dans le village. Un diplôme certifie que l'heureux élu « est exercé dans l'art de maltraiter toutes sortes de vérités ».

Poursuivons l'inventaire avec les plantes : le genièvre dans MONT-GENÈVRE (HA), le pastel, du nom latin **pastellum** dans MONTPELLIER (Hérault), ancien **Mons Pastellarius,** puis **Mons Peslerius.** On trouve également des noms se rapportant à l'industrie comme dans MONTOULIERS (Hérault) du latin **olla,** *marmite* ; à la religion antique comme dans MONTFA (Ariège, voir p. 134).

Les noms de saints abondent, naturellement, à commencer par LE-MONT-SAINT-MICHEL (Manche). Toutefois, le mot *Saint* peut être absent, comme à MONTHION (Savoie) et MONTHYON (S & M), du nom de Saint Yon. On peut continuer le catalogue avec des anthroponymes très nombreux, souvent germaniques : **Arambert** à MONTALEMBERT (DS), les dames **Hartlindis** à MONTHERLANT (Oise), et **Beligardis** à MONTBÉLIARD (Doubs) ; **Briso** à MONTBRISON (Loire), **Ferrand** à MONTFERRAND (PdD, Aude, Doubs, etc.), **Lieutrich** à MONTLHÉRY (Essonne), **Wisichart** à MONTGISCARD (HG). On trouve aussi des anthroponymes français comme **Astruc** à MONTASTRUC (HG, L & G, HP, T & G, Dordogne), **Espagne,** surnom, jusqu'au XVIe siècle, des seigneurs de MONTESPAN (HG), ou **Sorel** à MONTSOREAU (M & L).

MONT- peut être qualifié par de nombreux adjectifs. Certains indiquent la couleur : dans MONTOIRE (L & C) on trouve le latin **aureus,** *doré,* et dans MONTAUBAN (T & G, etc.) **albanus,** qui serait un dérivé de **albus,** *blanc.*

Auguste Longnon, qui fut jusqu'à sa mort, en 1911, le maître incontesté de la géographie historique, et dont l'enseignement reste à la base de tous les travaux de toponymie, proposait une autre étymologie des divers MONTAUBAN, et de MONTALBA (PO). Ce serait le *mont des aubains,* c'est-à-dire des *étrangers,* l'aubain étant celui qui dépend d'un autre ban (voir p. 248). Il s'appuyait pour cela sur un passage d'un poème médiéval, le roman des *Quatre fils Aymon* :

> « Il appela Renaut et lui dit en riant :
> Comme a nom ce château ? Ne me celez néant.
> Sire, lui dit Renaut, encor ne sais comment,
> Je vins ici aubain, avec toute ma gent
> Je lui mettrai un nom tout à votre agrément.
> Y a là, dit le roi, place pour moulte gent.
> Montauban aura nom, qui sur la roche pend. »

Il faut noter que LE VERMONT (Vosges) qui s'appelait **Louvermont** en 1656 ne vient pas de *vert* mais de l'anthroponyme germanique **Lobhari ;** la première syllabe a été confondue avec un article défini. On trouve encore d'autres déterminants indiquant la taille ou la forme : CORNIMONT (Vosges), du latin **cornu,** *corne,* LOMONT (Doubs, HS) du latin **longus,** *long,* (LE) MÉMONT (CdO, Doubs) et MESMONT (Ardennes), de **magnus,** *grand,* ou MONTREDON (Aude, Lot), du latin **rotundus,** *rond.* Des adjectifs indiquent la position ou l'exposition, comme à CLERMONT (Oise, PdD, etc.), où le latin **clarus** signifie *éclairé par le soleil, bien dégagé,* à MONTMAIN (CdO, SM), avec l'ancien français **main,** issu du latin **medianus,** *au milieu.*

CLERMONT-FERRAND (PdD) est une forme syncopée

pour *Clermont-Montferrand,* la ville résultant de la fusion de deux communes. L'étymologie de *Clermont,* **clarus mons,** *mont clair,* semble (elle aussi !) claire... On a cependant proposé, peut-être avec raison, d'y voir le souvenir d'un Germain dénommé **Clarmund.**

MONTROTY (SM) est tout simplement *rôti* (par le soleil). Certains adjectifs indiquent l'inaccessibilité, comme dans AIGREMONT (Gard, HM, Yonne) du latin **acer,** *escarpé.*

Enfin, avec le verbe **mirare,** *regarder,* on a MIRAMONT (HG, Gers, L&G, Landes, T&G) ou MIREMONT (HG, PdD), mais pas REMIREMONT (Vosges) : voir p. 242.

Il resterait à nommer les diminutifs : MON(T)CEL (PdD, Savoie, Vosges), MONCEAU(X) (Aisne, Calvados, Corrèze, etc.), MONCH(E)AUX (Nord, PdC, SM), MONCETS (Marne), etc. ; les cas particuliers comme SEMONS (Isère), qui vient du latin **sub montem,** *sous le mont ;* les énigmes comme MONBOUDIF (Cantal)...

Attention : des confusions sont possibles entre des composés commençant par MONT- et des dérivés de **monasterium** (voir p. 228). D'autre part, les MONTAGNAC, MONTAGNÉ, MONTAGNY, MONTIGNAC, MONTIGNY viennent de **Montaniacum,** formé sur l'anthroponyme latin **Montanus** (voir **-acum** p. 126).

Petra, *pierre,* a pu désigner un rocher ou une montagne, parfois un château. On trouve diverses formes régionales : PEYRE (Landes), LA PIARRE (HA), PIETRA (Corse), etc. On connaît un grand nombre de dérivés, comme PEYRAUD (Ardèche), (LE) PERRIER (PdD, Vendée), etc., et des composés comme ORPIERRE (HA) avec **aurum,** *or,* PIERREFONDS (Oise) avec **fons,** *fontaine,* ou comme AUTREPIERRE (M&M), avec **alta,** *haute,* PEYRECAVE (Gers) avec **cava,** *creuse,* PIERRELATTE (Drôme), PIERRELEZ (S&M) ou LADAPEYRE (Creuse) avec **lata,** *large,* PEYREFITTE (Aude) avec **ficta,** *fichée.* Notons à ce propos que **ficta,** devenu nom, a donné le nom **fitte,** *pierre fichée,* d'où LAFITTE (L&G, T&G) ou LAFITOLE (HP). La prononciation gasconne, faisant du F un H explique (LA) HITTE (HP, Gers). *Fitte* ou *hitte* désigne alors non pas une montagne ou un rocher, mais une pierre de plus modestes dimensions, qui peut être une borne ou un menhir, selon les cas.

Podium désignait à l'origine un mur très épais formant plate-forme autour des arènes, et sur lequel on installait plusieurs rangs de sièges. Petit à petit, le mot a été appliqué à toute espèce de hauteur. En toponymie, le mot n'a été reçu que dans une partie de la Gaule : son emploi n'a pas débordé au Nord d'une ligne reliant approximativement Nantes, Nevers et Nice. Dans les divers dialectes parlés dans cette zone, il a donné les noms communs *pech, pey, poet, poey, pouey, pouy, puch, puech,* etc. et notamment *puy,* qui a fini par être intégré au vocabulaire français. Il faut ajouter à cette liste les noms issus des diminutifs **podiolum** et **podiettum** : *pujol, puyoo, puget.* A chacune de ces formes, généralement précédée de l'article, correspond un nom de commune, le plus connu étant LE PUY (HL). Une orthographe imprudente camoufle l'origine du nom LE POIL (AHP), qui devrait se prononcer [le poueil]. Pour POIL (Nièvre), voir p. 126. A POGET-THÉNIERS (AM), le second nom est issu de **Tinearum. Podiettum Tinearum** signifiait la *Colline des Tinées,* le même nom étant alors porté par deux cours d'eau, la Tinée et le Var.

Rastellus, *rateau,* décrivant un ensemble de rochers, a donné RASTEAU (Vaucluse). Les dérivés de **rocca,** *roche,* sont présentés p. 259. **Rupes,** *paroi rocheuse,* a pu donner ROBION (AHP, Vaucluse). Son dérivé **rupina** explique LA ROBINE (AHP). **Scamnum,** *escabeau,* est à l'origine de XAMMES (M & M).

Torus désignait toute espèce d'objet faisant saillie. Le mot a donné divers THOIRAS (Gard), THORENS (HSav.), LE THOR (Vaucluse) et son dérivé LE THORONET (Var).

Enfin **verruca,** *verrue,* mais aussi *hauteur,* a donné VERRUE (Vienne) et VERRUYE (DS).

Ajoutons que le verbe **mirari,** *voir avec étonnement* d'où simplement *regarder,* suppose le plus souvent une hauteur, surtout lorsqu'il est employé avec *beau* comme à MIRABEAU (AHP, Vaucluse), MIRABEL (Ardèche, Drôme, T & G), MIRAMBEAU (CM, HG) ou MIRIBEL (Ain, Drôme, Isère), etc.

Bien avant l'invention des dépliants touristiques, les habitants de dizaines de villages français ont eu à cœur de proclamer la qualité du panorama qu'on y découvrait. Ce sont les BEAUVOIR (Aube, Manche, Oise, etc.); les BELVOIR (Doubs); les BELVÉDÈRE (AM, ou Corse sans les accents) et BEAUVEZER (AHP), plus proches du verbe latin d'origine, **vedere,** *voir;* les BELVÈS (Dordogne, Gironde), BELVÈZE (Aude, T&G), BELVIS (Aude), d'après le latin **visus,** *vue, regard.*

Les espaces plats et les versants

Que fait-on sur un espace plat ? On y danse, on y danse. **Ballatorium,** *lieu où l'on danse,* c'est-à-dire *vaste espace plat,* a donné BALADOU(R) (Lot, Cantal).

Planum, *surface plate,* à la fois *plaine* et *plateau,* est à l'origine des PIANA, PIANELLO, PIANO (Corse), de LE PLA(N) (Ariège, HG), de PLAGNE (Ain), de PLANÈZES (PO) et PLENISE (Jura) qui remontent au dérivé latin **planitia,** *pays plat.* Citons encore, avec **bet,** forme gasconne de *bel, beau,* BETPLAN (Gers).

C'est aussi un espace plat qu'évoquent LA TABLE (Savoie), du latin **tabula,** et son dérivé LE TABLIER (Vendée).

L'adjectif **latericius,** *à flanc de coteau,* a donné le gascon **layris,** *pente ensoleillée,* d'où LAYRISSE (HP) ou LEYRITZ (L&G).

LES ÉCHELLES (Savoie) conservent une ancienne acception du mot *échelle,* issu du latin **scala** : celle de *pente abrupte.*

On a prétendu que ce nom avait conservé un autre sens du même mot latin, *escalier*, et qu'il gardait le souvenir de marches taillées dans le roc par la légion romaine chargée de percer la voie menant de Milan à Chambéry... cette interprétation est séduisante, et illustrerait à la perfection l'expression « un travail de Romain » ; malheureusement, on chercherait en vain, dans la région, les traces de ce colossal ouvrage...

LE REVEST (AM, AHP, Var) et MALREVERS (HL) se sont formés à partir de **reversus,** *versant*. VERSAILLES (Yvelines) a une origine voisine, provenant du bas-latin **versalia,** *pente, versant*. En revanche, VERSEILLES (HM) était autrefois **Vercellia (villa),** *propriété de Vercellius*.

Enfin, l'exposition au soleil explique les SOULA(N) (Ariège, HP), SOULAINES (Aube), SOLARO (Corse), LE SOLER (PO), SOLLIÈS (Var), et SOULIÈRES (Marne), issus des adjectifs latins **solanus** et **solaris,** *ensoleillé*.

De même, LES ADRETS (Isère, Var) et ADRECH (AM, AHP, Drôme) viennent de **ad directum,** désignant le côté directement exposé au soleil. A l'inverse AUBAZINE (Corrèze) dérivé d'**opacus,** *obscur*, implique un versant tourné vers le Nord.

Dépressions, vallées, gouffres

Nous nous sommes promenés jusqu'ici au milieu d'un étonnant bric-à-brac où voisinent des boudins, des têtes, des capuchons, des jougs, des meules, des escabeaux, des rateaux, des verrues, des échelles, des tables. Il nous reste à parcourir un espace plein d'auges, de coquilles, de jarres, de moules et de marmites. Décidément, nos ancêtres ont su faire preuve d'une robuste imagination et d'un sens très vif de la métaphore !

Alvea, *cavité,* qui a donné en français *auge,* explique ainsi AUGÈRES (Creuse) et, au travers du savoyard *ugina,* UGINE (Savoie). **Cavum,** de même sens, avec **malum,** *mauvais,* explique MACAU (Gironde). **Circellum,** *petit cercle, cuvette,* a donné SARCEAUX (Orne) et SARCELLES (VdO).

Sarcelles, parce qu'on y a installé un des premiers grands ensembles, parce que les premières années, dans ce qui était encore un gigantesque chantier, y furent fort difficiles, a longtemps passé pour une annexe de l'enfer. Depuis, on s'est aperçu qu'on pouvait y faire mieux que survivre ; mais les mythes demeurent comme en témoigne une chanson d'Henri Gougaud, qui brode sur l'origine du nom et dit :

Enfant des champs et des ruelles
Allez faire un tour à Sarcelles
Sarcelles était un nom d'oiseau
Aujourd'hui l'oiseau est en cage
Le porte-plume a fait naufrage
Dans une forêt de ciseaux...

Concha, *coquille,* se retrouve de CONCA (Corse) à CONQUES (Aveyron). La forme suffixée **conchylia** aboutit à CONCHIL (PdC) ou CONQUEREUIL (LA).

Culus, *cul* au sens de *fond de vallée,* a donné LA CULA(Z) (Loire, Savoie) ou CULOZ (Ain).

Gabata, *jatte,* a inspiré LA GAUDE (AM). **Olla,** *marmite,* ou plutôt ses diminutifs, explique OLETTA (Corse) et OLETTE (PO). **Modulus,** *moule,* est devenu MOULT (Calvados) et MOUX (Nièvre).

Vallis, *vallée,* a donné une grande quantité de LAVAL (Mayenne, etc.), interprétables soit comme *la val,* car en latin **vallis** est féminin, soit comme *l'aval.* On lui doit aussi VALS (Ariège, Ardèche, etc.), VALZ (PdD) ou WAIL (PdC), ou encore LA VALLA (Loire), VALLET (LA, etc.) et (LA)VALETTE (Aude, Cantal, etc.), ainsi que des dérivés comme VALLOIS (M & M), mais pas LEVALLOIS (HdS), qui est un nom de propriétaire du XIXe siècle. VALEILLES (Loire, T & G), VARILHES (Ariège) ou VAZEILLES (HL) sont issus du diminutif **Vallicula,** VAUC(H)ELLES (Calvados, Oise, etc.) du diminutif **Vallicella.**

On trouve aussi **vallis** en composition, avec des anthroponymes germaniques comme à VAUCRESSON (HdS), la *Vallée de Crisso,* ou des noms propres plus récents, comme à VALLOUISE (HA), appelée ainsi en 1480 en l'honneur du roi Louis XI — honneur discutable lorsque l'on sait que le village s'appelait, au milieu du IXe siècle, *Valpute...* On le trouve aussi avec d'anciens noms de village, comme au VAUDOUÉ (S & M), c'est-à-dire le *Val d'Oé.* VAL peut être suivi de mots liés à la religion : c'est le cas à VAUDEMANGES (Marne), issu de **Vallis Dominica,** *Vallée du Seigneur.* On le trouve aussi avec des noms de plantes, par exemple à BELFOU (Aude), ex **Vallis Florum,** *Vallée des Fleurs,* ou à VALCIVIÈRES (PdD), en latin **Vallis Caeparum,** *Vallée des Oignons;* avec des noms d'animaux, comme le latin **ursus,** *ours,* à VALLORCINE (HS); avec des adjectifs latins comme **aurea,** *dorée,* à VALLAURIS (AM) et VAL-

LOIRE (Savoie), mais aussi à AURIBEAU (AHP) et AIRVAULT (DS) ; comme **mala,** *mauvaise,* à MALABAT (Gers) ; **maura,** *noire,* à VAUMORT (Yvonne), **profunda,** *profonde,* à PARFONDEVAL (Aisne), **sicca,** *sèche* à SEXCLES (Corrèze), ancienne **Sicca Vallis ; clusa,** *fermée,* à VAUCLUSE (Vaucluse, Doubs), ou VERCLAUSE (Drôme).

Le Vaucluse est le seul département français à porter le nom d'une de ses communes. Il le doit à la présence dans cette commune d'une forte résurgence, située au pied d'une falaise de plus de deux cents mètres. C'est la Fontaine de Vaucluse, auprès de laquelle le poète italien Pétrarque, né en 1304, vint se réfugier et vécut seize ans. La légende s'est emparée de lui. Alors qu'ailleurs on affirme que c'est Saint Véran qui a terrassé le Coulobre, dragon ou reptile géant qui terrorisait la région, ici, on « sait bien » que cet exploit a été accompli par Pétrarque... Les petites salamandres que l'on peut voir parfois autour de la Fontaine seraient de petits coulobres qui, privées de leur père (ou de leur mère) ne peuvent plus grandir...

Vallis peut être associé à des verbes. Avec le français régional *empouiller,* pour *emblaver,* on a VALEMPOULIÈRES (Jura). Une forme gasconne de **vallis** explique BAIGTS (Landes, PA), et BATS (Landes).

Reconnaître **Vallis** dans BAIGTS est le type même de l'exploit étymologique. Il y a plus fort. Les habitants de CHEF-HAUT (Vosges) ont sûrement des raisons de marcher la tête haute, mais ils auraient tort de s'appuyer pour cela sur le nom de leur bourg, qui fut nommé **Caput Vallis,** *tête de vallée.* Au XVe siècle, le nom était devenu **Chevaul.** On attendait une transformation en *Chevaux,* mais les caprices du langage déjouent toutes les attentes.

La présence de grottes, gouffres et cavernes était aussi un moyen d'identifier un lieu habité. D'où les LACAVE (Ariège, Lot), de **cava,** *caverne ;* les GOURG(U)E (DS, HP), (LES) GOURS (Charente, Gironde), de **gurges,** *gouffre.* Enfin, les communes nommées (LES) CROTTES (Loiret, HA), ont intérêt à faire savoir que ce nom vient du latin **crypta,** qui a donné en français *crypte* et *grotte.* Les aléas de l'évolution phonétique ont été plus favorables à CROUTTES (Aisne, Orne) ou LES CROUTES (Aube). Mais d'autres cités ont pu sauver la situation en rétablissant savamment le P étymologique : ainsi LA CROPTE (Dordogne, Mayenne). Pas de problème lorsque la forme est suffixée, comme dans LE CROTOY (Somme), CROUTEY (Oise) ou CROUTELLE (Vosges). Enfin, de **spelunca,** *grotte,* vient SPELONCATO (Corse).

Les passages

Les passages naturels, à proximité desquels s'établissent souvent les hommes qui entendent vivre d'échanges industriels et commerciaux, jouent un rôle actif en toponymie.

Clusa, d'abord adjectif féminin signifiant *fermée,* puis nom signifiant *défilé,* a donné, du Jura à la Méditerranée, outre le nom commun *cluse,* LA CLUSAZ (HSav.) LA CLUE (AM) ou CLUSES (HSav.), etc.

Gradus, *pas,* puis *passage,* a donné VINGRAU (PO) avec un anthroponyme germanique, et LE GRAU-DU-ROI (Gard), installé à l'embouchure du canal creusé en 1725. Le bas latin **pertusium,** *trou, trouée,* a donné LE PERTHUS (PO) et (LE) PERTUIS (HL, Vaucluse).

Portus, en latin *passage,* est à l'origine de bien des PORT qui, comme SAINT-JEAN-PIED-DE-PORT (PA), ne sont situés ni sur la mer ni sur un fleuve. En Aquitaine, on trouve assez fréquemment le diminutif PORTET(S) (HG, Gironde, PA).

Saint-Jean-Pied-De-Port a reçu le surnom de « Clef des Ports de Cise » — clé de la vallée où passe l'une des plus vieilles routes d'Europe. Des Carthaginois l'empruntèrent pour aller lutter contre les Romains. Les Romains l'utilisaient pour aller de Tarbes à Pampelune. Charlemagne passa également par là : c'est la route de Roncevaux, où Roland perdit la vie.

Les pèlerins de Saint Jacques de Compostelle la suivirent. Plus tard, on y vit passer les canons envoyés en 1718 par la France au roi d'Espagne, petit-fils de Louis XIV, et dans l'autre sens l'artillerie de Soult dans une piteuse retraite en 1814...

Saltus, *défilé forestier,* se trouve dans SAIL et SALT (Loire), ainsi que dans de nombreux SAULT, plus SAUTEL (Ariège) et SAUMÉJAN (L&G), avec **medianus,** *du milieu.*

Enfin **vadum,** *gué,* explique SAINT-ANDRÉ-LE-GAZ (Isère), LE VEY (Calvados), VEZ (Oise), VOUÉ (Aube), WEZ (Marne) et WOËL (Meuse). En composition avec le gaulois **ialos** (voir p. 70), on trouve VOEUIL (Charente). On trouve **vadum** avec des adjectifs latins : **bonum,** *bon,* à AUBOUÉ (M&M) qui s'écrivait au XVe siècle **Aubowez,** par agglutination de l'article *au;* **magnum,** *grand,* à MANHOUÉ (Moselle). Enfin, un anthroponyme latin **Apponius** accompagne **vadum** à VÉZAPONIN (Aisne).

Les sols

Un certain nombre de noms indiquent non plus la configuration des lieux, mais la nature ou l'aspect du sol.

Aqualis, *humide,* après chute de la voyelle initiale, est devenu GOUAUX (HP, HG). **Aquosa,** même sens, a donné AOUSE (Vosges), et **aquosus** ÉVEUX (Rhône).

Arena, *sable,* a donné, outre le nom commun *arène,* ARRÈNES (Creuse) ou AIRAINES (Somme), et aussi ARNAGE (Sarthe) et LARNAGE (Drôme).

Argilla, *argile,* est à l'origine d'ARGELÈS (HP, PO), ARGEL(L)IERS (Aude, Hérault), ARGELOS (Landes, PA), ARGELOUSE (Landes), ainsi qu'ARDILLEUX (DS), ARDILLÈRES (CM), ou ARZILLIÈRES (Marne). **Argilla** a donné en corse **ziglia,** *tuile,* à l'origine de ZILIA et ZIGLIARA (Corse).

Glavearia, *sol à gravier,* explique GLAIRE (Ardennes) et GLÈRES (Doubs). **Limosus,** *boueux,* explique LIMEUX (Somme), LIMONS (PdD), LIMOUX et LIMOUSIN (Aude).

Lutosa, *boueuse,* dérivé de **lutum,** *boue,* cousin du gaulois *luta* (voir p. 46) est à l'origine de LOZZI (Corse), LEUZE (Aisne), LOUZE (HM), LOUEUSE (Oise) ou LEZOUX (PdD).

Mollis, *mou,* d'où *terrain humide,* donne MOLIÈRES (Aude, Drôme, Lot, etc.) ; avec *ès,* équivalent de *en,* on trouve ESMOULIÈRES (HS), et, au travers du provençal *malausseno,* en français *mollasse,* MALAUCÈNE (Vaucluse) ou MALAUSSÈNE (AM).

Mortarium, *mortier,* puis *boue,* donne MORTEROLLES (Creuse, HV), MORTIERS (Aisne, CM, etc.), MORTROUX (Creuse).

Putidus, *puant, pourri,* a donné *putain,* mais aussi *putel,* qui signifiait *bourbier* et est à l'origine de PUTEAUX (HdS).

Sabulum qui a donné *sable,* désignait en latin un gros sable, un gravier. On lui doit divers toponymes, interprétables sans difficulté, comme LES SABLES D'OLONNE (Vendée), mais aussi SAVEL (Isère) d'après la variante **sabellum,** SAVÈRES (HG) d'après le pluriel **sabella,** et LA SAULIÈRE (CdO) d'après la forme dialectale bourguignonne, *saule.*

Sania, qui, en bas latin, signifiait *marais bourbeux,* a donné SA(I)GNES (Ardèche, Cantal, Lot) et LA SEYNE (Var).

Amnis, *rivière,* donne avec **inter,** *entre,* ANTRA(I)N (I & V, Vienne), et ENTRAMMES (Mayenne), *Entre les Rivières.* Comme il s'agit d'un mot qui n'est pas passé dans l'ancien français, on peut être certain que ces toponymes ont été composés à l'époque gallo-romaine. Il n'en est pas toujours de même pour les noms dérivés d'**aqua,** *eau,* dont beaucoup semblent avoir été formés au Moyen Âge. Dans le domaine d'oïl, **aqua** aboutit à **ewe,** d'où BELLAIVES (Ardennes), puis à *eau,* d'où MORTEAU (Doubs, HM), c'est-à-dire *morte-eau.* Dans le domaine d'oc, **aqua** donne **aigo,** d'où AIGUEBELLE (Savoie), AIGUESMORTES (Gard), AIGUEPERSE (PdD, Rhône), de **Aquae Sparsae,** *Eaux Répandues,* ANTRAIGUES (Ardèche), c'est-à-dire *Entre les eaux,* etc. En revanche, on peut dater de l'époque romaine les noms de AYGUATEBIA (PO), de **Aqua Tepida,** *Eau Tiède,* et de TRAMEZAIGUES (HP), de **Inter ambas aquas,** *Entre deux eaux,* c'est-à-dire *deux rivières.*

Aiguesmortes était un village perdu au milieu de canaux et de lagunes stagnantes quand Saint Louis en fit un port, qu'il utilisa deux fois pour s'embarquer pour la croisade. La ville fut fortifiée, et on peut toujours admirer ses murailles rectangulaires. Mais l'annexion de la Provence à la France, qui fournissait à notre pays de bons ports, et surtout l'ensablement inexorable des chenaux, furent fatals à la ville ; ses eaux sont mortes une seconde fois.

Au dérivé **aquarium,** qui a donné le mot *évier,* on doit le nom d'IWUY (Nord) autrefois **Iwir.** En revanche, EAUCOURT (Somme) n'a rien à voir avec *aqua.* Il s'appelait jadis **Adulficurt :** c'était le domaine du Germain **Adolf.**

Certaines localités sont nommées d'après des eaux d'un type particulier : ce sont des eaux thermales. En latin, elles s'appelaient **Aquae,** *les Eaux.* De la forme d'ablatif **Aquis** (*aux Eaux*) est issue AIX (BdR, Savoie, Corrèze, Aube, etc.), ainsi qu'AX-LES-THERMES (Ariège) et DAX (Landes), d'après *la ville d'Ax.*

Ce sont les Romains qui ont attaché de l'importance aux eaux thermales, que les Gaulois ou les autres autochtones, s'ils ne les ignoraient pas, n'utilisaient guère. Témoins ces vers de l'*Anthologie Palatine :*

« Qu'il aille soit aux replis hercyniens, soit au Finistère de Soloesis, soit à l'extrême bord des Hespérides libyques, César le très Auguste, partout avec lui marche la Renommée. Témoins en sont les eaux des Pyrénées : elles, auxquelles même les bûcherons voisins n'étaient jamais venus se nettoyer, deviendront les bains des deux continents. »

Ce qui constitue un témoignage, et sur le thermalisme, et sur l'usage de la brosse à reluire, dans l'Antiquité.

Canaliculum, *petit canal,* donne CHANALEILLES (HL), CHÉNÉRAILLES (Creuse), CHENEREILLES (Loire, HL); LACANAU (Gironde) veut dire *la canal,* du latin **canalis,** puisque *canal* ou *chenal* furent jadis féminins au Sud de la Loire.

Caput, *tête,* (voir p. 94) signifie *source, début d'un cours d'eau,* lorsqu'il est employé avec un nom de rivière. C'est le cas à CAPBIS (PA) sur le Béez, à CHEF-BOUTONNE (DS) sur la Boutonne, et à CHEVRU (S & M), c'est-à-dire *Chef-ru* avec le nom commun *ru* (voir p. 111).

Confluentes, *qui confluent,* explique de nombreux CONFLANS (Loiret, Sarthe, M & M, etc.), ainsi que CONFOLENS (Charente) ou COUBLANC (HM, S & L), situés à des confluents.

Flectus, *en courbe,* appliqué à un ruisseau, a donné FLÉE (CdO) et LE FLEIX (Dordogne).

Flumen, *fleuve,* explique FLUMET (Savoie) et FLIN (M & M), mais FLINS (Yvelines) a une origine différente (voir p. 168).

Fons, fontis, *source,* a donné FONS (Ardèche, Gard, Lot). Mais c'est surtout son dérivé **fontana,** *fontaine* qui a été productif. Les FONTAINE se comptent par dizaines; il faut citer aussi FONTAN (AM), FONTA(N)NES (Aude, HL), FONTAINS (S & M) — mais FONTAIN (Doubs) vient de l'anthroponyme germanique **Funth** — FONTANGES (Cantal), FONTENILLES (HG), FONTENELLE (Aisne, Belfort, CdO) ou divers FONTENAY.

D'autres éléments peuvent se juxtaposer à **fons** ou **fontana.** Avec l'adjectif **vetula,** *vieille,* on a FONTVIEILLE (BdR), d'où Daudet, installé à Paris, prétendait écrire ses *Lettres de mon moulin.*

Avec le nom de la rivière, on a, par exemple FONSOMMES (Aisne), où la Somme prend naissance; avec un nom de seigneur, FONGALOP (Dordogne), d'après un certain **Galard** ou **Galan,** ou FONTEVRAULT (M & L) célèbre pour son abbaye, et jadis fief du seigneur **Evrault.**

C'est à Fontevrault que l'on situe cette histoire, particulièrement cruelle. Un grand de ce monde visitait l'abbaye. Il remarqua une des nonnes, lui trouva de beaux yeux, le dit autour de lui, demanda un rendez-vous. Il l'obtint, mais la religieuse, en se présentant à lui, lui offrit un horrible spectacle : elle s'était arraché les yeux et les présenta au galant, posés sur un plateau, en déclarant : « Voilà l'objet de vos désirs, prenez-les et qu'ils préservent mon honneur. » Il faut toutefois reconnaître qu'on raconte la même histoire à Manosque, à propos de la fille d'un consul de la ville et du roi François Ier, de retour de Marignan... C'est en fait un poncif tiré des traditions des vies de saints.

Insula, *île,* se retrouve sous différentes formes : *ilhe* comme aux ILHES (Aude); *isle,* comme à L'ISLE-JOURDAIN (Gers, Vienne), avec un nom de seigneur. L'agglutination de l'article donne LI(E)SLE (Doubs, Dordogne, L&C, etc.), LISLET (Aisne). LILLE (Nord), en revanche, n'est sûrement pas une contraction de *l'île,* comme le veut une ancienne tradition. Son nom vient probablement d'un anthroponyme germanique, **Rizili,** très tôt déformé (**Rizle, Lizle,** etc.). Le site de la ville, « bien bâtie sur sept îles », comme dit une chanson populaire du XVIIIe siècle, explique la confusion.

Mare, *mer,* utilisé ici dans le sens de *lac,* a produit GÉRARDMER (Vosges), en composition avec un anthroponyme germanique.

Palus, paludis, *marais,* a donné LA PALUD (AHP, Vaucluse), LA PALLU (Mayenne) ; son diminutif **paludellum** explique PALUEL (SM), PALLUAU (Vendée), ou PALLEAU (S & L).

Ripa, *rive,* a donné RIBES (Ardèche), RIVAS (Loire), etc. Avec la préposition **sub,** *sous,* on obtient SOURRIBES (AHP) ; avec l'adjectif **alta,** *haute,* RIBAUTE (Aude, Gard) et RIVESALTES (PO) ; et avec **fracta,** *cassée, abrupte,* on a FRÉTERIVE (Savoie).

Riparia, dérivé de **ripa,** signifiait *qui se tient sur les rives* en latin classique. Son sens s'est élargi en bas latin à celui de *rivière,* d'où LARRIVOIRE (Jura), RAVIÈRES (Yonne), RIBÉRAC (Dordogne), RIBEYRET et RIBIERS (HA), etc.

Rivus, ruisseau, a donné le nom commun *ru,* et s'est transformé en RIEUX (de l'Ariège au Nord), RIOUX (Charente), RIS (PdD), ou RUY (Isère). Dans tout l'Est de la France, *ru,* en toponymie, s'écrit RUPT pour des raisons peu claires : les consonnes P et T n'ont aucune explication phonétique. En composition, on trouve XONRUPT (Vosges) avec le nom propre germanique **Sivon** ; PARFONDRUPT (Meuse), PARFONRU (Calvados) et PRIGONRIEUX (Dordogne) avec l'adjectif **profundus,** *profond ;* RIUMAYOU (PA) avec **major,** *grand ;* SCRUPT (Marne) avec **siccus,** *sec,* etc. Avec **inter,** *entre,* on a ANTERRIEUX (Cantal) et, avec l'anthroponyme latin **Maurentius,** ROMORANTIN (L & C).

On appelait autrefois cette dernière ville ROMa minOR ANTIqua, *la Petite Rome Antique.* Un auteur du début du XVIIe siècle, Christophe Sauvageon, explique que « les Anciens qui ont donné ce nom de Roma Minor ont eu juste raison, à cause de la conformité et ressemblance qu'il y a entre Romorantin, la petite Rome, et la grande Rome, ces deux villes ayant du rapport l'une à l'autre, la grande Rome parce qu'elle est coupée par le fleuve Tibre et par le bâtiment de la grosse tour, qui autrefois servait de temple dédié à toutes les fausses divinités, et qui depuis la religion catholique fut dédiée par les Chrétiens à la mémoire de tous les Saints et finalement à la très Sainte Vierge sous le titre de Nostre Dame la Rotonde (il s'agit du Château Saint Ange), la petite Rome de même tant parce qu'elle est aussy coupée par la rivière de Sauldre que par la grosse tour bâtie du tems de Jules César pendant le séjour qu'il fit dans les Gaules et en cette ville (la « grosse tour », détruite en 1822, était située à l'emplacement de l'actuelle place de la Tour). Cette dite ville a été nommée par les Latins pour second nom Roma Minor par la réflexion cy dessus observée et aussy ces mots Roma Minor sont demeurez inscripts en lettres d'or au frontispice du clocher et au porche de la principale église de la ditte ville ».

Salsa, *salée,* qualifie des sources salées à SALSES (PO), LA SAULCE (HA). SAULXURES (HM, BR, Vosges, M&M) vient du dérivé **salsura,** *eau salée.*

Stagnum, *étang,* explique ESTAING (Aveyron), ESTANCARBON (HG), avec un anthroponyme, et L'ÉTANCHE (Vosges). Avec **caput,** *tête,* c'est-à-dire *extrémité,* on a CABESTANY (PO), CHABESTAN (HA) et CAPESTANG (Hérault).

Summum, le *point le plus élevé,* est, quand il s'agit d'un cours d'eau, sa *source.* On le retrouve en toponymie le plus souvent sous la forme SOM- suivi du nom de la rivière, par exemple à SOMMAISNE (Meuse), à la source de l'Aisne, ou à SEMIDE (Ardennes), à la source de l'Aide.

Surgere, *surgir, jaillir,* a donné *sourdre,* dont le participe passé féminin *sourse* est devenu *source* en français, mais, en gascon, SO(O)RTS (Landes) et SOR (Ariège).

Un peu marginal, **maritima,** *au bord de la mer,* a produit MARENNES (CM). Pour MARENNES (Isère), on pense que le nom dérive d'un anthroponyme latin **Materius.**

Les formes du terrain

Certains lieux ont été désignés d'après l'aspect de leur territoire.

Angulus, *angle,* désigne un terroir en forme de coin à ANGLADE (Gironde), ANGLARDS (Cantal), ANGLET (PA), ANGLURE (Marne), etc., ou, avec agglutination de l'article, à LANGLADE (Gard).

Quadrum, *carré,* a donné en ancien français méridional le mot *caire,* dont les sens peuvent être très divers, allant jusqu'à *monticule*. Les toponymes qui s'en inspirent sont CAIRE (AHP), CAYRES (HL), LE CAYROL (Aveyron) etc. Le dérivé **quadrantem,** *carré,* a peut-être donné QUARANTE (Hérault).

Enfin, le terme topographique le plus vague possible, **locus,** *lieu,* est employé dans MAILHOC (Tarn), en composition avec **magnus,** *grand.*

La végétation

Un certain nombre de termes latins, désignant tel ou tel type de végétation, se sont perpétués comme noms de communes.

Arboretum, *lieu planté d'arbres,* est présent dans ABREST (Allier), ou LES ABRETS (Isère), ERBRAY (LA) ou ERBRÉE (I & V), LA(R)BROYE (Oise, PdC).

Boscus a été emprunté par le latin aux langues germaniques avant même l'époque des invasions. Il a donné le nom commun *bois,* et les noms propres LE BOSC (Ariège, Hérault, SM), LE BOSQ (Calvados), BOST (Allier), ainsi que BOISSEAU (L & C) ou BOCASSE (SM). On trouve aussi SOUBREBOST (Creuse) avec le latin **super,** *au-dessus de.* Citons aussi MILLEBOSC (SM), dont le début peut égarer. Il s'agit en fait d'une altération d'**Emmi-le-bosc,** *Au milieu du bois,* avec l'ancien français **emmi,** *au milieu de.*

De **foliolum,** *petite feuille,* découle FILLOLS (PO), et de **foliosa,** *feuillue,* FOUILLEUSE (Oise). Ce sont également les feuilles (**folia**) qu'il faut retrouver à HOUEILLÈS (L & G) où le F est devenu H du fait de la prononciation gasconne.

Fusticellum, *petit fût* (d'arbre) a donné en ancien français **fuisel,** qui se retrouve à BEAUFICEL (Eure, Manche).

Herba, *herbe,* explique MANERBE (Calvados), MAN-

venant de **magna,** *grande,* et MALESHERBES (Loiret), c'est-à-dire *Mauvaises herbes.*

Ramus, *branche,* explique RAISMES (Nord), RAMASSE (Ain) et, avec **bellus,** *beau,* BEAURAIN(S) (Nord, Oise) — mais pas BEAURAINS (PdC), qui s'appelait **Bellirino** au VIIᵉ siècle, et qui reste obscur.

Bellus ramus, par l'intermédiaire du gascon qui transforme les L en T, explique aussi BÉTHARRAM (HP).

Betharram était consacrée à la Vierge dès le XVᵉ siècle, et on dit que le culte y était pratiqué dès l'introduction du christianisme en Béarn. Le nom a accrédité une légende, qui conte qu'une jeune fille tombée à la rivière aurait imploré la mère de Dieu, et aurait pu se raccrocher à un rameau — dont la copie en or fut portée en ex-voto au sanctuaire... Il est probable qu'il s'agit là de la christianisation d'une légende, et surtout d'un culte, bien antérieurs.

Silva, *forêt,* a pris les formes -SAUVE, -SOUVRE, -SŒUVRE, -SERVE, par exemple dans ROCHESSAUVE (Ardèche), GROSSO(E)UVRE (Eure), et TRESSERVE (Savoie), avec **trans,** *de l'autre côté de.* SAUBOLE (PA) vient du diminutif **silvula.**

Le latin **spissa,** *épaisse,* a pris valeur de nom signifiant *bois touffu,* à l'origine de LES ÉPESSES (Vendée), LESPESSES (PdC), LES ÉPOISSES (CdO, Doubs) ou L'ÉPOISSE (S&M).

Truncus, *tronc,* se reconaît dans LE TRONCQ (Eure), LA TRONCHE (Isère) ou LA TRONQUIÈRE (Lot).

Vastus, *désert, inculte,* a donné en ancien français **gast** ou **vast,** *terre inculte* et, de là, LE GAST (Calvados), GASTES (Landes), GASTIN(E)S (Mayenne, Sarthe, S&M), LE VAST, VASTEVILLE (Manche) ou, avec l'anthroponyme germanique **Harding,** HARDINVAST (Manche), etc.

Enfin, **vervactum,** *terre en friche,* a donné le français *guéret,* d'où GUÉRET (Creuse) qui doit son nom au site du monastère qui fut fondé là en 669 et servit de noyau à la ville. **Vervactum** est devenu en gascon **bareyt,** qui a donné ESBAREICH (HP).

Un grand nombre d'autres noms désignent des espèces sauvages particulières — en général des arbres.

Abellana, *noisette,* a donné ABLOIS (Marne), LAVELANET (Ariège, HG), LAVELINE (Vosges).

Acanthia, *lieu où pousse l'acanthe,* semble avoir donné GANGES (Hérault), d'abord **Agange,** A étant pris pour la préposition.

Acer arbor ou, en bas latin, **acerabulus,** *érable,* est à l'origine d'ARRABLOY (Loiret), HERBLAY (VdO), LHÉRAULE (Oise), et RABLAY (M&L). **Acernetum,** *bois d'érables,* a donné CERNOY (Loiret, Oise).

On doit AIGREFEUILLE (HG, LA, CM) à **acrifolium,** *houx.*

Albellus ou **albarus,** *peuplier blanc,* explique LES OUBEAUX (Calvados), ALBARETS (Lozère), ALBAS et ALBIÈRES (Aude), LES AUBIERS (DS), et d'autres noms similaires.

Alnus, *aulne,* ou **alnetum,** *aulnaie,* ont fourni une litanie d'ANNAY (PdC), ANNOIS (Aisne), AULNAY (du Calvados à la Moselle), LAUNAY (Mayenne, Eure), AUNOU (Orne), AUNAC (Charente), AUGNAX (Gers), plus un assez cocasse MALAUNAY (SM), avec **malus,** *mauvais.*

Arbutus, *arbousier,* a produit ALBOUSSIÈRE (Ardèche), ARBOUS(S)E(T) (Nièvre, Gard, AM), ARBOUSSOLS (PdD), etc.

Buxum, *buis,* est à l'origine de BUIS (Drôme), mais aussi de BOÉCÉ (Orne), BOUESSE (Indre), BOISS(A)Y (Oise, SM), et de RIBOUISSE (Aude) avec **rivus,** *ruisseau.* Mais BUYSSCHEURE (Nord) vient des mots picards **buisse,** *tuyau* et **scheur,** *crevasse.*

Canna, *roseau,* explique LE CANET (Aveyron, Hérault, BdR) et LE CHANET (Cantal).

Carpinus, *charme,* donne CHARPENNES (Isère, Rhône), CHARPENAY (18 cas dans l'Isère, 18 dans le Rhône, 8 dans l'Ain, etc.), ainsi que LE ou LA CHARME (Loiret, Jura), CHARMOY (Ardennes) ou CHARMET (Aisne), etc. Ajoutons, pour faire bonne mesure, LA CARNEILLE (Orne), LES CARNIÈRES (Nord, Aisne), CARNEL (Manche), LE CARNOIS (Oise, PdC), CARPINETO (Corse)...

Castaneum, *châtaignier,* nous a légué CASTANS (Aude), LE CHASTANG (Corrèze), CASTAGNIERS (AM), CATTENIÈRES (Nord), CHASTANIER (Lozère). **Castanetum,** *châtaigneraie,* a donné de nombreux CHÂTENAY, ainsi que CATENAY (SM), CHADENET (Lozère) et CASTANET, répandu en pays d'oc.

Catanum ou **catana** a donné le mot provençal *cade,* qui désigne une espèce de genévrier. LA CADIÈRE (Gard, Var) s'y rattache directement. A la forme ancienne remontent CHAIGNES et C(H)AHAIGNES (Eure, Sarthe), ainsi que CADALEN (Tarn), CADENET (Vaucluse), etc.

Carduus, *chardon,* est à l'origine de CARDET (Gard), CARDONNETTE (Somme), CHARD (Creuse), ou CHARDOGNE (Meuse).

Corylus, *noisetier,* a donné LA CAURE (Marne), CAUROY (Ardennes, Meuse, etc.), COLROY (Vosges, BR), CORRE (HS) ou CORROY (Marne), plus l'ancien français *couldre,* d'où viennent d'une part *coudrier,* d'autre part COUDRAY (Eure, etc.), COUDRECEAU (E&L), COUDRECIEUX (Sarthe), ou COURRIÈRES (PdC).

Fagus, *hêtre,* et **fagetum,** *hêtraie,* se trouvent dans toute la France, sous des formes diverses : FAJOLLES (T & G), Lot), LE FAOU (Finistère) — prononcer *Le Fou* — ou LE FAOUET (CdN, Morbihan), LA FAGE (Corrèze) ou FAGET (Gers, HG), LE FAU (Cantal), FAUX (de la Dordogne aux Ardennes), FAY (de la Drôme à l'Orne), (LA) FAYE (Charente, DS, M&L, etc.), FAYENCE (Var), FAYET (de l'Aveyron à l'Aisne), FEYT (Creuse), HAGET (Gers).

En composition, AFFOUX (Rhône, Loire) correspond à **Ad Fagum,** *Près du hêtre;* AUFFAY (SM) et HAUTAGET (HP) à **Altus Fagus,** *Haut Hêtre;* BEAUFOU (Vendée), BEAUFOUR (Calvados), BEAUFRAI (Orne) et BELFAHY (HS) à **Bellus Fagus,** *Beau Hêtre;* HAGETMAU (Landes) à **Fagus Malus,** *Mauvais Hêtre,* MIFAGET (PA) à **Medius Fagus,** *Hêtre du milieu.* HAGETAUBIN (PA) et FAYMOREAU (Vendée) proviennent des anthroponymes **Aubin** et **Moreau.** Enfin, un dérivé en ancien français, *foutel,* explique LA FONTELAY (SM) et LA FUTELAYE (Eure).

Filex et son dérivé **filicaria,** d'où est issu *fougère,* a donné un grand nombre de toponymes, portés sur la carte p. 117.

Toute aussi impressionnante est la liste de noms provenant de **fraxinus,** *frêne* et de **fraxinetum,** *forêt de frênes :* voir la carte pp. 118-119.

Ginesta, *genêt,* est à l'origine de GESTAS (PA), GESTIES (Ariège), GENEST (Mayenne), GENESTELLE (Ardèche), GENECH (Nord), GENESLAY (Orne), etc.

Ilex, *chêne vert,* a donné *yeuse* ainsi que EUS (PO) et EUZET (Gard).

Noms dérivés de *filex*, fougère

Juncus, *jonc,* a produit JONCELS (Hérault), LA JONCHÈRE (HV), JONCREUIL (Aube), JONQUIÈRES (Aude) ainsi que JUNCALAS (HP).

Pervincaria, *lieu où pousse la pervenche,* a donné PERVENCHÈRES (Somme) mais aussi PRÉVENCHÈRES (Lozère), PRÉVINQUIÈRES (Aveyron), PROVENCHÈRE(S) (Doubs, HM, HS, Vosges).

Pinus, *pin,* explique divers PINET (Hérault, Isère), PINAY (Loire), PINEL (L&C), mais aussi PIETS (PA), PIGNOLS (PdD), et PINOLS (HL).

Noms dérivés de *fraxinus*, frêne

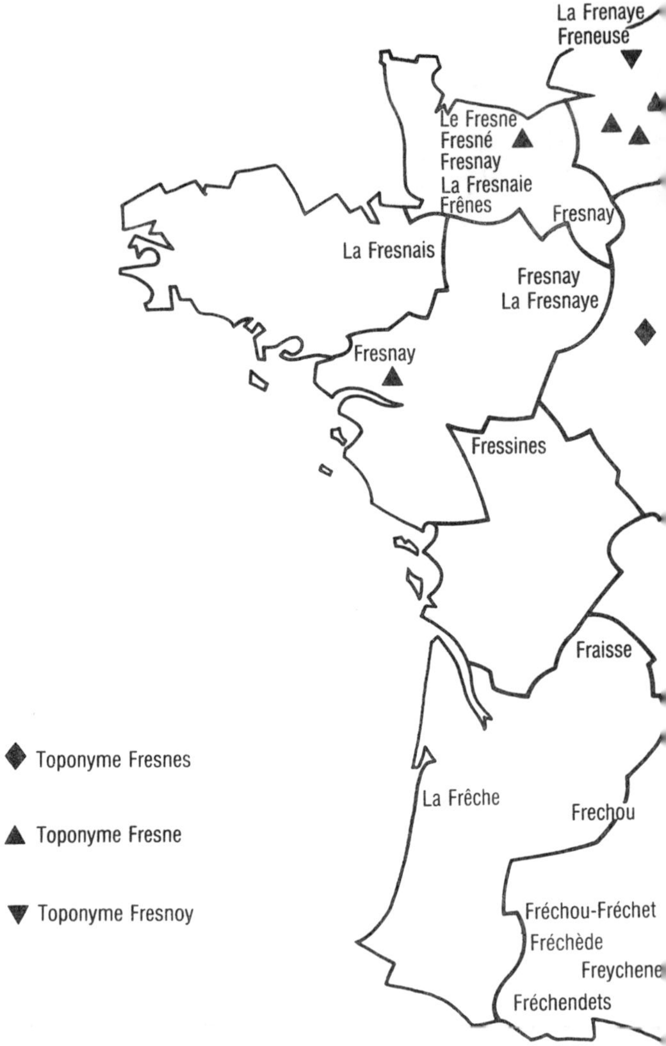

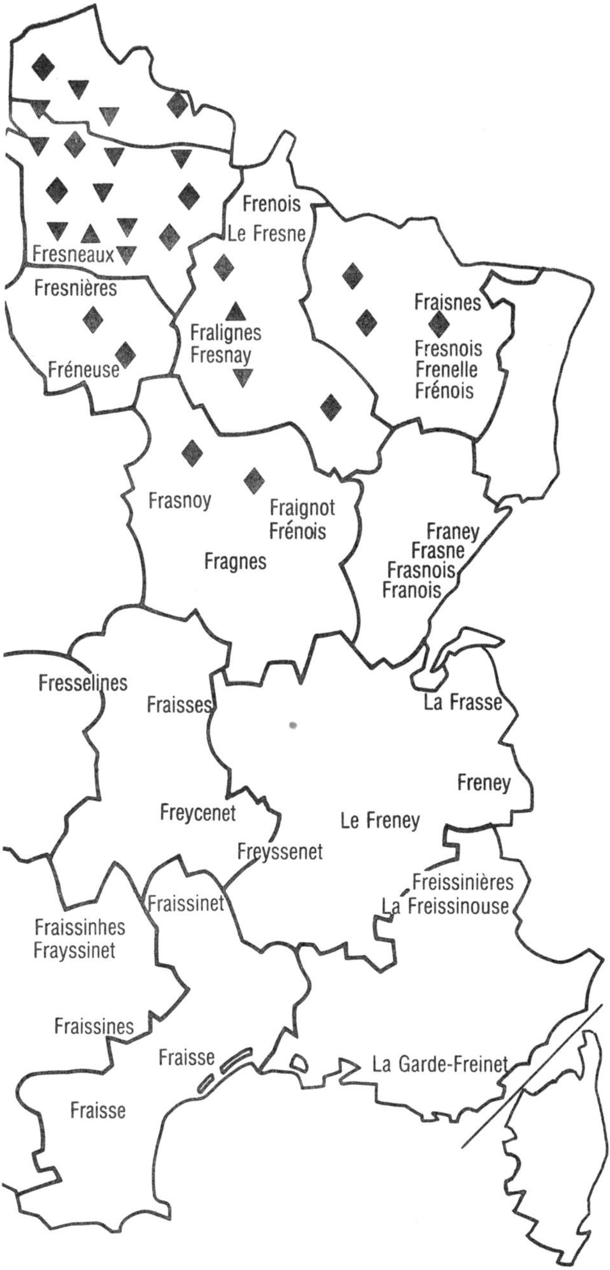
Frenois
Le Fresne
Fresneaux
Fresnières
Fréneuse
Fralignes
Fresnay
Fraisnes
Fresnois
Frenelle
Frénois
Frasnoy
Fraignot
Frénois
Fragnes
Franey
Frasne
Frasnois
Franois
Fresselines
Fraisses
La Frasse
Freney
Freycenet
Le Freney
Freyssenet
Freissinières
La Freissinouse
Fraissinet
Fraissinhes
Frayssinet
Fraissines
Fraisse
La Garde-Freinet
Fraisse

Robur, *chêne* et plus précisément *chêne rouvre* a donné une foule de toponymes dont LA RAVOIRE (Savoie), REUVES (Marne), RAURET (HL), ROUET (Hérault), ROUVRAY (CdO, Eure, SM, etc.), ou ROUAIROUX (Tarn). TOUROUVRE (Orne) est composé avec **tortus,** *tordu.*

Rosa, *rose,* a donné ROSIERS (M & L) ou RO(U)ZIERS (Cantal, I & L, HV).

De **rumex,** *ronce,* viennent ROMEGOUX (CM), RONCHÈRES (Aisne, Yonne), RONQUEROLLES (VdO) ou RUNSSOY (Somme).

De **sabucus** ou **sambucus,** *sureau,* viennent LE SAMBUC (BdR), SAMBOURG (Yonne), SAUBUSSE (Landes). **Sabucus** devint au Moyen Âge *saüc, saü, seü.* On lui ajouta un *r* et il devint *seür,* puis un suffixe, qui en fit *seürel, surel.* Cette longue marche est jalonnée par SAHUC (BdR), SEUR (L & C), SUREL (Drôme).

Salix, *saule,* explique SALAISE (Isère), SAUCHY (PdC), SAULCE(S) (Ardennes, Drôme), SAULX (Marne, HS, CdO), SAULZAIS (Charente). Mais certains de ces noms peuvent remonter au gaulois **salic** (voir p. 54). En revanche, l'origine latine est certaine pour LA SAUSSAYE (Eure), SAUZEY (Meuse) et SALICETO (Corse), qui viennent de **salicetum,** *saulaie.* **Salicosa,** *où on trouve des saules,* a en outre donné CHOQUEUSE (Oise).

Sinapi, *sénevé* ou moutarde sauvage, est à l'origine de CÉNEVIÈRES (Lot) et de EXCENEVEX (HSav.) avec la préposition *ès.*

Sorbus, *sorbier,* a donné SORBS (Hérault), ainsi que SORBAIS (Aisne), ou SORBETS (Gers, Landes).

Spina, *épine,* **spinetum,** *taillis épineux,* **spinosus,** *épineux,* se partagent les étymologies d'ÉPINE (PdC), ÉPENÈDE (Charente), ÉPENOY et ÉPENOUSE (Doubs) ; **Spinacia,** *lande épineuse,* a donné ESPINASSE (HA), et **spinale,** même sens, ÉPINAL (Vosges), dont les habitants sont appelés *Spinaliens.*

Les images d'Épinal sont si célèbres qu'on leur assimile toute l'imagerie populaire, naïve et colorée, des XVIIIe et XIXe siècles. En réalité, il existait, sous l'ancien régime, bien d'autres centres de production dans la moitié nord de la France, de Cambrai à Orléans, de Lille à Nancy. La manufacture de cartes à jouer d'Épinal vivotait, quand en 1810, un homme, Jean-Charles Pellerin, eut l'idée de se mettre au service de la mythologie napoléonienne. Ses affiches eurent un immense succès, qui donna à sa maison un quasi-monopole et une renommée mondiale. Il illustra les idées politiques et morales du peuple, le bonapartisme paysan, le militarisme, plus tard le colonialisme, avant de s'adapter aux temps nouveaux et de réaliser des planches de propagande pour Gambetta, pour le général Boulanger, et même pour la S.F.I.O.

Taxus, *if,* et son dérivé **taxaria,** se repèrent à TAÏX (Tarn), THAIX (Nièvre), THUÈS (PO), THUEYTS (Ardèche), TESSEL (Calvados), TEYSSIEU (Lot), TAUXIÈRES (Marne), TEISSIÈRES (Cantal), etc.

Tilium, *tilleul,* nous a légué LES ÉTILLEUX (E&L), LE TEIL (Ardèche), quantité de THEIL, THIEL, THIL ou TILLE, un TEILHET (Ariège), des TEILLOTS (Dordogne) et autres TILLOLOY (Somme), etc.

Tremulus, *peuplier tremble,* et **tremuletum,** *bosquet de trembles,* donnent sans surprise des TREMBLAY (I&V, Eure, M&L, etc.), des TREMBLOY (Loiret), ou des LA TREMBLADE (CM), mais aussi TRÉMOULET (Ariège), TREMOLAT (Dordogne), LE TRANSLOY (PdC), TRÉMOUILLE(S) (Cantal, Aveyron, PdD), et LA TRIMOUILLE (Vienne).

Ulmus, *orme,* est à l'origine de noms en OLM-, les plus proches du mot originel après ULMES (M&L) : OLMO (Corse), LA ROQUE D'OLMES (Ariège) ; de noms en OM- ou AUM- : AUMATRE (Somme), AUMESSAS (Gard), LE MAY (M&L) et LE MEUX (Oise) anciens **Aumay** et **Aumeux** qui ont été mal compris, HOME (Orne) L'HOMME (Sarthe, etc.), LOMME (Nord), OMMÉEL (Orne), OMMOY (Orne), OMPS (Cantal), LHOUMOIS (DS), ou LANCÔME (L&C) de **Longa Ulmus,** *Long Orme ;* de noms en OSM- : OSMOY (Cher, etc.) ; enfin de noms en ORM- : LORMAYE (E&L), ORMESSON (S&M, etc.) ou ORMS (Aube, Eure, Loiret, etc.).

Urtica, *ortie,* a donné (H)URTIÈRE (Doubs, Isère, Savoie), et URTIS (AHP).

Les animaux sauvages

Un assez grand nombre de toponymes proviennent de noms d'animaux.

En ce qui concerne les oiseaux, **aquila,** *aigle* est très normalement devenu LAIGLE (Orne).

Aureolus, *loriot,* a donné AURIOL (BdR), AURIOLLES (Ardèche, Gironde) et LORIOL (Drôme).

Ciconia, *cigogne,* a donné CHUISNE (E & L), CHUIGNES et CHUIGNOLLES (Somme).

CHUISNES (E & L) doit peut-être son nom, non pas à l'animal, mais à un emploi métaphorique du nom **ciconia** désignant un appareil à puiser de l'eau, fait d'une longue perche montée sur pivot. De fait, la fontaine du village a dû, pour une raison ou pour une autre, frapper les populations, puisqu'il court sur elle une légende. Saint Sanctin, évêque de Meaux, y avait puisé de l'eau. Depuis, celle-ci était miraculeuse, souveraine contre la gale. La Dame de Chuisne commit un sacrilège : elle y fit plonger deux de ses chiens, atteints par la maladie. Le châtiment ne se fit pas attendre : elle eut la gale à son tour. Rien ne pouvait la guérir, parce qu'elle n'avait pas foi dans la vertu salutaire de la fontaine, qui, selon elle, n'était bonne que pour les chiens. La guérison n'eut lieu que lorsqu'elle fut revenue à de meilleurs sentiments et eut promis de faire bâtir une chapelle, sur le pignon de laquelle elle fit sculpter deux chiens, en souvenir...

Corvus, *corbeau,* et son dérivé **corvaria** sont à l'origine de CORBES (Gard), et de CORBARA (Corse), CORBÈRE (PO, PA), CORBIÈRE(S) (AHP, Aude), COURVIÈRES (Doubs), CORBEHEM (PdC), COURBERIE (Mayenne). A CHANTECORPS (DS), c'est le corbeau qui, pour montrer sa belle voix, ouvre un large bec. A JUSCORPS (DS), il se *juche.* A NICORPS (Manche), il est au *nid.*

Gracula désignait la *corneille* ou plus précisément le *choucas.* Il en résulte GRÉOLIÈRES (AM), GROSLAY (V d O, Eure) et GROSLÉE (Ain). L'ancien français *graille,* issu de **gracula,** se retrouve à CHANTERAILLE (HL).

Hirundo, *hirondelle,* a donné en ancien français *aronde,* et un diminutif *aronderelle* légèrement transformé à ALLONDRELLE (M & M).

Nibulus, *vautour,* a donné NIBLES (AHP), NIVOLAS (Isère) et NIVOLLET (Ain).

Les insectes, poissons et reptiles sont relativement peu représentés.

Grillus, *grillon,* est présent à CANTEGREL (Aveyron), CANTEGRIL (HG) et CHANTAGRIX (PdD).

Les poissons ne sont représentés que par le générique **piscis,** *poisson,* sans autre précision, qui explique divers POIX (Marne, Somme, Nord, Ardennes).

Un certain nombre de lieux évoquent des regards posés sur les poissons, avec le verbe **mirari,** *regarder.* Regards anxieux de pêcheurs, sans aucun doute : MIREPEIX (PA), MIREPOIX (Ariège, Gers, HG) et MIREPEISSET (Aude). La pêche est directement évoquée à PESC(H)ADOIRES (Lot, PdD), de **piscatorium,** *endroit où l'on pêche.*

Rana, *grenouille,* a donné l'ancien français *raine* (d'où *rainette*) présent à CHANTEREINE (Loire, S & M, etc.).

Enfin, **colubra,** *couleuvre,* est à l'origine de COLLOBRIÈRES (Var), COULAURES (Dordogne), COULOUVRAY (Manche) et COULEUVRE (Allier).

Pour ce qui est des mammifères sauvages, **aper,** *sanglier,* a produit ABRIÈS (HA) ; **cattus,** *chat* (chat sauvage) a donné GATTIÈRES (AM) ; et **cervus,** *cerf,* ROCHESERVIÈRE (Vendée), qui est sûrement une formation médiévale. Pour SACIERGES et SASSIERGES (Indre), on a proposé **capsus cervius,** *parc aux cerfs,* étymologie sophistiquée et, par là même, contestée.

Hericio, hericionis, *hérisson,* a donné HÉRISSON (Allier).

Lepus, leporis, *lièvre,* a fourni LEVROUX (Indre).

LEVROUX (Indre) vient peut-être de *lièvre,* malgré la tradition qui le rattache à *lépreux.* Il y aurait eu dans cette commune, qui est l'antique Gabatum, un temple particulièrement important pour les Gaulois Bituriges, temple que saint Martin aurait détruit lors de sa grande campagne contre les monuments païens (campagne suffisante pour le faire honnir des archéologues et des historiens de l'Antiquité jusqu'à la consommation des siècles). Il aurait, pour faire accepter son vandalisme sacré, guéri de la lèpre un des notables du lieu...

Le dérivé **leporarium,** *parc à lièvres,* réserve de chasse, a donné pour sa part MAULÉVRIER (SM, M & L), avec **malus,** *mauvais.*

Lupus, *loup,* a produit LALOUBÈRE (HP), LOUBIÈRE (Aveyron), LA LOUPTIÈRE (Aube), LOUVIERS (Eure),

LOURESSE (M&L), LA LOUVESC (Ardèche), plus le lieu-dit des bords de la Seine où fut construit le palais du LOUVRE.

Est-ce pour ne pas effrayer les enfants que l'on a affirmé, à Louviers, que le nom de la ville venait de *Locus Veris, le Séjour du Printemps,* ce qui est charmant et même poétique, mais rigoureusement invraisemblable ?

En composition, on connaît PAPLEUX (Aisne), avec *paper,* en vieux français *engloutir,* CANTELEU(X) (SM, PdC) avec *chanter,* c'est-à-dire *crier,* PISSELEU(X) (Oise, Aisne) qu'il n'est sans doute pas besoin de préciser davantage, ou LOUGRATTE (L & G), où le loup venait *gratter* aux portes des poulaillers et des bergeries.

A l'*ours,* **ursus,** on doit CAMPOUSSY (PO) avec **campus,** *champ,* VALLORCINE (HSav.) avec **vallis,** *vallée,* VÉLORCEY (HS) et VILLOUXEL (Vosges) avec **villa,** *domaine,* voir p. 152.

Vulpes, *renard,* se retrouve à VULPAJOLA (Corse). Son diminutif **vulpiculus** a donné *goupil.* Un endroit trop fréquenté par les renards s'appelait **vulpicularia,** d'où GOUPILLIÈRES (SM) et **Vulpillères** devenu VERPILLIÈRE(S) (Aube, Isère, Somme).

Les noms de personnes

La toponymie française fait une large part aux anthroponymes latins, ou plutôt gallo-romains.

Ces toponymes, si nombreux, peuvent être gallo-romains à deux titres. Ou bien ils sont faits de noms de personnes gaulois assortis de suffixes latins, ou du moins latinisés. Ou bien ils sont faits avec des noms de personne latins, portés le plus souvent par des Gaulois. Car les Gaulois — les notables en particulier — ont souvent pris des noms latins.

Ainsi, à Saintes, on connaît, par l'étude des inscriptions, une famille où l'arrière-grand-père portait le nom celte d'Eporsorovidos. Le grand-père et le père, faits citoyens par César, prirent le prénom et le nom de leur bienfaiteur, mais conservèrent un surnom gaulois. Ils s'appelaient Caius Julius Gedomo et Caius Julius Otvaneunos. Le fils, lui, était totalement romanisé et s'appelait Caius Julius Rufus...

Lorsque le toponyme français découle d'un nom ou d'un adjectif désignant une personne et non muni de suffixe, on sous-entend **villa,** *ferme* (voir p. 152), ou **fundus,** *domaine.* Ainsi, le Gallo-Romain **Alaudius,** dont le nom était fait sur **alauda,** *alouette,* avait une propriété nommée **Villa Alaudii,** la *Ferme d'Alaudius.* Ce nom désignait non seulement la belle demeure du maître, mais aussi les masures des paysans employés sur le domaine, c'est-à-dire l'embryon du futur village. De **Villa Alaudii,** on a laissé tomber **villa,** et il n'est resté qu'**Alaudii** devenu ALLAUCH (BdR).

De même, le domaine de **Blavius, (Villa) Blavia,** est devenu BLAYE (Gironde) ; celui d'un certain **Alexander, Alexandri (Villa),** est devenu **Lessandre,** puis LE CENDRE (PdD). Celui de **Cornutus, Cornuti (Villa)** est devenu **Cornut,** d'où CORPS-NUDS (I & V) !

(Villa) Dinia, domaine de **Dinius,** est devenu DIGNE (AHP), tandis que DIGNE (Aude) a jadis été **La Digne,** par fausse coupe de **Ladigne,** issu de **Latinia,** domaine de **Latinius. (Villa) Fiscia,** domaine de **Fiscius,** ou domaine appartenant au **fiscus,** c'est-à-dire au trésor impérial, est devenu **Fesche,** transformé en un nom mieux sonnant, LA FLÈCHE (Sarthe).

(Villa) Crassa, domaine de **Crassus** est devenu GRASSE (AM) ; **(Villa) Crassi,** appartenant à un autre **Crassus,** est devenu GRAS (Ardèche). **(Villa) Lennae,** domaine d'un ou d'une **Lenna,** est aujourd'hui LENS (PdC) ; **(Villa) Lucii,** domaine de **Lucius,** LUZ (HP), et peut-être le nom primitif de SAINT-JEAN-DE-LUZ (PA) ; **(Villa) Lurii,** domaine de **Lurius,** LURS (HP) ; **(Villa) Lurida,** de **Luridus,** LOURDES (HP) ; **(Fundus) Romani,** de **Romanus** (ou peut-être *du Romain,* le propriétaire étant originaire de Rome), ROMANS (Drôme).

(Villa) Talentia, de **Talentius,** est aujourd'hui TALENCE (Gironde) ; **(Villa) Tigerni,** de **Tigernus,** THIERS (PdD) ;

(Villa) Tinurtii, de **Tinurtius,** TOURNUS (S & L) ; **(Villa) Valentia,** de **Valentius** (ou **Valens**), VALENCE (Drôme), malgré les étymologies fantaisistes, inspirées par le patriotisme local, faisant remonter le nom à la *valeur,* de ses habitants. VENISE (Doubs) ne renvoie ni à la ville italienne ni même au Comtat Venaissin, mais à **(Villa) Venetia,** propriété de **Venetius,** tandis que VIZILLE (Isère) est l'ancienne **(Villa) Visillia,** de **Visillius.** Terminons cette liste par le nom pittoresque de POIL (Nièvre), qui doit remonter à **(Villa) Paulii,** le Domaine de **Paulius.**

Cet innocent village a permis un des plus mémorables canulars dont aient été victimes les parlementaires de la troisième République. De joyeux plaisantins avaient envoyé aux députés et aux sénateurs une circulaire, annonçant l'inauguration d'une statue, pour le centenaire d'un certain Hégésippe Simon, né à POIL. L'inauguration devait avoir lieu à POIL... La farce n'était pas très fine. Quelques parlementaires se laissèrent abuser et les instigateurs de la plaisanterie reçurent quelques lettres disant en substance : « je serai effectivement, tel jour, à telle heure, à POIL ». L'affaire se termina en un vaste éclat de rire...

On peut aussi désigner le domaine en ajoutant simplement un suffixe au nom du propriétaire.

Les noms composés d'un anthroponyme et d'un suffixe sont très nombreux. Le plus courant des suffixes utilisés est **-acum** ou **-iacum,** présent dans 5 % des toponymes français. Il donne, selon les régions, des terminaisons diverses : voir la carte p. 127.

-acum est en effet la latinisation d'un suffixe celte **-aco.** Nous n'en avons pas parlé dans le chapitre précédent parce qu'il ne s'est développé sur notre territoire qu'après la conquête romaine.

Ainsi, le domaine d'**Ambarrius** fut nommé **Ambarriacum,** d'où AMBÉRIEU (Ain). Celui d'**Andala** fut appelé **Andalacum** d'où LES ANDELYS (Eure). Celui d'**Annonus** fut appelé **Annonacum** d'où ANNONAY (Ardèche). A **Antianus** correspond **Antianiacum** d'où ANCENIS (LA). A **Antonius Antoniacum,** d'où ANTONY (HdS). A **Artius, Artiacum,** d'où ARCIS-SUR-AUBE (Aube), ARCY-SUR-CURE (Yonne). A **Aurelius, Aureliacum,** d'où ORLU (E&L), ORLY (VdM) et peut-être AURILLAC (Cantal), mais ce dernier nom pourrait aussi venir d'**Aregaliacum,** domaine d'**Aregalius.** En tout cas, contrairement à la

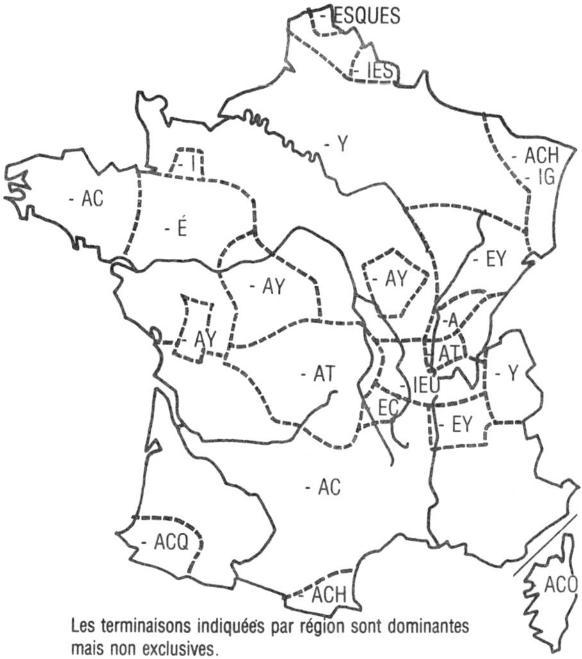

Les terminaisons indiquées par région sont dominantes mais non exclusives.

Terminaisons issues de - *(i) acum*

légende, le nom n'est pas dû à un lac renfermant des paillettes d'or (*Auri Lacus*).

A **Balbinus** correspond **Balbiniacum,** d'où BOBIGNY (SSD). A **Balgentius** correspond **Balgentiacum,** d'où BEAUGENCY (Loiret). A **Ballitius, Ballitiacum,** d'où BALZAC (Charente) et BAUZY (L&C). A **Balbus, Balbiacum,** d'où BAUGÉ (M&L).

A **Bellus** correspond **Bellacum,** d'où BELLEY (Ain) et BELLAC (HV) ; à **Bercius, Berciacum,** d'où BRIEY (M&M) ; à **Bracarios,** dont le nom signifiait en gaulois *Fabricant de Braies* (de pantalons), **Bracariacum,** d'où BERGERAC (Dordogne) ; à **Braccatius, Braccatiacum,** d'où BRISSAC (M&L).

Cette étymologie est contestée par le duc de Brissac qui, dans la *Notice historique et descriptive* de sa ville, publiée en 1957, écrit :

« En relevant les noms anciens de Brissac : Brachisacum, Brachesac, Brechesac, Broichesac, Brissesac, etc., on s'égara sur une voie de change ; on crut à un rappel de Gallia Braccata, le pays où les hommes portent des braies, c'est-à-dire la Gaule. Quant à la désinence *acum,* elle aurait indiqué une place forte. La vérité est plus simple : Brissac vient de Brêche-Sac, qui signifie littéralement Rompt-Sac, surnom rustique tel Casse-Grain, Gaste-Blé, Brûle-Bois ou Taille-Fer. Il est piquant de penser que le nom du troisième duché de France soit le sobriquet donné sous Charlemagne à un meunier facétieux et sans doute un peu fripon qui, en rompant ses sacs, détournait, au détriment de sa clientèle, une part du grain à son profit (...). Étymologie moins brillante que la leçon erronée et sa désinence *acum* indiquant une forteresse. Je n'y puis rien ; mon sac est un vrai sac. »

Le duc se trompe sans doute — mais il est probable que son étymologie fantaisiste avait été spontanément adoptée, bien avant lui, par les autochtones, et n'a pas peu contribué aux modifications qui ont fait, de **Braccatiacum,** BRISSAC.

A **Brennos,** illustre nom gaulois (c'est un *Brennos* qui a pris et pillé Rome en 390 avant J.C.), correspond **Brennacum,** d'où BERNAY (Charente, Eure, Sarthe etc.) ; à **Cambaros, Cambaracum,** d'où CAMBRAI (Nord) et **Cambariacum,** d'où CHAMBÉRY (Savoie).

On a voulu faire de *Chambéry* le résultat d'une déformation du latin **cammarus,** *crevette* ou, dans ce cas, *écrevisse,* mot qui a donné l'italien *gambero* et le savoyard *chambero*... étymologie innocente en apparence, digne en réalité d'un film d'épouvante. En effet on prétend qu'au temps où l'on enterrait les gens dans la cathédrale, la fosse n'était pas sitôt creusée qu'elle se trouvait presque emplie d'eau et occupée par des quantités de grosses écrevisses venues festoyer.

A **Campanius** correspond **Campaniacum,** d'où CHAMPIGNY (Aube, Eure, L&C, etc.) ; à **Cantilius, Cantiliacum,** d'où CHANTILLY (Oise), cependant que **(Villa) Cantilia** donne CHANTELLE (Allier) ; à **Carius, Cariacum,** d'où CHIRAC (Charente, Corrèze, Lozère) ; à **Clamatius** correspond **Clamatiacum,** d'où CLAMECY (Aisne, Nièvre) ; à **Cleppius, Cleppiacum,** d'où CLICHY (HdS) ; à **Comartius, Comartiacum,** d'où COMMERCY (Meuse) ; à **Connius, Conniacum,** d'où COGNAC (Charente) ; à **Doüs, Doiacum,** d'où DOUAI (Nord), à **Eburos, Eburiacum,** d'où ÉVRY (Essonne, Yonne), IVRY (VdM, Eure), YVRÉ (Sarthe) ; à **Fidius, Fidiacum** d'où FIGEAC (Lot) ; à **Florus, Floracum,** d'où FLORAC (Lozère), ou **Floriacum,** d'où plus d'une dizaine de FLEURY ; à **Gaius, Gaiacum,** d'où GAJAC

(Gironde), GÉE (M & L), GEHÉE (Indre), GIAT (PdD), GIEY (HM), GY (L & C), Loiret, Yonne), GYE (M & M), GYÉ (Aube), etc. ; à **Gratus, Gratacum,** d'où GRAY (HS).

A **Iccios** correspond **Icciacum,** d'où ISSY (HdS). A **Jovinus** correspond **Joviniacum,** d'où JOIGNY (Yonne), dont les habitants s'appellent les *Joviniens ;* à **Jovius, Joviacum,** et à **Gaudius, Gaudiacum** : tous deux donnent JOUY (Meuse, E & L, etc.) ; à **Juventius, Juventiacum,** d'où JONZAC (Charente) ; à **Julianus, Julianacum,** d'où JULIÉNAS (Rhône) ; à **Marillius, Marilliacum,** d'où MARLY (Moselle, Nord, VdO, Yvelines, etc.) ; à **Maurilus, Maurilacum,** d'où MORLAIX (Finistère), bien qu'à cette étymologie on en oppose une autre associant le breton **mor,** *mer* et le latin **latus,** *large.*

A **Maurus** correspond **Mauriacum,** d'où MAURIAC (Cantal ; à **Mustius, Mustiacum,** d'où aussi bien MOISSAC (Lot, T & G) que MUTZIG (BR). A **Nantios,** nom formé sur **nanto,** *vallée* (voir p. 45) — autant dire que ces propriétaires s'appelaient *Duval* — correspond **Nantiacum,** d'où NANÇAY (Cher) et NANCY (M & M) ; à **Parthenius, Partheniacum,** d'où PARTHENAY (DS) ; à **Rubius, Rubiacum,** d'où ROBIAC (Gard), ROUFFACH (HR) et ROYAT (PdD), tandis que ROYAN (CM) peut être issu de **Rubianum,** avec le suffixe **-anum** (voir plus loin), à moins qu'il ne faille supposer un **Roianum,** d'après un nomé **Roius** ; à **Sabinus, Sabiniacum,** d'où une vingtaine de SAVIGNY et quelques SAVIGNAC ; à **Tatius, Tatiacum** d'où TAIZÉ (S & L) et THÉSÉE (L & C), à la graphie érudite ; à **Vitellius, Vitelliacum,** d'où VÉZELAY (Yonne) ; à **Victorius, Victoriacum,** d'où VITRAC (Cantal, etc.), VITRÉ (I & V), VITRY (une douzaine), WITRY (Marne), VERRIE (M & L) ; enfin à **Vippius, Vippiacum,** d'où VICHY (Allier).

Dans le Nord de la Gaule, le domaine était parfois désigné par un féminin pluriel : ainsi **(Villas) Formiacas,** « les domaines » de **Formius** a donné FOURMIES (Nord) ; voir aussi p. 190.

Le suffixe gaulois **-avo** a été fort peu employé à l'époque romaine. Le domaine d'un **Aemilius,** au nom purement latin, a cependant été appelé **Aemiliavum,** d'où MILLAU (Aveyron).

De même, le suffixe gaulois **-one** (voir p. 60) est tombé en désuétude. On le trouve cependant uni à quelques noms gallo-romains, comme **Albucius,** d'où **Albucione** devenu AUBUSSON (Creuse), où **Valens,** d'où **Valentone** devenu VALENTON (VdM).

-(i)anum ou **-(i)ana** est un autre suffixe très répandu, surtout dans le Midi. Il est purement latin.

Artinius, nom formé sur le gaulois **artos,** *ours,* a donné **Artinianum,** d'où ARTAGNAN (HP), un des toponymes les plus célèbre à travers le monde depuis Alexandre Dumas. **Aurelius** a produit **Aurelianum,** d'où AUREILHAN (Landes, HP), mais aussi OREILLA (PO). Sur **Dracenius** fut fait **Dracenianum,** d'où DRAGUIGNAN (Var) ; ainsi s'explique que ses habitants soient les *Dracénois.*

Frontinius a donné **Frontinianum,** d'où FRONTIGNAN (Hérault, HG). **Licinius** a produit **Licinianum,** d'où les noms d'une dizaine de communes, dont LÉZIGNAN (Aude, Hérault, HP) et LUSIGNAN (Vienne).

La légende veut que le château de Lusignan ait été bâti par une fée moitié femme moitié serpent, appelée Mélusine. On a beau jeu de produire des preuves du contraire, et certes l'histoire oblige à admettre que ce ne fut que l'œuvre de Hugues II, Seigneur de Lusignan, surnommé le Bien-Aimé... Il est plus agréable d'écouter ceux qui nous font rêver à l'être mystérieux qui, selon Rabelais « avoit corps feminin jusques aux boursavitz et que le reste, en bas, estoit andouille serpentine ou bien serpent andouillique ».

Marinus a produit **Mariniana,** d'où MARIGNANE (BdR). **Perpenna** ou **Perpennius** a produit **Perpennianum,** d'où PERPIGNAN (PO). **Properius** a produit **Properianum,** d'où PROPRIANO (Corse). Enfin **Valentius** a produit **Valentiana,** d'où VALENCIENNES (Nord). On notera la productivité variée de l'anthroponyme **Valentius** : **Valentia** donne VALENCE (voir p. 126), **Valentiana** VALENCIENNES, et **Valentiacus** VALENÇAY (Indre).

On trouve quelques autres suffixes latins, moins productifs : **-anicas** est utilisé en Provence et en Languedoc, où il a donné de nombreux toponymes en -ARGUES, comme MEYRARGUES (BdR) issu de **Marianicas,** dérivé de **Marius,** ou MARTIGNARGUES (Gard), issu de **Martinianicas,** dérivé de **Martinius.** Dans le Centre, le suffixe est devenu -ANGES, comme à SAUXILLANGES (PdD) issu de **Celsinianicas,** dérivé de **Celsinius,** et, dans l'est, -INGES, comme à MOLINGES (Jura), issu de **Mollianicas,** dérivé de **Mollius.**

-aria se retrouve à CHAMALIÈRES (PdD, HL), de **Camalaria, dérivé de Camalos.**

CHAMALIÈRES (PdD) a excité l'imagination des étymologistes amateurs. On y a vu, entre autres choses étranges, un dépôt de chameaux. Les pauvres bêtes, bien éloignées de leur milieu naturel, auraient été amenés là par des Sarrasins... d'ailleurs les restes du château érigé par saint Genès, comte d'Auvergne, ont longtemps été nommés « tour des Sarrasins ». Les légendes se nourrissent les unes des autres.

-ellum, appliqué à **Lunos** (voir aussi ce nom p. 59) a donné **Lunellum,** d'où LUNEL (Hérault) ; appliqué à **Vittos,** autre nom gaulois, il a donné **Vittellum,** d'où VITTEL (Vosges).

Le suffixe **-inum, -ina** n'a été que peu utilisé. On peut citer BOUVINES (Nord), issu de **Bovina,** d'après **Bovius,** et PROVINS (S & M) issu de **Probinum,** d'après **Probus.**

Un cas particulier de dérivation anthroponymique est constitué par les lieux baptisés en hommage à un empereur romain. En tête du palmarès de la reconnaissance et de la piété publiques on serait tenté de placer Auguste (empereur de 37 av. à 14 ap. J.-C.), au bénéfice du nombre des localités portant son nom : trois **Augusta** : AOSTE (Isère), AOUSTE (Ardennes, Drôme) et quatre **Augustodunum** : AUTUN (S&L), AUTHON (E&L, Essonne), HOSTUN (Drôme). Mais ce serait oublier qu'*Auguste* est un nom qui revenait de droit à tous les empereurs de Rome.

En revanche, il n'y a pas le moindre doute pour le destinataire de l'hommage conféré par le chef-lieu du Loiret. En 274, l'empereur Aurélien vint en Gaule interroger les druides des Carnutes, et faire reconstruire les murs des villes détruites. Il s'arrêta à *Genabum* et décida que cette ville serait la capitale d'une nouvelle cité (voir p. 80), qu'il baptisa les *Aureliani*. Le nom **Aurelianis** devint normalement **Orliens** ou **Olliens,** mais la fin du Moyen Âge vit se répandre une étymologie séduisante : le nom de la ville signifiait sa richesse : « il y a de l'or là-dedans », « *de l'or leans* », comme on disait alors. Le calembour a vite cessé d'être compris, mais la graphie est demeurée : ORLÉANS (Loiret).

Enfin, nos ancêtres ont débordé de gratitude pour le couple impérial Constance Chlore-Hélène, en dépit de la brièveté de leur règne (305-306), mais en souvenir de l'intérêt porté par l'empereur à la Gaule. Ils ont ainsi nommé en leur honneur deux **Constantia** : COTTANCE (Loire) et COUTANCES (Manche), et trois **Helena** : ELNE (PO), EAUNE (HG) et HÉLEMMES (Nord).

Voir aussi le cas de Grenoble, p. 37.

Les dieux romains

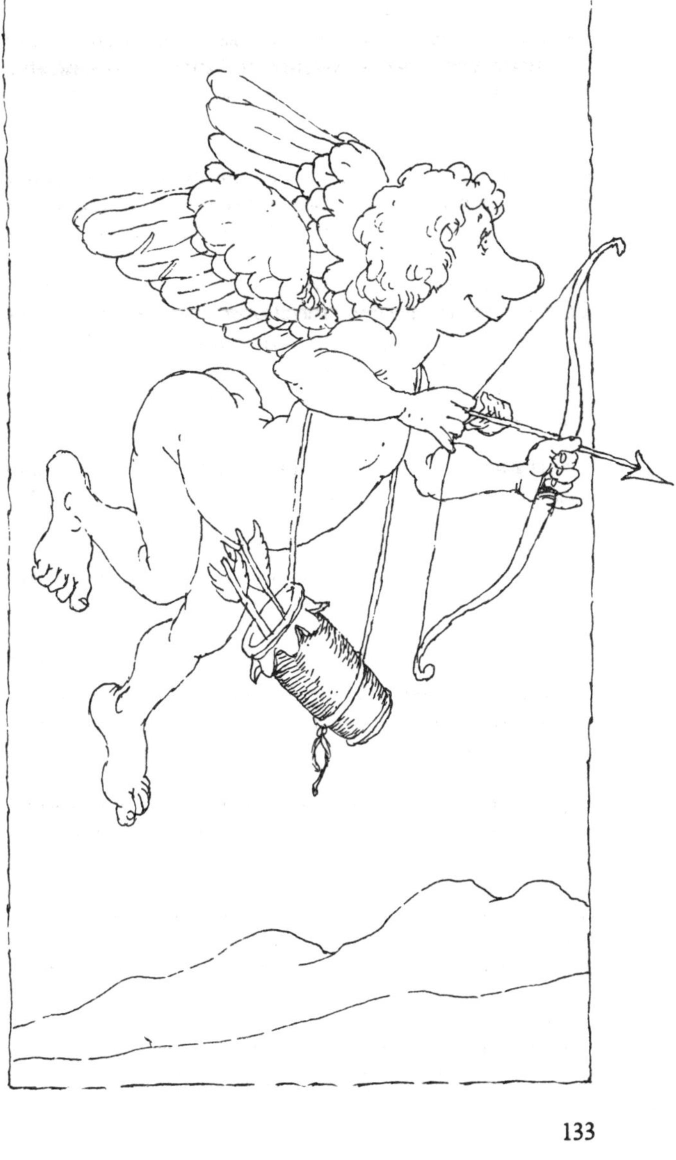

Le Christianisme a pourchassé les dieux de l'occupant romain acclimatés dans notre pays, comme il a pourchassé les divinités autochtones. La toponymie liée à la religion romaine est donc, comme celle liée à la religion celte, quantitativement peu abondante, et d'autant plus vénérable.

Retrouver le nom de Jupiter ou de Vénus dans un annuaire ou sur une carte routière a de quoi nous faire éprouver la profondeur de nos racines, et d'autant plus qu'à travers le limon romain, c'est encore dans le socle gaulois qu'elles plongent. Car, bien souvent, si les noms sont romains, les représentations, telles que nous les connaissons grâce à l'archéologie, sont restées gauloises pendant toute la durée de l'empire. On parle de Jupiter, mais on sculpte Taranis, avec ses attributs spécifiques. Il est vrai qu'ici, c'est la forme des mots qui nous importe, et que les lieux que nous allons énumérer portent d'anciens noms latins, noms propres de dieux, noms d'édifices religieux ou mots exprimant l'idée de sacré.

Sacratus, qui justement signifie *sacré,* se retrouve dans **Sacrata Fontana,** la *Source Sacrée,* qui a donné SEGRIE FONTAINE (Orne).

Fanum, *temple,* a donné FA (Aude), FAIN LES MONTBARD (CdO), à distinguer des autres FAIN(S) issus de **Fines** (voir p. 87); en proviennent aussi MONTFA (Ariège), LAROQUE DE FA (Aude), ORTAFFA (PO), ancien **Hortus Fani,** *Jardin du Temple,* et COMBEFA (Tarn) avec *combe.*

Lucus, *bois sacré,* a donné de nombreux toponymes, seul ou en composition : LUC(Q) (Aveyron, Lozère, HP, etc.), LUCO (Corse), LUX (CdO). Avec des diminutifs se sont formés LUQUET (HP) et LE LUOT (Manche).

En outre, **lucus** s'est associé avec toute une série d'adjectifs. Avec **grandis,** *grand,* il a donné GRANDLUP (Aisne), où le P est purement orthographique ; c'est ce qu'on appelle une graphie aberrante (voir un autre exemple p. 111), ne correspondant ni à la prononciation ni à l'étymologie. Peut-être des demi-savants de l'endroit ont-ils imposé cette orthographe dans l'idée que le nom venait de **grandis lupus,** *le grand loup.* VELU (PdC) vient de **Vetus Lucus** (**vetus** = *vieux*).

Avec **bonus,** *bon,* **altus,** *haut* et **longus,** *long,* on obtient le nom de trois villages des Landes : LUBBON, LUGAUT et

LUGLON. Avec **malus,** *mauvais,* c'est LUCMAU (Gironde) ; avec **tiliosus,** *planté de tilleuls,* LUTILHOUS (HP)... De cette liste se distingue LUGARDE (Cantal), *le Bois de la Guette,* avec le germanique **warda,** *poste de guet.* Cette forme montre que le mot a persisté comme nom commun au-delà des grandes invasions... On peut donc se demander si le sens religieux du mot n'avait pas alors totalement disparu, et s'il n'avait pas fini par désigner n'importe quel bois, ce qui explique que le mot n'ait pas été banni au moment de la christianisation de la Gaule.

Dea, *déesse,* a donné DIE (Drôme), que les Romains avaient appelée **Colonia Dea Augusta,** *Colonie Déesse Auguste.* On ne sait si cette Déesse Auguste était Cybèle, dite la « Grande Déesse », ou Livie, l'épouse d'Auguste, élevée à la divinité.

Cupidon, par le dérivé **Cupidonia,** a donné COUVONGES (Meuse). Diane (**Diana**) a donné DIENNE(S) (Cantal, Nièvre). Hercule (**Hercules**) a donné ESCLES (Vosges).

Jupiter, le roi des dieux, est présent à FANJEAUX (Aude), issu de **Fanum Jovis,** *Temple de Jupiter.* Tout seul, le nom du dieu, au cas accusatif **Jovem,** a donné GIOU(X) (Cantal, Corrèze). On trouve encore JUVILLE (Moselle) et sans doute MONTGEY (Isère). Mais JOUAC (I & V) et JOUHET (Vienne) viennent de **Joviacum,** d'après **Jovius,** nom d'homme. Quand à DONJEUX (HM), que nul n'aille croire qu'il glorifie le *Seigneur Jupiter,* **Dominum Jovem.** Vade retro, Satanas ! Le patron du lieu n'est autre que Saint Georges, **Dominus Georgius,** car **Georgius** y est devenu **Georius,** puis **Jeurs,** puis *Jeux.* En revanche, certains admettent que **Jovem** est bien à l'origine de JEUX (CdO) et de JOUX (Rhône).

Mars, le dieu de la guerre, est associé à **fanum** dans FAMARS (Nord), issu de **Fanum Martis,** *Temple de Mars,* et à **templum** dans TALMAS (Somme) et TEMPLEMARS (Nord), tous deux issus de **Templum Martis,** également *Temple de Mars.* En revanche, les MARS (Allier, Ardèche, Ardennes, Gard, M & M) ont pour origine des noms d'hommes : **Marcius, Martius** ou **Médard.**

Mercure (**Mercurius**) est le dieu romain le plus représenté en Gaule. Il a succédé au très populaire Lug (voir p. 76). Il a donné MARCOUX (Loire), MERCŒUR (Corrèze), MERCUER (Ardèche), MERCUÈS (Lot), MERCUS (Ariège). Voir aussi SAINT-MICHEL-MONT-MERCURE, p. 237. Le terrain étymologique n'est pas très sûr, car un certain nombre de simples mortels ont aussi porté le nom de **Mercurius.** Il est d'ailleurs certain que MERCUREY (S & L), MERCURY (Savoie), MERCUROL (Drôme) et MARCORIGNAN (Aude) sont dérivés d'anthroponymes ; quand à MERCŒUR (HL), il dérive du germanique **marka,** *limite.*

Les chroniques du haut Moyen Âge nous apprennent qu'une colline du Nord de Paris portait, sous l'empire Romain, un sanctuaire de Mercure et s'appelait *Mons Mercurii.* Vers le milieu du IIIe siècle, Denis, le premier évêque de Paris, accompagné du prêtre Rustique et du diacre Eleuthère, y fut mis à mort. Décapité, Denis se releva et ramassa sa propre tête. Quand l'Eglise connut des jours meilleurs, on déposséda Mercure de son sanctuaire, qu'on attribua aux glorieux martyrs. Il fut facile de substituer à *Mons Mercurii* le nom de **Mons Martyrum,** *Mont des Martyrs,* devenu plus tard MONTMARTRE.

Latone **(Latona),** la mère d'Apollon et de Diane, est présente dans les noms de LANNES (HM) et de SAINT-JEAN-DE-LOSNE (CdO).

Minerve **(Minerva)** a donné MÉNERBES (Vaucluse), et MINERVE (Hérault), surtout connue par son vignoble, le Minervois. Mais MÉNESBLE (CdO) nous vient sans doute de l'anthroponyme **Minervius.**

Tutela, divinité dont le nom laisse deviner qu'elle devait être protectrice, et dont le culte s'est identifié à celui de Rome et de l'Empereur, a donné TUDELLE (Gers), TULLE (Corrèze), TULETTE (Drôme) et THUELLIN (Isère), bien que l'on ait parfois expliqué ces noms par l'existence de fortifications construites au haut Moyen Âge.

Le temple bordelais de Tutela n'a été détruit que sous Louis XIV, ne laissant que ce que l'on appelle aujourd'hui à Bordeaux les « piliers de Tutelle ».

Vénus, déesse de l'amour et de la beauté (en latin **Venus, Veneris**), a laissé son nom à VENDRES (Hérault), à PORT-VENDRES (PO), issu de **Portus Veneris,** *Port de Vénus,* et à VENERQUE (HG), issu de **Venerica,** *consacrée à Vénus.*

VENAREY (CdO), VENDARGUES (Hérault), VENDRANGES (Loiret) et VÉNÉRIEU (Isère) dérivent de l'anthroponyme **Venerius.**

La ressemblance du dernier nom cité avec celui de la déesse Vénus se double d'une intéressante coïncidence : il existe, sur le territoire de cette commune, un menhir, qui servait à un culte de la fécondité et est appelé « Pierre-femme ». La légende veut qu'il s'agisse d'une femme à qui Dieu aurait permis de fuir un village voisin voué à la destruction à condition qu'elle ne se retourne pas pour regarder derrière elle. Évidemment, elle aurait désobéi. Cette légende est, bien sûr, inspirée de la Bible, qui raconte comment, lors de la destruction de Sodome, la femme de Lot fut changée en statue de sel.

Les voies romaines

C'est une des réalisations les plus impressionnantes de Rome, une de celles qui ont le plus marqué les pays conquis, une toile d'araignée conçue d'abord pour assurer la sécurité de l'Empire, la protection des frontières et la circulation rapide des troupes, mais devenue très vite un instrument administratif et commercial. Ce réseau a conditionné la vie de la Gaule. Les villes importantes sont celles qu'il touche ; on a vu pourquoi Bibracte avait disparu. Ses étapes fixent des villages, et on ne s'étonnera pas de retrouver dans les noms de lieu de la Gaule tout un vocabulaire lié à la route, vocabulaire qui, d'ailleurs, peut aider l'archéologue, lui mettre la puce à l'oreille, l'aider à imaginer un tracé antique, à faire des hypothèses que le travail sur le terrain permettra peut-être de confirmer.

Le mot français *chaussée* est l'héritier de la **via calceata,** la *route chaussée,* qui se désigne par une image : les pierres sont « chaussées » dans le sol comme les dents dans la machoire. La forme francienne *chaussée* se rencontre dans NOYELLES-EN-CHAUSSÉE (Somme), ou simplement LA CHAUSSÉE (E&L, L&G, Oise, etc.).

En dialecte picard, **calceata** donne *cauchie,* d'où LA CAUCHIE et CAUCHY (PdC). En langue d'oc, on obtient (LA) CAUSSADE (HP, T&G, L&G), LA CHAUSSADE (Creuse).

Il est évident que, le mot étant passé en français, l'origine romaine du toponyme n'est pas toujours certaine. Il faut d'autre part retenir qu'au Moyen Age *chaussée* signifiait *levée de terre, digue, chemin surélevé :* là est peut-être, parfois, l'origine du nom de lieu.

Via, *voie,* est à l'origine d' AUBEVOIE (Eure) avec **alba,** en latin *blanche,* et peut-être de COURBEVOIE (HdS), bien qu'il puisse s'agir d'un chemin moderne et non d'une route romaine. Le diminutif **violum** a donné BIO (Lot) et VIOLS (Hérault).

Strata, qui a donné *strada* en italien, *street* en anglais, etc., était l'abrégé de **via silice strata,** *route recouverte de dalles de pierre.* OBTRÉE (CdO) vient de **Alba Strata,** la *Route Blanche.* En pays germanique, on a, avec **burg,** *fort,* STRASBOURG (BR), *Fort de la Route,* et, avec **Saal** (voir p. 197), STRAZEELE (Nord), le *Palais au bord de la route...* Mais le dérivé le plus courant, au Nord de la Loire, est ESTRÉE(S) (Aisne, Calvados, Nord, Oise, PdC, Somme).

ESTRÉES (Aisne) évoque Gabrielle d'Estrées, dite « la belle Gabrielle », qui fit plus pour l'illustration de cette famille picarde et sa renommée que les officiers, gouverneurs, académiciens, évêques et maréchaux de sa lignée. Elle fut la maîtresse du roi Henri III, d'un financier nommé Zamet, du Cardinal de Guise, des ducs de Longueville et de Bellegarde, de plusieurs autres gentilshommes encore, et enfin du roi Henri IV. Son nom fut alors aussi populaire que celui de son royal amant, lequel, dit-on, se déguisait en paysan, alors qu'il guerroyait pour reconquérir son pays, afin de passer les lignes ennemies et de la rejoindre... Elle joua un rôle politique, combattant puis appuyant Sully, incitant le Roi à se convertir au catholicisme... Quand elle mourut, en 1599, à l'âge de 27 ans, ses ennemis firent circuler des libelles outrageants. L'un d'eux donnait une étymologie fantaisiste de son nom :

De l'exécrable et malheureuse Atrée
Est emprunté notre surnom d'Estrée
Nom d'adultère et d'inceste venu.

« L'exécrable et malheureuse Atrée » désigne un homme, et non une femme, comme semble le croire le chansonnier. Atrée, père d'Agamemnon, avait fait manger à son frère Thyeste, amant de sa femme, le corps des deux enfants nés de cet adultère.

Strata a également donné ÉTRAYE (Meuse), ÉTREZ (Ain). Avec agglutination de l'article, on a L'ÉTRAT (Loire), LÉTRA (Rhône), et LESTRADE (Aveyron). On connaît aussi les diminutifs ESTRÉELLES (PdC), ÉTRELLES (Aube, HS). Enfin ÉTREAUPONT (Aisne) signifie la *Route au Pont.*

Compendium, *raccourci,* a donné COMPIÈGNE (Oise) et peut-être COMPANS (S & M), mais pas COMPAINS (PdD) qui vient de l'anthroponyme gallo-romain **Compendius.**

Les carrefours et croisements ont aussi fourni des noms de lieux. Il est normal qu'ils aient attiré des habitations, des marchés. **Furca,** *fourche, bifurcation,* a produit le diminutif FORCELLES (M & M). **Confurcum,** *carrefour,* donne CONFOUY (BdR). **Trivium,** *croisement de trois routes,* a donné TRÈVES (Gard, M & L, Rhône).

Quadruvium, forme latine vulgaire pour **quadrivium,** *carrefour,* ou plus précisément *croisement de quatre voies,* a donné CARROUGE(S), ainsi que CHARROUX (Allier, HV), et peut-être CHAROLS (Drôme) et CHAROST (Cher). Un carrefour de cinq routes semble enfin être à l'origine de CINQUÉTRAL (Jura), qui peut venir du latin vulgaire **Quinque Stratales,** *Cinq Routes.*

Les bornes milliaires ont également fourni un certain nombre de noms de lieux. Il s'agit de l'équivalent antique de nos bornes kilométriques. L'unité de mesure des itinéraires était le mille, c'est-à-dire mille pas, soit 1481,50 m. La numérotation se faisait à partir du chef-lieu de chaque cité. Les milliaires sont des colonnes cylindriques, ovalisées ou parallélépipédiques, hautes de 2 à 4 mètres et larges de 50 à 80 centimètres. On en connaît 4000, dont 600 en Gaule. Elles jouent un rôle important dans le folklore.

Le nom latin **milliarium,** qui désignait ces bornes, a donné MILHA(R)S (Tarn, HG), MILLAS (PO). **Cippus,** *stèle,* qui peut en être synonyme, a donné CIPIÈRES (AM). On peut évoquer également ici, bien que tous ne correspondent pas à ces bornes kilométriques de l'Antiquité, les dérivés de **columna,** *colonne,* comme COLONNE (Gironde), COULLONS (Loiret), COULOMMES (Ardennes, Marne, S & M) et, issus du diminutif **columella,** COM(M)ELLE (Isère, Loire, S & L), COULEMELLE (Somme), COURMELLES (Aisne), COMMEAUX (Yonne), et bien d'autres.

La numérotation de ces bornes persiste aussi dans la toponymie : *Au troisième mille,* ou plutôt *à la troisième pierre,* **ad tertium lapidem,** a pu donner THIERS (Oise), à moins que ce nom ne dérive, comme c'est le cas pour son homonyme, plus connu, du Puy-de-Dôme, d'un anthroponyme gaulois **Tigernos.** *Cinquième,* **quintum,** a donné

QUINT (HG) sur la voie qui relie Toulouse à Carcassone. *Sixième*, **sextum**, a donné SIXT (HSav.) et SÉEZ (Savoie). Mais SIXT (I&V) vient de Saint **Sextus.** *Septième,* **septimum,** a donné SEPTÈME, qui est le nom de deux villages, l'un dans l'Isère, à sept milles de Vienne, l'autre dans les Bouches-du-Rhône, à la même distance de Marseille. *Huitième,* **octavum,** a donné OYTIER (Isère), à huit milles de Vienne, et UCHAUD (Gard), à la même distance de Nîmes. *Douzième,* **duodecimum,** a donné **Dodeismes** au XIe siècle, **Desmes** au XIIe, et enfin DELME (Moselle) sur la route de Metz à Château-Salins. DIÉMOZ (Isère), sur celle de Vienne à l'Italie, a la même origine.

A partir du règne de Septime Sévère (193-211), les lieues gauloises, de 2222 mètres, furent réutilisées dans notre pays, sauf dans la Narbonnaise, très romanisée. Le mot **leuca,** *lieue,* emprunté par les Romains aux Gaulois, a donné LÈVES (E&L), sur la route de Chartres à Dreux; CARTELÈGUE (Gironde), la *Quatrième Lieue* et TIERCELIEUX (S&M), la *Troisième Lieue.*

Les routes ont attiré des auberges. Au Ier siècle avant notre ère, Varron conseillait ainsi les propriétaires : « Si, dans un domaine qui avoisine une grande route, il se trouve un emplacement propre à la réception des voyageurs, on fera bien d'y construire une auberge. » Ces auberges attirent les boutiques, les établissements de bain, les temples. Cela peut être le noyau d'une agglomération, à laquelle l'auberge peut donner son nom.

Le latin vulgaire **adjacium,** *halte, lieu de repos,* est peut-être à l'origine d'AJACCIO (Corse). **Mutatio,** *changement,* puis *relais de poste,* c'est-à-dire *endroit où l'on change de chevaux,* est à l'origine de MUDAISON (Hérault) et MUIZON (Marne). **Stabulum,** qui signifie *écurie* mais aussi *auberge, hôtellerie,* a donné ÉTABLE(S) (Ardèche, Savoie, SM), ESTABLES (HL, Lozère), ÉTAULES (CM, Yonne), ESTABLET (Drôme), ÉTAVES (Aisne). **Taverna,** *boutique, auberge* a donné MALATAVERNE (Drôme), avec **mala,** *mauvaise :* mauvais souvenir? maison en ruine?... ainsi que TAVERN(A)Y (S&L, VdO), TERNAY (Isère) et SAVERNE (BR).

Constructions civiles et militaires

Aquae ductus, *conduite d'eau, aqueduc,* donne la clé d'AUDUN-LE-ROMAN (M & M), c'est-à-dire « le Romain », d'AUDUN-LE-TICHE (Moselle), c'est-à-dire « le Tudesque », « le Germanique », et d'AHUY (CdO).

Arcus, *arche,* c'est-à-dire arche de pont ou d'aqueduc, est à l'origine de divers ARC (CdO, Doubs, HM, HS), ARS (Ain, Charente, CM, etc.), ART (M & M), ARCEAU (CdO), ARCON (Doubs, Loire), ARCOMPS (Cher), ARQUES (Aude, Aveyron, PdC, SM) ou ARZEMBOUY (Nièvre), c'est-à-dire « Arches dans le bois ».

La légende affirme que les arches de l'aqueduc en ruine que l'on peut voir à JOUY-AUX-ARCHES et ARS-SUR-MOSELLE (Moselle) sont les restes d'un pont bien étrange et bien inquiétant. On raconte qu'un légionnaire de Divodurum, c'est-à-dire de Metz, était fiancé à une jeune fille d'Ars, de l'autre côté de la rivière. En l'absence de pont, il la rejoignait en se faisant transporter par une barque. Un

jour, il n'en trouva pas. C'était le printemps, la crue interdisait de passer à la nage. Il se désespérait, lorsqu'un homme, tout vêtu de noir, lui apparut et lui offrit, en échange de son âme, de bâtir un pont, en une nuit. Il s'engageait à avoir fini avant que les coqs ne chantent. Le légionnaire lui demanda qui il était. Satan, car c'était lui évidemment, se présenta, et ajouta qu'il était le roi des dieux.

Marché conclu, une armée de diablotins apparut, et se mit au travail. Le légionnaire était admiratif, mais inquiet. La nuit avançait ; il se demandait ce que pouvait bien être cette âme, qu'on lui payait si cher, et pourquoi l'homme en noir avait affirmé être le roi des dieux. Il se mit à marcher en long et en large. Dans son excitation, il heurta un buisson. Un coq y dormait. Le choc le réveilla. Un peu éberlué, l'animal crut que c'était l'aube, et chanta. Les coqs des deux villages lui répondirent. Satan entendit le tintamarre, vit que le pont restait inachevé, comprit que l'âme lui échappait, poussa un formidable blasphème, démolit aux trois quarts l'ouvrage, et disparut, laissant sur la rive un Romain très étonné, et des ruines.

Balneum, *bain,* et ses dérivés, peuvent correspondre à des établissements connus des Gallo-Romains à BAINS-LES-BAINS (Vosges) ou à BAGNÈRES (HG, HP). Mais il s'agit souvent de simples baignades, voire de baignades pour les chevaux, à BA(I)GNEAUX (S & M, Yonne, etc.), BA(I)-GNEUX (Aisne, Allier, etc.), BAGNOT (CdO), BAGNOL (Drôme, etc.) ou BAGNOLET (SSD), BANYULS (PO), BAGNOLLES (Orne).

Castra, *camp militaire,* est à l'origine de CASTRES (Aisne, Tarn, Gironde), de LA CHÂTRE (Indre), de CASTRIES (Hérault), etc.

Custodia, *poste de garde,* explique COUSTOUGE(S) (Aude, PO).

Forum, *tribunal* plutôt que *marché,* a donné FEURS (Loire), ainsi que FRÉJUS (Var), ancien **Forum Julii,** *Forum de Jules* (*César*).

Fossa, *canal* a donné *fosse,* naturellement, mais aussi FOSSIEUX (Moselle), LAHOSSE (Landes), et FOS-SUR-MER (BdR).

FOS-SUR-MER, c'est **Fossa Mariana,** le *Canal de Marius.* Le géographe grec Strabon écrit que le consul Marius, à la fin du IIe siècle avant notre ère, « fit creuser un nouveau canal, car des dépôts d'alluvions aveuglaient les embouchures du Rhône. Il en fit don aux Massaliotes pour récompenser leur bravoure dans la guerre contre les Teutons. Ils en tirèrent un grand profit par les taxes perçues sur les transports remontant et descendant le fleuve ».

Murus, *mur,* correspond généralement à une fortification romaine ou préromaine. On le trouve sous la forme MUR comme à MUR-DE-SOLOGNE (L & C) ou MUR-DE-BRETAGNE (CdN), sous les formes MURO (Corse), MURS (Ain, Indre, M & L, Vaucluse), MUS (Gard). Citons aussi LA MURAZ (HSav.) et LA MURE (AHP, Isère). Avec des suffixes, on a divers MURAT (Cantal, Tarn, etc.), MURET (Aveyron, Aisne, HG), MORET (S & M), MUROL (PdD), MURASSON (Aveyron), etc. MURVIEL (Hérault) est construit avec l'adjectif **vetulus,** *vieux.*

Muro cinctus, *entouré d'un mur,* a donné MORCHAIN (Somme), MORSAIN (Aisne), MORSANG (Essonne).

Planca, *planche,* a pris le sens de *passerelle* et a donné PLANQUES (PdC) et LE PLANQUAY (Eure).

Pons, *pont,* a donné des dizaines de PONT. Parmi les formes composées, on peut citer POMPERTUZAT (HG) de **Pons Pertudiatus,** *Pont Creusé,* POMMEUSE (S & M) ancien **Pons Mucrae,** *Pont du Morin,* PONTOISE (VdO), traduction du gaulois *Briva Isarae, Pont sur l'Oise,* ou ESCAUTPONT (Nord), ancien **Scaldis Pons,** *Pont sur l'Escaut,* PONTIVY (Morbihan), avec le nom de Saint Ivy. PONTARLIER (Doubs) réunit **Pons** et l'ancien nom de la ville, **Ariolica.**

LES PONTS DE CÉ (M & L), ancien **Pontes Caesaris,** devraient, si l'on en croit la légende, leur nom à une curieuse circonstance. Le pont aurait été bâti sur ordre de César, toujours soucieux de franchir

commodément les cours d'eau. Le graveur qui devait immortaliser cette décision fut surpris, alors qu'il n'avait pas achevé son travail, par une révolte gauloise. Il laissa l'inscription inachevée : « Pont de Cé... ». On admirera l'intuition de l'artisan qui à l'aube de notre ère, savait déjà ce que serait le français moderne... En réalité, l'altération de la prononciation, le raccourcissement du nom ont été l'œuvre du temps.

Puteus, *puits,* a donné PUITS (Aube, CdO, Oise), et le diminutif **puteolus** PUIS(I)EUX (Aisne, Ardennes, etc.), POISEUL (CdO, HM), et BOZOULS (Aveyron).

Le « puits couvert » de COUVERTPUIS (Meuse) est en fait le début du parcours souterrain de la rivière, l'Orge, qui disparaît ainsi à treize kilomètres de sa source. On raconte que Blanche de Castille, passant par là en bateau, furieuse de ne pouvoir continuer son voyage à cause du faible débit de la rivière, aurait ordonné aux eaux de disparaître de la surface de la terre. Elle fut obéie.

Sarcophagus, *cercueil, tombeau,* a donné CERCUEIL(S) (M&M, Orne, Eure), mais aussi CERCOUX (CM), CERQUEUX (Calvados, M&L), SARCOS (Gers), SERCŒUR (Vosges) et SERQUEUX (HM, SM).

Turris, *tour,* est à l'origine de multiples (LA) TOUR, (LES) TOURS. L'ablatif **Turribus** a donné TOURBES (Hérault) et TOURVES (Var).

Quant au **tropaeum,** devenu **torpaea,** de LA TURBIE (AM) il s'agit d'un *trophée* érigé par Auguste pour commémorer sa victoire sur quelques tribus alpestres.

Nous parlerons en dernier lieu des descendants du nom **maceria,** qui signifia *mur de pierre,* puis *ruine.* Ce nom servit à désigner les villages gallo-romains en ruines dans lesquels on vint se réinstaller après la tourmente des invasions. Il prit les formes (LA) MAZÈRE(S) (Ariège, HG, Gironde, etc.), (LA) MAZIÈRE(S) (Creuse, Corrèze, Charente, etc.), MAIZIÈRES (Aube, Calvados, Doubs, etc.), LA MÉZIÈRE (I&V), MÉZIÈRES (Ardennes, Eure, I&V, etc.), MACHEREN (Moselle). Également répandu est le diminutif MAZEROLLES (Charente, CM, HP, etc.). Le mot s'associe à l'adjectif latin **rubeus,** *rouge,* pour donner ROUMAZIÈRE (Charente) ; la même association, prononcée en langue germanique, donne RODEMACK (Moselle). Le nombre impressionnant de ces noms ne laisse aucun doute : il y eut des temps très durs pour les constructions gallo-romaines.

Maisons, fermes et villages

Les mots latins entrant dans cette catégorie ont été extrêmement productifs au cours d'une longue période.

Area, qui signifia d'abord *surface, sol uni,* a pris le sens de *cour de la maison,* puis de *maison.* On lui doit AIRE (Ardennes, PdC), AIREL (Manche, etc.), mais par AIRE-SUR-ADOUR (Landes) où AIRE représente l'ancien nom de l'Adour, **Atura.** On doit également à **area** le nom de HYÈRES (Var).

Caespes, *motte de gazon,* puis *hutte* se retrouve à SOSPEL (AM).

Capanna, en bas latin, désigne une *hutte,* et a donné le français *cabane.* On lui doit, entre autres, LA CHABANNE (Allier), CHABANAIS (Charente), CHAVANNAZ (Savoie), CHEVANNE(S) (CdO, Loiret, Yonne, etc.).

Casa, *cabane, chaumière,* a fini par supplanter **domus** dans le sens de *maison* en général, avant de disparaître du vocabulaire français en laissant tout de même la préposition *chez.*

On en trouve des formes variées : CAIX (Somme), CAZES (T&G), LA CHAISE (Aube, Charente), CHAS (PdC), LA CHAZE (Lozère), LA CHÈZE (CdN). On trouve **casa** avec divers déterminants, noms de personnes ou de lieux, nom commun indiquant une profession à CASEFABRE (PO), avec **faber,** *forgeron;* adjectifs épithètes comme à CASALTA (Corse), *Maison Haute,* CHEZENEUVE (Isère), *Maison Neuve.* LA CHAISE-DIEU (HL) laisse survivre, à l'orthographe près, l'expression médiévale *La Chese Dieu,* c'est-à-dire la *Maison de Dieu.*

L'abbaye de la Chaise Dieu, fondée en 1043 fut, au Moyen Age, une des plus importantes de France, réunissant jusqu'à trois cents moines, concurrencée seulement par Citeaux et Saint Victor de Marseille. La légende veut que le site n'ait pas été choisi par le fondateur, Robert de Turlande, mais par Dieu lui-même. Le saint homme avait lancé son pic au hasard, après avoir longuement tourné sur place. L'outil serait tombé à une heure de marche de là, devant un oratoire. L'évidence du miracle fut renforcée par une découverte que l'on fit, en creusant les fondations de l'église : on trouva un essaim d'abeilles. En janvier, à plus de mille mètres d'altitude, cela sembla presque plus extraordinaire que le prodigieux trajet du pic de Robert de Turlande. On considéra que Dieu avait voulu signifier aux hommes que l'abbaye rassemblerait des moines aussi nombreux que les abeilles d'un essaim — et l'on n'eut pas totalement tort.

De **casa** dérive **casale,** *bâtiment de ferme,* qui a donné en provençal **cazal,** en ancien français **chazel,** *métairie,* et que l'on retrouve dans divers CAZALS (Ariège, Lot, T&G), CAZAUX (Ariège, HG, Gers, etc.), CHASSAL (Jura), CHAZEAUX (Ardèche), CHÉZEAUX (HM, HV) etc.

Avec **malus,** *mauvais,* on a MACHEZAL (Loire). Avec un nom de propriétaire, on a CHIRASSIMONT (Loire) orthographié au XIIIe siècle **Chasalsymont,** et où la consonne [z] est devenue [r], phénomène fréquent. Des dérivés de **casale** ont à leur tour donné CASAGLIONE (Corse), CAZALIS (Gironde, Landes), CHOUZELOT (Doubs), CAZARIL(H), (HG, HP), CAZAUBON (Gers), avec **bonus,** *bon.*

De **casa** dérivent également plusieurs diminutifs : **casella,** *petite maison,* que l'on retrouve à CHAZELLES (Cantal, Charente, Jura, etc.), CHÉZELLE(S) (Allier, Indre, I&L., etc.) ou CAZÈRES (HG, Landes). **Casetum,** qui signifiait peut-être *groupe de maisons,* a donné CHAZOY (Doubs) et CHÉROY (Yonne). **Casina,** *masure,* est passé dans le vocabulaire du Nord de la France et dans sa toponymie, par exemple à LA CASSINE (Ardennes). **Casottum** et **casulum,** autres diminutifs, nous ont laissé CHAZOT (Doubs) et CAZOUL(E)S (Dordogne, Hérault).

Civitas, *cité*, a désigné la *ville* au Moyen Age, quand **villa** signifiait encore *village,* puis s'est appliqué à la partie ancienne de la ville. On lui doit CIEUTAT (HP, Gers), et LA CIOTAT (BdR).

Colonia désignait dans le langage courant la maison d'un colon (colonus). Sous l'Empire romain, un colon est un fermier, libre d'abord, puis attaché à sa tenure : c'est l'ancêtre du serf. A partir de **colonia,** on a COLLANGES (PdD), COLLONG(U)ES (Ain, AM, Corrèze, etc.), COULANGES (Allier, L&C, Yonne, etc.), COULONGES(S), (CM, Eure, etc.) ; à partir de **colonica,** on a COLLORGUES (Gard), COULONCHE (Orne) et COULONCES (Calvados, Orne), sans compter un diminutif comme COLONZELLE (Drôme).

Cohors, cohortis, *cour de ferme,* s'est contracté en bas latin pour donner **cortis,** dont le français a fait *cour.* A un certain moment, ce mot a désigné non seulement la cour, mais encore l'ensemble des bâtiments d'un domaine rural, puis le domaine, et a évolué vers le sens de *village.*

Cortis ne se trouve que rarement seul. Citons cependant COUR-ET-BUIS (Isère), et les dérivés COURTEILLES (Orne) et COURTEIX (Corrèze). Le diminutif **corticella** a donné quantité de CORCELLE(S) en Bourgogne, en Franche-Comté et dans le Morvan, ainsi que de COURCELLES dans toute la moitié Nord de la France. On trouve également COURCEAUX (Yonne) et COURSEULLES (Calvados). Avec un second diminutif et l'article, on obtient LACOURCHELETTE (Nord). En composition avec d'autres mots latins, on a COULOUTRE (Nièvre) anciennement **Court-oultre,** *le Domaine de l'autre côté,* avec **ultra,** *de l'autre côté.* **Cortis acutior,** *le Domaine plus aigu (= plus haut)* est devenu COURTISOLS (Marne) ; **Cortis medialis,** *le Domaine du milieu,* COURMOYEUX (alors que dans le val d'Aoste, **Cortis major,** *le Domaine plus grand* est devenue COURMAYEUR). **Cortis Petrae,** *le Domaine du Rocher* est devenue COURPIÈRE (PdD).

Avec des anthroponymes, on a par exemple CORMOLAIN (Calvados), *le Domaine de Modolen,* nom germanique, ou COURMENIN (L&C), *le Domaine de Maximinus,* nom romain. Enfin, **Cortis dominica,** *le Domaine du seigneur,* est à l'origine de COURDEMANCHE (Eure, Sarthe), COURDE-

MANGES (Marne), COURTEMANCHE (Somme), COURDIMANCHE (Essonne, VdO) et, dans l'ordre inverse, MANCHECOURT (Loiret) où DE, pris pour la préposition, a disparu. Mais c'est au moment des invasions germaniques que l'élément -COURT a connu sa plus grande expansion. Nous y reviendrons p. 191.

Un dérivé, **cortile**, a donné en ancien français *courtil*, désignant un jardin clos attenant à la ferme, d'où COURTIEUX (Oise), COURTILLERS (Sarthe).

Du verbe *habiter* (latin **habitare**) a été tiré le mot *habit*, au sens d'*habitation*, qu'on retrouve dans L'HABIT (Eure) et dans nombre de lieux-dits.

L'ancien français s'est emparé de l'infinitif latin **manere**, *demeurer*, pour en faire un nom commun, d'où provient LE MANOIR (Calvados, Eure), qui n'évoque pas un château, mais une simple maison.

De **manere** dépendaient en latin les mots **mansus** et **mansio**, signifiant *demeure*. En latin populaire, **n** devant **s** ne se prononçait plus. Ces mots étaient pour les Gallo-Romains **masus** et **masio**, en dépit de leur graphie. Dans le Midi de la France, **masus** a donné *mas*, d'où LE MAS (AM, BdR, Aude, etc.), souvent suivi d'un déterminant, comme au MAS D'AZIL (Ariège) avec **asilium**, *asile*, à MASSABRAC (HG) avec l'ancien nom du village. Comme *mas* signifie toujours *ferme* ou *habitation*, on peut avoir affaire à des toponymes relativement récents. C'est le cas, semble-t-il, pour MAZAMET (Tarn), apparemment un ancien **Mas Azamet**, avec un nom de propriétaire (un diminutif de la forme locale d'*Adam*).

Attention : ce n'est pas un *mas* mais la *mer*, en latin **mare**, qui est « mirée », regardée, à MIRAMAS (BdR) que l'on appelait au XIIe siècle **Miramars**.

Dans le Nord du pays, **masus** aboutit phonétiquement à *mes*, *meis*, d'où LE MEIX (CdO), MEYS (Rhône), voire METZ dans METZ-ROBERT (Aube). Ces variations d'orthographe sont de règle dès qu'un nom propre cesse d'être en même temps non commun et qu'il n'est plus identifié. Lorsque le [s] final cessa d'être prononcé, on vit naître l'orthographe (LE) MÉE (Mayenne, S&M, E&L), avec un E final pour noter l'allongement du É ; par analogie, d'anciens **Les Mes** s'écrivirent aussi LES MÉES (Sarthe).

En composition avec des adjectifs, on a MESSAS (Loiret), avec le latin **arsus,** *brûlé,* ROYAUMEIX (M & M) avec **royal.** Avec des anthroponymes, citons MÉDAVI (Orne), avec **David,** RÉCAMETZ (PdC), avec **Ricco,** YZENGREMER (Somme), avec **Isanger.**

Les noms de MANSEMPUY et de MANSENCOME (Gers), méritent une mention particulière. Ils sont formés sur *manse,* qui désignait au Moyen Âge la parcelle cultivée par le paysan pour son propre usage. Ce mot, qui faisait partie du vocabulaire juridique, est un mot savant fondé sur l'orthographe et la prononciation latines classiques. Le premier nom désigne la *Manse sur le puy* (voir p. 99), l'autre la *Manse dans la combe* (voir p. 44).

Ma(n)sio, ma(n)sionis, également *demeure,* donne en français *maison.* On trouve ce mot dans différents composés. Il est généralement bien reconnaissable et correspond souvent à une maison forte. Il est modifié par la prononciation locale aux MAYONS (Var).

Le diminutif **ma(n)sionicella** a donné MAISONCELLE(S) (Ardennes, Calvados, Mayenne, etc.).

Ma(n)sio a eu d'autres dérivés. D'abord **ma(n)sionata,** *maisonnée,* qui est devenue en ancien français *mesniee,* qui, augmenté lui-même du suffixe *-ère,* a produit MA(I)SNIÈRES (Nord, Somme), ME(S)NIÈRE(S) (Orne, SM), MAGNIÈRES (M & M).

Ma(n)sionale, même sens, semble avoir donné MAYNAL (Jura). Le plus productif des dérivés de **ma(n)sio** est **ma(n)sionile,** origine de *mesnil* qui dans le Nord de la France, désigne originellement un terrain à bâtir, puis la maison qui y est bâtie. On lui doit MÉNIL (Orne), MÉNILLES (Eure), LE(S) MÉNIL(S) (M & M, Vosges), LES MESNEUX (Marne), LES MESNULS (Yvelines) ou LES MENUS (Orne), et aussi LES MAGNILS (Vendée), MAGNEUX (Marne, HM), (LE ou LES) MAGNY (Moselle, HS, HR, etc.) — mais la confusion est possible avec des homonymes dérivés de l'anthroponyme latin **Magnus** — ou encore MASNY (Nord), plus d'innombrables (LE) MESNIL.

Le déterminant le plus courant (des dizaines d'exemples) est un nom de seigneur juxtaposé.

Dans certains cas il y a fusion des deux termes : à MAGNIVRAY et au MAGNOREY (HS), qui sont d'anciens **Mesnil Evrard** et **Mesnil Aured,** ou à ECROMAGNY (HS), ancien **Scrot Mesnil.** Quelquefois, le déterminant est un adjectif : ainsi l'adjectif **crassus**, *gras*, *fertile*, donne LE CRAMESNIL (Calvados).

MÉNILMONTANT n'est plus une commune indépendante depuis 1860, date de son annexion par Paris. *Montant* est la déformation d'un anthroponyme, déformation manifestement inspirée par la topographie des lieux. La partie la plus élevée était au XVIIIe siècle peuplée de guinguettes et de cabarets mal famés, dont celui, à l'enseigne du pistolet, où fut arrêté le brigand Cartouche... Sa réputation légèrement canaille a perduré, au travers de chansons populaires — en particulier celles de Maurice Chevalier.

Certains sont tentés de rattacher au verbe d'ancien français *maindre*, issu, comme *manoir*, de **manere,** l'ancien nom *mandre*, désignant une étable, bergerie, ou cabane. Ce mot vient plus probablement du nom latin **mandra,** *troupeau*. Quoi qu'il en soit, on lui doit MANDRES (Eure, HM, Meuse, etc.).

Tugurium, *hutte,* semble être à l'origine de THUIR (PO).

Vicus, *quartier, village,* est à l'origine de nombreux toponymes. Ce sont les VIC(Q), auxquels il faut ajouter VICO (Corse), VIF (Isère), VIS (PdC), VITZ (Somme), VIX (CdO, Vendée), VY (HS), VYT (Doubs), etc.

En composition avec des adjectifs latins, on trouve CREVIC (M & M) avec **curvus,** *courbe,* VIAPRES (Aude) avec **asper,** *âpre, escarpé,* VIEUVY (Mayenne) avec **vetulus,** *vieux,* NEUVIC (Corrèze, Dordogne, HV) et NEUVY (un peu partout) avec **novus,** *neuf,* ou VIGNEUX (Aisne, LA, Essonne) de **Vicus novus,** le *Village neuf,* LONGVIC (CdO) et LONGWY (M & M, Jura) avec **longus,** *long.* Avec l'adjectif germanique **alt,** *vieux,* devenu **oud,** on trouve AUDRUICQ (PdC).

Avec des noms de rivières, on connaît VIBRAYE (Sarthe) sur la Braye, VISSEICHE (I & V) sur la Seiche, VIVONNE (Vienne) sur la Vonne, BLÉVY (E & L) sur la Blaise, ancien **Blesae Vicus,** MEUVY (HM) sur la Meuse, ancien **Mosae Vicus.** Avec un ancien nom de village, tiré d'un anthroponyme latin, on a par exemple VIMORY (Loiret), d'après **Maurus.**

Le dérivé **viculus** a donné VIEL-SAINT-RÉMY (Ardennes), VIEU (Ain), VIEUX (Calvados, Tarn) et d'autres toponymes qui ont subi l'attraction du français *vieux.* VIEUX-ROUEN (SM) ne désigne évidemment pas l'ancien emplacement de Rouen. Même chose pour VIEILLE-TOULOUSE (HG), mais VIEILLE peut aussi bien provenir de *vielle,* issu de **villa** (voir p. 152), que de *viel* issu de **viculus.**

Un dérivé de **vicus, vicinum,** qui a donné *voisin,* a pris le sens de *hameau.* On lui doit VEZIN (I & V), BEZINS (HG), VÉSIGNEUL (Marne) ou LE VÉSINET (Yvelines). Avec **malus,** *mauvais,* on trouve MALVESIE (HG), MAUVAISIN (HG) ou MAUVEZIN (HG, Gers, Landes etc.) ; avec *grand,* BÉSINGRAND (PA) et, avec l'ancien français *mi,* qui est au milieu, MÉVOISINS (E & L).

Le château de MAUVEZIN (HP) fut, de fait, un lieu fort mal fréquenté. Avant 1374, année où le duc d'Anjou vint les déloger avec pas moins de 8 000 hommes, il fut tenu par ceux que le chroniqueur Froissard qualifiait de « gentils compagnons » : des brigands, tout simplement, pillards vivant aux dépens des populations environnantes. Le duc leur coupa l'accès au puits. Froissard écrit « Oncques goutte d'eau du ciel (ne) chut depuis six semaines tellement il faisait chaud et sec (...) Ils ne pouvaient longuement durer ; des vins avaient-ils assez, mais la douce eau leur manquait. » Leur capitaine voulut négocier sa reddition. On lui répondit « Portez-vous-en et allez votre chemin, chacun en son pays, sans vous bouter en fort qui nous soit contraire. Car si vous vous y boutez et que je vous tienne, je vous délivrerai à mon homme Josselin, qui vous fera vos barbes sans rasoir. » Tenant à conserver leur cou intact, les « mauvais voisins » se dispersèrent, emportant toutefois ce qu'ils avaient volé tout alentour... Depuis, de guerre civile en guerre de religion, le château a été d'aussi bon voisinage qu'un château peut l'être.

Villa, *ferme,* qui suppose une forme primitive *vicsla,* est aussi un dérivé de **vicus.**

La villa romaine n'a pas grand-chose de commun avec les *Sam'suffit* de banlieue ou les maisons de campagne. C'est le centre d'une grande propriété, comprenant l'habitation, souvent luxueuse pour l'époque, du propriétaire, celles des esclaves ou des employés agricoles libres, les remises, greniers, étables, ateliers divers, bref, tout ce qui est nécessaire au fonctionnement autonome d'un domaine.

On retrouve **villa** sous différentes formes : VELLE(S) dans l'Est et le Centre, VIALA(S) dans le Sud du Massif Central, LAVIOLLE (Ardèche), VIELLE (Landes), BIELLE (PA) et VIELLA (Gers, HP) dans le Sud Ouest, VILLAZ en Haute-Savoie. Ces différentes formes sont le plus souvent précisées par des éléments juxtaposés.

L'élément -VILLE- est un de ceux qui permettent le plus difficilement de dater le toponyme. Il peut remonter à l'époque gallo-romaine, où il avait encore la forme **villa** et signifiait *exploitation agricole,* aux époques mérovingiennes et carolingiennes, où il désignait un *domaine,* une *propriété,* ou au Moyen Âge, et même à des époques plus récentes où, sous sa forme actuelle *ville,* il signifiait *village.* Nous évoquerons à part les noms qui répondent à des périodes historiques précises : invasions germaniques (p. 191) et création de nouveaux villages (p. 263). Limitons-nous pour le moment aux noms dont la formation n'est pas caractéristique d'une époque historique donnée.

On trouve **villa** en composition avec des noms à valeur topographique, comme à VILLEQUIER (SM) avec **quadrum,** *carré* ou *coin* (voir p. 112).

Villequier, sur la Seine, est un nom qui sonne comme un glas, bien que le site soit des plus agréables. Le village doit en effet sa célébrité à quelques naufrages. Léopoldine Hugo y trouva la mort à la fin de l'été de 1843. L'immense chagrin que ressentit son père lui inspira quelques textes pathétiques comme *Demain dès l'aube,* qui commence comme une déclaration d'amour :

Demain dès l'aube, à l'heure où blanchit la campagne,
Je partirai. Vois-tu, je sais que tu m'attends.
J'irai par la forêt, j'irai par la montagne,
Je ne puis demeurer loin de toi plus longtemps...

et ne prend son sens véritable que dans les derniers vers :

Je ne regarderai ni l'or du soir qui tombe
Ni les voiles au loin descendant vers Harfleur,
Et quand j'arriverai, je mettrai sur ta tombe
Un bouquet de houx vert et de bruyère en fleur.

Avec un nom de région, le Parisis, on a VILLEPARISIS (S&M).

On peut trouver également un nom d'animal, comme à VILLEPERDRIX (Drôme) ; un terme désignant les premiers habitants, comme à CUVERVILLE (Calvados), de l'ancien français **culvert,** *serf,* ou *colon,* issu du latin **collibertus,** *esclave affranchi ;* ou bien, à l'autre extrémité de l'échelle sociale, DONNEVILLE (HG), avec **domina,** *dame.*

On trouve aussi **villa** avec un titre féodal (voir p. 251). On le trouve enfin avec toutes sortes d'adjectifs, parfois difficiles à identifier comme à COSSESSEVILLE (Calvados), *Village cauchois,* c'est-à-dire du Pays de Caux, à GRIGNEUSEVILLE (SM) avec **grigneux,** *désagréable,* vieux mot français d'origine germanique, à PREUSEVILLE (SM) avec **petrosa,** *pierreuse,* à VILLEMAGNE (Aude) avec **magna,** *grande,* à VILLEPINTE (Aude, SSD) avec **pincta,** *peinte,* c'est-à-dire *Village aux murs colorés,* à VILLETANEUSE (SSD) avec **tineosa,** *teigneuse,* à VIRELADE (Gironde) avec **lata,** *large* (jadis **Villelade**).

VILLEURBANNE (Rhône), **Villa urbana,** pourrait être un curieux *Village urbain* ou *Domaine de la ville.* Il n'en reste pas moins tentant d'en faire un composé de l'anthroponyme latin **Urbanus.** D'autre part, on n'a pas pu déterminer si LUNÉVILLE (M&M) venait d'un anthroponyme germanique, ou d'un anthroponyme gaulois, **Lunos,** que nous avons déjà rencontré pp. 59 et 131.

En revanche, CHAVILLE (HdS) doit dépendre de **Catti Villa,** c'est-à-dire du nom d'un domaine appartenant à un Gallo-Romain surnommé **Cattus,** *le Chat.* De même,

ROMAINVILLE (SSD) est le domaine soit d'un nommé **Romanus,** soit simplement *du Romain.*

D'autre part, on connaît différents dérivés de **villa,** à l'origine de VELLÈCHES (Vienne), de VELOTTE (Vosges) ou de VILLON (Yonne). Dans le Sud-Ouest, **villella** a donné BILL(I)ÈRE (HG, PA), BILHÈRES (PA). Et bien sûr, le diminutif de *ville* a donné une foule de (LA) VILLETTE (Ain, Aube, Calvados, etc.).

Un autre dérivé, **villana,** féminin de **villanus,** *paysan,* qui a donné *vilain,* désignait la tenure d'un paysan. Il a fourni VELAINE(S) (M&M, Meuse), VELOSNE (Meuse), VILLAINES (Sarthe, CdO, etc.), VIOLAINES (PdC), ou VULAINES (Aube, S&M).

Mais le plus productif de ces dérivés est **villare,** qui a un sens spécial. **Villare** désignait proprement une partie de la *villa,* donc un écart, un hameau.

On trouve les formes VILLARS (Aude), VILLARD dans les Alpes, le Jura, et dans le Massif Central, VIALER (PA), VILLÉ (BR), VILLER (Moselle), WILLER (HR), VILLIERS (Indre, Vienne, etc.), WIHR (HR), WIERRE (PdC).

On en trouve quelques composés, avec des adjectifs comme **maurus,** *noir,* à MORVILLARS (Belfort) ; **major,** *plus grand,* à MERVILL(I)ER(S) (E&L, M&M) ; **altus,** *haut,* à ARVILLARD (Savoie), ou AUVILLIERS (Ardennes).

L'Abbaye d'HAUTVILLERS (Marne), qui remonte du VIIe siècle, doit sa célébrité à l'un de ses celleriers, mort en 1715, Dom Pérignon. Chargé de l'administration des biens de l'abbaye, il avait la haute main sur les vignes qui, depuis longtemps, constituaient une des principales sources de revenus de l'abbaye. Il sélectionna des plants, réalisa de remarquables coupages, et surtout sut « faire mousser » son vin, créant aussi le champagne... Il compléta son œuvre en inventant la flûte de dégustation, en imposant le bouchon de liège, en comprenant le rôle de la cave creusée dans la craie, qui maintient le vin à température constante... Il fit la fortune de son abbaye et le bonheur des amateurs...

Avec un autre nom, **puteus,** *puits,* on obtient PEUVILLERS (Meuse). Muni de suffixes, notamment diminutifs, **villare** aboutit à VILLEREAU (Loiret), VILLACERF (Aube), qui au XIIIe siècle s'écrivait **Villarcel,** du diminutif **Villarcellum,** ou VÉNÉROLLES (Aisne) jadis **Vellérolles,** etc.

L'agriculture

Un certain nombre de mots d'origine latine désignant ou évoquant des défrichements se retrouvent dans la toponymie de notre pays. Ils peuvent remonter à l'Empire romain, mais s'il est vrai que les terres cultivées se sont étendues à cette époque, il ne faut pas exagérer la portée de ce phénomène. En fait, les grands défrichements sont nettement plus tardifs, et se situent entre le Xe et le XIIIe siècle. Ils sont dus à la pression démographique, mais surtout à une amélioration des moyens mis à la disposition des paysans : c'est l'époque où la métallurgie du fer se répand vraiment dans les campagnes. Les moines, en particulier ceux de Citeaux au XIIe siècle, puis les laïcs, prennent en main le mouvement... Dès lors, des villages nouveaux se créent.

Brûler la forêt est un des moyens de défrichement les plus anciens. Il se peut que certains toponymes évoquent non pas des embrasements accidentels, mais ce type d'incendie.

Avec **accendita,** *incendiée,* on a LES ESSEINTES (Gironde) ; avec **arsus,** *brûlé,* LES ARCIS (Mayenne, Orne, etc.) et ARSURE (Jura). Attention : des toponymes similaires peuvent provenir de l'anthroponyme **Arcius,** ou **Artius** (voir p. 126).

Exsartum, *terrain défriché,* participe passé de **exsarire,** *sarcler,* a donné le nom *essart* et a subi en toponymie des transformations diverses. Perdant sa première syllabe, il est devenu **sert,** confondu avec **cerf** à CORBEIL-CERF (Oise), ou **sart,** d'où SARS (PdC), LE SART (Aisne). Muni de divers suffixes, il est devenu CERTILLEUX (Vosges), CERTINES (Ain), SARTON (PdC), etc.

Quand le E initial a été conservé, on a un peu partout (LES) ESSARS, ESSARDS ou ESSARTS, (LES) ESSERT(S) ou, par agglutination de l'article, LESSARD (S & L, Calvados) et LEYSSARD (Ain). Dans le Sud du pays, le E tend à devenir I et l'on trouve LES ISSARDS (Ariège), ISSARLÈS (Ardèche) ou ISSERTEAUX (PdD).

En composition avec un adjectif latin, on connaît COUPESARTE (Calvados), qui est un *Essart courbe* ou *ovale,* **Curvum Exsartum,** NONSARD (Meuse), qui est un *Nouvel Essart,* **Novum Exsartum** ou FRANSART (Somme), *Essart franc,* c'est-à-dire *libre.* Avec le nom commun **vallis,** *vallée,* on trouve ESSERVAL (Jura). Mais la plupart des compositions se sont faites avec des anthroponymes germaniques.

Avec **sert** en première position, citons dans le Jura SERGENAUX et SERGENON, tous deux avec **Genwald,** ainsi que CERTÉMERY avec **Émery** ; avec **sart** en seconde position, RANSART (PdC) avec **Raino,** ou MORTCERF (S & M), qui s'est appelé **Mauressart** au XIe siècle (avec le nom germanique **Maro**).

Tous ces toponymes dérivés d'**exsartum** correspondent à des villages relativement obscurs. Il en est pourtant un, mondialement célèbre, que nous n'avons pas cité. Ce n'est d'ailleurs pas le nom d'un village, mais celui d'un lieu-dit, plus exactement d'un château. C'est MOULINSART, création toponymique d'Hergé. Moulinsart n'existe pas, mais, pour les millions de lecteurs de Tintin, c'est un lieu réel. *Moulin* étant clair, restait à expliquer *sart*... c'est fait.

Novale, *terre nouvellement défrichée* reste inchangé à NOVALE (Corse), mais a donné bien d'autres toponymes. Le plus curieux est peut-être ÉOURRES (HA), qui a probablement connu la même évolution que le hameau d'ÉOURES

(BdR), qui au XIe siècle était appelé **Novolas,** et au XIIe **Evolas,** d'où **Eoules** et *Eoures*. On connaît aussi ESNOUVEAUX avec la préposition *ès*, NEAU(X) (Loire, Mayenne), NÉOULES (Var), NOVEL (HS), NOVES (BdR). NOAILLES (Corrèze, Oise, Gironde, etc.) vient du pluriel **novalia,** NEULISE (Loire) et NOVALAISE (Savoie) de **novalitia,** NOHIC (T&G) de **novalitium** ; tous ces mots latins ont le même sens.

Radicata, *racine, souche,* dérivé de **radix, radicis,** *racine,* évoque un terrain que l'on vient de reconquérir sur la forêt ; le mot est à l'origine de RASIGUÈRES (PO), RAGEADE (Cantal), REYGADE (Corrèze).

On trouve d'autre part des termes génériques désignant des superficies cultivées, ou évoquant le travail du sol. Ainsi, **agellus,** *petit champ,* est-il à l'origine d'AGEL (Hérault). **Arvellum,** diminutif de **arvum,** *champ,* explique ARVELLES (Aube), ARREUX (Ardennes) et ARVEYRES (Gironde). **Arabile,** *labourable,* explique ARAULES (HL).

Campus, *champ,* a donné des dizaines de noms de communes. Seul, on le trouve sous les formes CAMPS (Aude, Corrèze, Gironde, etc.), CAMPO et CAMPI (Corse), ou encore CHAMP(S), avec ou sans article défini.

Divers suffixes donnent CAMPAN (HP), CAMPILE (Corse), CAMPHIN (Nord), CAMPITELLO (Corse), CHAMPIS (Ardèche), CHAMPOUX (Doubs), etc.

C'est à Campan qu'est né, le 27 décembre 1767, un inconnu illustrissime, Gaye-Mariole, soldat de l'an II désigné comme le « Premier Sapeur de France » par ses pairs et surnommé « l'Indomptable » par Napoléon. Au traité de Tilsitt, il montait la garde au milieu du Niemen, sur le radeau où les deux empereurs allaient se rencontrer. Profitant de sa carrure herculéenne — il mesurait 2 m 10, il présenta les armes non avec la carabine réglementaire, mais avec un canon de 4, la plus petite des pièces de campagne... Il reçut une gratification égale à deux mois de solde, et entra sinon dans l'histoire, du moins dans le vocabulaire courant : désormais on « fit le mariole ».

On trouve également **campus** en composition avec des adjectifs à CAPENDU (Aude) où il s'agit d'un champ en pente, à MANICAMP (Aisne), *Grand champ,* avec **magnus,** *grand,* à CHAMPCEVRAIS (Yonne), ancien **Campus Silvestris,** *Champ au milieu des forêts,* à CHAMPFREMONT

(Mayenne) avec **formosus,** *beau,* à CAMPOME (PO) avec **ultimus,** *le plus éloigné.* On le trouve avec des noms de personne, comme à CAMEMBERT (Orne) ancien **Camp Mambert,** CHAMPFORGUEIL (S&L) ou **Forgueil** est une altération de **Ferréol,** CHAMPSECRET (Orne) avec le nom du Germain **Sigeric,** ou CHAMPVALLON (Yonne) avec le nom du Germain **Walo.**

Le dérivé **campania,** *plaine cultivée,* a donné de multiples CAMPAGNE en Picardie et dans le Sud. Ailleurs, on trouve une douzaine de CHAMPAGNE. Parmi les diminutifs, citons CAMPAGNOLLES (Calvados), CHAMPIGNOL (Aube), CHAMPIGNEULLES (Ardennes, HM, M&M), etc. La confusion est quelquefois possible avec les dérivés de l'anthroponyme latin **Campanius.** En tout cas, CAMP-CELLA (HA) ne vient pas de **campus,** mais, comme d'ailleurs CHANCELADE (Dordogne), de **cancellata,** *close d'un treillage,* d'après **cancellum,** *treillage, barrière,* qui pour sa part a donné CHANCEAUX (CdO, I&L, M&L).

Cauda, *queue,* désigne un terroir tout en longueur à LA QUEUE-EN-BRIE (VdM), comme à LA QUEUE-EN-YVE-LYNES (Yvelines).

Cultura, *agriculture,* désignant une terre jugée particulièrement fertile, est à l'origine de divers COUT(H)URE(S) (Charente, Dordogne, M&L, etc.) et de COUTURELLE (PdC).

Hortus, *jardin,* apparaît à ORTO (Corse) et, muni de divers suffixes, à ORTALE (Corse), ORTHEZ (PA), ORTHOUX (Gard), ORTILLON (Aube). L'article s'y est agglutiné à LOR (Aisne) et LOURTIES (Gers). Il est associé à **villa** (voir p. 152) dans ORTHEVIELLE (Landes).

Pratum, *pré* et son pluriel **prata,** sont à l'origine de nombreux noms de lieu : PRADES (PO, Ardèche, etc.), PRE(T)Z (Meuse, HM, Ardennes), PRADS (AHP), PRATO (Corse), PRAT(S) (Ariège, CdN, PO), LE PRAZ (HSav.), PREY (Vosges). Il existe aussi des dérivés : PRAILLES (DS) et LE PRADAL (Hérault), de **pratale** ; PRESLES (VdO), PRADELLE(S) (Drôme, HL, Nord, etc.), PRADÈRE (HG), PRÉAUX (Ardèche, Calvados, etc.), de **pratellum.**

On trouve également diverses formes composées. Avec l'anthroponyme **Rambert,** on a RUBEMPRÉ (Somme). Avec l'adjectif **longus,** *long,* on a PRALON(G) (CdO, HL) ; avec

latus, *large,* PRASLAY (HM); avec **longianus,** *éloigné,* PRALOGNAN (Savoie); avec **dominicus,** *seigneurial,* PRUDEMANCHE (E&L). Dans PRÉMONTRÉ (Aisne), **pratum** est probablement associé à un dérivé de **monasterium,** *monastère.*

On raconte que le nom de PRÉMONTRÉ vient d'un brave chevalier qui, au XIIe siècle, avait appris qu'un lion terrorisait la région. Dieu seul sait d'où venait l'animal ! Un villageois le guida là où était la bête — et il tomba nez à nez avec elle, s'exclamant « Tu me l'as de *près montré... !* » On raconte aussi que Saint Norbert, cherchant la solitude pour fonder l'ordre qui devint celui des Prémontrés (d'après le nom du village), avait vu en rêve le lieu calme et fertile où il devait s'installer. Dieu le lui avait donc montré d'avance : *pré-montré !*

La dernière grande catégorie de noms concernant l'agriculture regroupe ceux qui désignent telle ou telle plante cultivée ou arbre fruitier.

Avena, *avoine,* a donné AVANNE (Doubs, SM, PdC, etc.), AVESNES (Nord, PdC, SM, Sarthe, etc.); avec suffixes AVENELLES (Nord) et LES AVENIÈRES (Isère). AUTHEVERNES (Eure) est fait avec **altus,** *haut,* et LONGAVESNES (Somme) avec **longus,** *long.*

Berula, *cresson,* en vieux français **berle,** est à l'origine de BERLES (PdC), BERLOU (Hérault) ou BRASLOU (I & L).

Cannabis, *chanvre,* a fourni de très nombreux noms, de CANAVAGGIA (Corse) à ÉCHENEVEX (Ain), en passant par CHENNEVIÈRES (M & M, Meuse, VdM), CHENEVELLES (Vienne), CHERVES (Charente) ou CHERVEIX (Dordogne).

Caulis, *chou,* est à la base de CAULIÈRES (Somme), CAULLERY (Nord), COYOLLES (Aisne), CHOLET (M & L) et CHOLOY (M & M).

Cerasus, *cerisier,* explique CERISY (Orne, Somme, Manche), CERIZ(A)Y (Aisne, DS), CERIZIÈRES (HM), CERIZOLS (Ariège), et aussi SURGÈRES (CM), dont la forme particulièrement altérée atteste l'ancienneté.

Cotonium, *coing,* explique COGNERS (Sarthe), CO(I)NIÈRES (HS, Yvelines), COIGNEUX (Somme), CUIGNIÈRES (Oise), ainsi que COIN (Moselle).

Faba, *fève,* a donné, à travers **fabare,** *champ de fèves,* de nombreux FABAS, FAVEROLLES, etc.

Fenarium, *grenier à foin,* explique FENIERS (Creuse) et FENEYROLS (T & G), tandis que **fenile,** *fenil,* a donné FEIGNEUX (Oise) et FENIOUX (CM, DS).

Ficaria, *plantation de figuiers,* a donné FICAJA (Corse), FIGAROL (HG), et HIGUÈRES (PA).

Linaria, *champ de lin,* a donné aussi bien LIGN(I)ÈRES (Aube, Cher, etc.) ou LIGNAREIX (Corrèze) que des LIGNEROLLES, dont l'un est devenu LES NEYROLLES (Ain). CHAMPLIN (Ardennes), c'était un *champ de lin.* **Linicellum,** diminutif de **linum,** *lin,* a d'autre part donné **lincel,** *drap de lin,* en ancien français, lui-même à l'origine de LINCHEUX (Somme), LINZEUX (PdC) et LINSELLES (Nord), trois communes situées dans la zone traditionnelle de l'industrie du lin, et pourvues autrefois de fabriques.

Malva, *mauve,* explique MALVES (Ardèche), MAUVIÈRES (Indre) et MAUVES (Ardèche, LA, Orne).

La mauve était assez populaire dans l'antiquité. Les anciens la mangeaient en guise d'épinards et en avaient fait le symbole de la douceur. Sa culture est abandonnée, sauf comme plante d'agrément.

Malus, *pommier,* explique MALAY (S & L), MALLERET (Creuse), MALROY (Moselle), MEALLET (Cantal), MELAY (M & L, HM, S & L), MIALET (Dordogne, Gard), et MOLOY (CdO).

Milium, *mil,* explique MILLIÈRES (Manche, HM), ainsi que PIRMIL (Sarthe) : *pile le mil.*

Murus, *mûrier,* explique MOURIOUX (Creuse) ou MOROUX (S & M).

Napus, *navet,* explique NAUVAY (Sarthe) ; et **napina,** *champ de navets,* a donné NABINAUD (Charente) et NASBINALS (Lozère).

Nucarium, *noyer,* se retrouve dans les noms de NAUROY (Aisne, Marne), NOCARIO (Corse), NOGARO (Gers), NOGUÈRES (PA), NOUREUIL (Aisne), NOROY (Oise, HS, Ain), NOZIÈRES (Ardèche, Cher) ou NOÉ (HG). **Nucetum,** *champ de noyers,* se retrouve à NOHÈDES (PO) et NOISY (S & M, SSD, Yvelines, etc.), tandis que NOUÂTRE (I & L) vient de **nucastra,** la *méchante noix,* avec un suffixe péjoratif.

Oliva, *olive,* explique OGLIASTRO et OLIVESE (Corse), OLIVET, répandu dans le Midi, et OLLIOULES (Var).

Palea, *paille,* a fourni le nom de PAILHARÈS (Ardèche), PALHERS (Lozère) ou PAILLOLES (L & G).

Panicum, *panic,* ou *millet,* est à l'origine de LA PANOUSSE (Lozère), PANISSIÈRE (Loire) ou PENNESIÈRES (HS).

Pirus, *poire,* **piracium** et **pirarium,** *poirier,* sont à l'origine de PÉRASSAY (Indre), PÉRÉ (CM, HP), PERI (Corse), PER(R)IERS (Manche, Calvados, Eure), LE POIROUX (Vendée), PRIEZ (Aisne), et PRIAIRE (DS).

Pomarium, *pommier,* et **pomaretum,** *pommeraie,* se retrouvent dans (LA) POMARÈDE (Aude, Lot), POMAREZ (Landes), POMAYROLS (Aveyron), POMEROL(S) (Gironde, Hérault), POMEYS (Rhône). POMPS (PA) semble remonter directement à un latin plus classique : **pomus,** *pommier.*

Porrus, *poireau,* a donné, avec **hortus,** *jardin,* ORTIPORIO (Corse). Avec **campus,** *champ,* on a CAMPOURIEZ (Aveyron). **Porraria,** *champ de poireaux,* a donné POURRIÈRES (Var).

On a vu dans *Pourrières* un dérivé de **Campus Putridus,** *Champ pourri.* Michelet faisait découler ce nom du combat où Marius, ayant, grâce à ses légions, défait les Germains « cimbro-teutons », avait laissé sans sépulture des milliers de cadavres qui pourrirent au soleil. On précise que les Massaliotes, propriétaires des terrains, employèrent les morceaux d'ossements qui jonchaient le sol pour enclore leurs vignes ou les étayer, d'où peut-être, le nom d'un quartier d'Aix-en-Provence, la *Malousse,* qui vient de **mala ossa,** les *mauvais os.*

Prunus, *prune,* **prunetum** et **prunaria,** *verger de pruniers,* ont donné POURNOY (Moselle), PREMIÈRES (CdO), PRÉMERY (Nièvre), PRENY (M&M), PRUINES (Aveyron), PULNOY (M & M) et PUNEROT (Vosges).

Rapa, *rave,* est à l'origine de RAPAGGIO (Corse), RAVEL (PdD), RAVIÈRES (Yonne), RAVENEL (Oise), etc.

Secale, *seigle,* explique SÉGALA (L&G, HP), LA SÉGALASSIÈRE (Cantal) et aussi SELLIÈRES (Jura).

Enfin, **vinea,** *vignoble,* est à la base de tous les noms en VIGN-, sauf VIGNACOURT (Somme) et VIGNELY (S&L) qui proviennent d'anthroponymes. Le diminutif **vinicella,** *petite vigne,* se retrouve dans VINCELLES (Jura, Marne, S&L, Yonne), VINCELOTTES (Yonne), et VINZELLES (PdD, S&L).

Faisait également partie du vocabulaire agricole le mot **spicarium,** *grenier,* qui a donné ÉPIAIS (L&C, VdO), ÉPIEDS (Aisne, Eure, Loiret, M&L), ÉPIEZ (M&M, Meuse). Emprunté par les Germains, le mot latin est devenu SPICHEREN (Moselle) et SPYCKER (Nord).

De même, **torculum,** *pressoir,* nous a légué TROUILLES (PO) et LE TRÜEL (Aveyron).

L'élevage

Une dizaine de termes désignant des animaux domestiques ont été mis à contribution.

Agnellus, *agneau,* a donné LAIGNELET (I & V).

Apicula, *abeille,* a donné, avec **rocca** (voir p. 259), ROQUEBILLIÈRE (AM). En latin classique, *abeille* se disait **apis.** Dérivé de ce mot, **apiaria,** *ruchers,* a donné A(S)CHÈRES (Cher, SM, E & L, etc.).

Armentum, *gros bétail* ou *bête de labour,* est à l'origine de divers noms commençant par ARMENT-. La terminaison seule change : -EULE (HP) ; -IÈRES (Aisne, Eure, Nord, S & M) ; -IEUX (Gers) ou -IOUX (HV).

Asinaria, *élevage d'ânes,* a produit une quinzaine d'ASNIÈRES, et aussi AGNIÈRES (HA, PdC, Somme), ANÈRES (HP), ARNIÈRES (Eure). Il convient également de chercher l'âne qui se cache dans VILLERS-AUX-NŒUDS (Marne), comme dans un dessin-devinette. Ce village se serait d'abord appelé **Villers Asneux,** du latin **Villare asinorum,** le *Hameau des ânes.*

L'adjectif **bovinus,** *bovin,* semble pouvoir expliquer BEVENAIS (Isère). **Bovarium** et **bovaria,** *élevage de bœufs,* ont donné BOUER (Sarthe), BOUÈRE (Mayenne), LABOUHEYRE (Landes), et BOUVIÈRES (Drôme). **Bovaritia,** même sens, est à l'origine de BOU(V)RESSE (Oise, Vienne) et BOUVESSE (Isère). Quant à TOMBEBŒUF (L & G), son nom désigne de façon imagée un abattoir.

Bufalus, *buffle,* a donné pour sa part *bugle* en ancien français, d'où CORDEBUGLE (Calvados) ex **Corne-bugle.**

Caballus, *cheval,* explique QUEVAUVILLERS (Somme).

Capra, *chèvre,* a été très productif avec ses différents dérivés. On trouve un grand nombre de noms, commençant par CHEVR- et suivis de -OLIÈRE (LA), -OTAINE (Jura), -OUX (Ain), -EUSE (Yvelines), etc. Dans le Midi, les noms commencent par CABR- et sont suivis de -ERETS (Lot), -IS (AM), ou -EROLLES (Hérault), etc. Ajoutons CHIVRES (CdO, Aisne), encore que ce nom ait pu dériver d'un anthroponyme **Caprius,** et CHERVILLE (Marne), qui s'appelait **Caprilla** en 1076 et **Chevrilles** en 1161. En Gascogne,

cabra est devenu **crabo,** ce qui explique LACRABE (Landes). ESCANECRABE (HG) est fait avec le verbe gascon **escanar,** *tuer :* le nom évoque une pente dangereuse, même pour les sabots agiles des chèvres... Dans le Nord-Ouest le mot est devenu **quièvre** ou **quèvre,** d'où QUEVREUILLE et QUIÈVRECOURT (SM).

Columba, *colombe,* ou *pigeon,* et **columbarium,** *pigeonnier,* ont été extrêmement productifs dans les départements les plus divers, d'où les COULOMBS, COLOMBE(S), COLOMBELLES, COLOMIEU, COLOMBOTTE, COULOUME, COLOMBIER(S), COLOMBIÈRES, COLOMIERS, COULOMMIERS, COULMIERS, COLOMARS, COLMARS, etc. Toutefois, quelques COLOMBE(S) peuvent venir de **columna,** *colonne* (voir p. 139). D'autre part, COLMAR (HR) s'écrivait autrefois *Columbarium,* mais il semble que ce soit une fausse latinisation d'un nom purement germanique, et que Colmar doive son nom à un personnage nommé **Galamar.**

Depuis le XVIIe siècle, on n'emploie plus *ouailles* que dans son sens métaphorique, venu du Nouveau Testament. On en oublie qu'il s'agit d'une déformation d'**ovicula,** diminutif de *ovis,* mouton ; il explique LOUAILLES (Sarthe).

Porcus, *porc,* **porcaria** et **porcaritia,** *porcherie,* expliquent PORCHEUX (Oise), POURCHÈRES (Ardèche), POURCIEUX (Var), POURCHARESSES (Lozère) et encore PORQUERICOURT (Oise).

Nous sommes redevables à **pullastra,** *poulette,* de POLASTRON (HG) et POLLESTRE (PO) ; à **suillus,** *porcin,* de SOUEICH (HG), SOUEL (Tarn), SOYAUX et SUAUX (Charente) ; à **vaccaria,** *élevage de vaches,* de VACHÈRES (AHP, Drôme), VACHERESSE(S) (HS, E&L, Vosges), VACQUIÈRES (Hérault), VAQUERESSE (Aisne), VACQUERIETTE (PdC), VACQUEYRAS (Vaucluse), etc. Les vaches sont *garées,* « abritées », à GARREVAQUES (Tarn). Enfin on peut citer BRAMEVAQUE (HP), *Crie-Vache...* Faute de mieux, on pense que ce nom est dû à une grande quantité de colchiques vénéneux, propres à faire crier les vaches...

La légende populaire explique Bramevaque par une assez horrible histoire. La comtesse Marguerite de Comminges, qui y fut emprisonnée de 1421 à 1443 par son mari, devint, dans l'imagination populaire, une ogresse à la Perrault, réclamant sa victime quotidienne. Si c'était un enfant, c'était mieux. Un jour le cuisinier dut se rabattre sur un ersatz : une génisse, mais les meuglements de l'animal permirent à la dame de découvrir la supercherie... Elle, qui était restée insensible à la douleur muette des mères, fut touchée par les cris de l'animal. Elle abandonna son monstrueux régime alimentaire. Les cris donnèrent son nom au village...

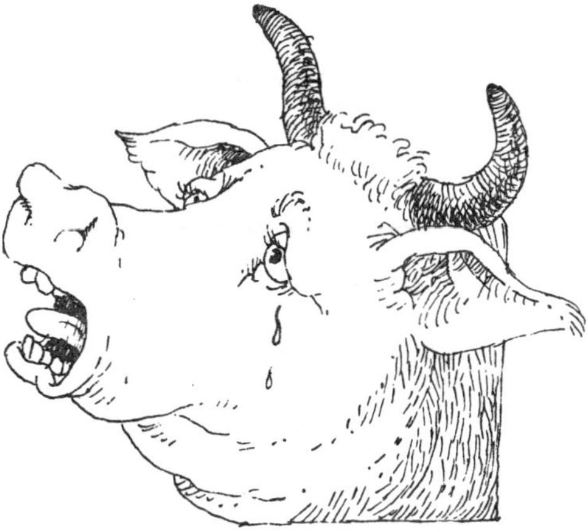

Vervex, ou **berbix,** *mouton,* a donné en français *brebis.* Un diminutif est à l'origine de VERVEZELLE (Vosges). Le dérivé **berbicile,** *bergerie,* a donné BARBEZIT (HL), BARBEZIEUX (Charente), BERZIEUX (Marne), BERCHIVES (E & L). Un autre dérivé, **berbicaria,** même sens, a donné BERBIÈRES (PdC), BERBIGUIÈRES (Dordogne), BERGÈRES Aube, Marne), et VERQUIÈRES (BdR).

Les lieux d'élevage et les enclos

Aestivales, *pâturages d'été,* a donné ESTIBEAUX (Landes), LES ESTIEUX (Dordogne), E(S)TIVAL(S) (Corrèze, Jura, Sarthe), ÉTEVAUX (CdO), etc., tandis que les pâturages d'hiver étaient désignés par **hiberna,** qui explique UVERNET (AHP).

Cippus, *pieu,* d'où *palissade,* est à la base de SPAY (Sarthe) et SPOY (Aube, CdO).

Clausus, *clos,* a donné LE CLAUX (Cantal), CLOUZEAU (LC, Charente, I & L) et LES CLOUZEAUX (Vendée).

Palus, *pieu,* a peut-être donné PAU (PA) (voir pp. 15 et 264), PALEY (S&M) et SEPEAUX (Yonne) avec **septem,** *sept,* mais aussi et surtout l'ancien français *palisse,* qui est à l'origine de *palissade,* et aussi de LA PALISSE (Allier), PÂLIS (Aude), et PALIS(S)E (Doubs, Corrèze).

Non seulement Monsieur de La Palisse, Maréchal de France et figurant parmi les plus grands capitaines des débuts du XVIe siècle, n'a sans doute jamais proféré de lapalissades, mais encore la réputation — fâcheuse — que lui a faite la postérité est due à l'inattention d'un copiste.

Sa mort avait été saluée en ces termes :

Hélas, La Palisse est mort.
Il est mort devant Pavie.
Hélas, s'il n'était pas mort,
Il ferait encore envie.

Ce n'était pas là de la bien grande littérature, mais on aurait bien pu s'abstenir de prendre un f pour un s, et de séparer *en* de *vie*...

Pascua, *pâturage,* est à l'origine de PASQUES (CdO), et du PASQUIER (Jura).

Plexus, *entrelacé,* est indirectement (on suppose une forme **plexaticium**) à l'origine de l'ancien français *plessis,* clôture faite de branches entrelacées.

On compte vingt-six communes et trois cents hameaux et lieux-dits dont le nom comporte « LE PLESSIS », surtout dans la région parisienne et l'Ouest, de PLESSIS-LES-TOURS (I&L), c'est-à-dire *Plessis près de Tours* (*les* vient de **latus,** *à côté de*), au PLESSIS-GRAMMOIRE (M&L) avec le latin **grammaticus,** *maître d'école.* Il faut ajouter ÉPLESSIER (Somme), PLAISIR (Yvelines) et, issu de la variante septentrionale **plouich,** VILLERS-PLOUICH (Nord).

Le château de Plessis-les-Tours était un « enclos » tout particulièrement impressionnant. Un roi en fit sa résidence ; fin politique, ayant au mieux servi le pays, mais vieillissant, angoissé, voyant partout menaces et complots : Louis XI, « l'universelle aragne », qui y mourut le 30 août 1483. La peur de la mort ne l'avait pas seulement incité à garnir de médailles pieuses son chapeau de feutre. Il avait fait de cette demeure une forteresse inexpugnable, la faisant entourer d'un treillis de barres de fer, et, rapporte Commynes, de quatre « moineaux », tourelles basses où « quarante arbalétriers avaient commission de tirer à tout homme qui en approcherait de nuit, jusque la porte fût ouverte le matin »....

Retorta, *tournée en arrière,* désignait des branches souples, formant liens et servant à retenir les animaux. On lui doit REDORTIERS (AHP), RÉOTIER (HA), R(I)OTTIER (Ain, Drôme), ROTHOIS (Oise), LA RÉORTHE (Vendée) et LAREDORTE (Aude).

Stabulum, *étable,* explique LATAULE (Oise).

Enfin, **vivarium,** *vivier,* est à l'origine de nombreux VIVIER(S), du Tarn à la Meurthe-et-Moselle, dont l'évêché de l'Ardèche qui a donné son nom au *Vivarais,* et aussi de VIVARIO (Corse), VIHIERS (M&L), VIVES (HM), VIVIEZ (Aveyron) ou VIVEROLS (PdD).

L'industrie et l'artisanat

Caldarium, *étuve,* ou *chaudron,* explique CAUDIÈS (PO), CHAUDEYROLLES (HL), LA CHAUDIÈRE (Drôme), CHAUDRON (M&L) et CAUTERETS (HP). En Corse, on a CALDARELLO.

Carbo, carbonis, et ses dérivés, évoquent les lieux de production du charbon de bois ; on leur doit CARBONNE (HG), CARBONNEIL (PO), CHERBONNIÈRES (CM), etc.

Fabrica, *atelier,* mais surtout *forge,* désigne dans la plupart des cas des installations postérieures aux Romains. En fait, c'est au Xe siècle que l'usage du fer s'est répandu dans le monde agricole. Les fours et les forges rurales se sont alors multipliés. C'est de cette époque que datent la plupart des toponymes français du type FABRÈGUES (Hérault), FARGUES (Gironde, Landes, Lot, L&G), FARGES (Ain, S&L, Cher), FERVACHES (Manche), FERVAQUES (Calvados), FOURGES (Eure), ou HORGUES (PA), sans parler de multiples FORGES.

Ferrale, ferrarium et **ferraria** désignaient soit des mines de fer, soit des forges ; ces mots sont à l'origine de FERRALS (Aude, Hérault), FERRASSIÈRES (Drôme), FERR(I)ÈRE(S)

(HM, Nord, I&L, HP, etc.). HERRE (Landes) remonte au simple **ferrum,** *fer,* tandis que FRONDES (HM) semble pouvoir s'expliquer par **ferrumen,** *soudure au fer.*

Figlina, *atelier de potier,* nous a légué FÉLINES (Ardèche, Aude, Drôme, etc.), FLINES (Nord) ou FLINS (Yvelines).

Fornus, *four,* et ses dérivés ont donné FOURS (AHP, Eure, Gironde, etc.), FORNEX (Ariège), LE FOURNET (Calvados), FOURNOLS (PdD), FOURNOULES (Cantal), LES FOURGS (Doubs), FOURNES (Aude, Nord), ou HOURS (PA). **Fornus Calcarius,** *four à chaux,* a donné FORCALQUIER (AHP), tandis que **Calcis fornus,** même sens, donnait CHAU(F)FOUR (Corrèze, E&L, etc.), ÉCHAUFOUR (Orne) et ESCAUFOURT (Aisne), avec *ès.*

Lavatorium, *lavoir,* a donné LAVATOGGIO (Corse), LAVOURS (Ain), LAVOUX (Vienne), ainsi que LE LAVANDOU (Var), qui a subi l'influence du mot *lavande.*

Macellum, *abattoir,* explique MAYSEL (Oise) et, avec **primus,** *premier,* PREMEYZEL (Ain).

Materiola, diminutif de **materia,** *bois de construction,* a donné MAROLLES (E&L, Calvados, Oise, etc.), LA MAROLLE (L&C) et MAROLETTE (Sarthe).

Picaria, *fonderie de poix,* donne la clé de PÉGAIROLLES (Hérault). PÉGOMAS (AM) vient manifestement d'un mot provençal signifiant *poix.*

Piso, *mortier* ou *pilon,* est à l'origine de PIZAY (Ain) et PIZOU (Dordogne). **Pistura,** *action de piler,* d'où *moulin,* a donné PITRES (Eure).

Salinae, *salines,* est à l'origine de SALIES-DE-BÉARN (PA) et SALIES-DU-SALAT (Ariège), SALINS (Jura, Savoie, S&M), SALLENELLES (Calvados) ainsi que de SAU(L)NIÈRES (E&L) et LA SAUNIÈRE (Creuse).

La fontaine de Salies de Béarn (PA), connue dès la préhistoire, appartenait aux « part prenants », pour la plupart des habitants de la ville, qui avaient seuls le droit de puiser l'eau salée pour la vendre à ceux qui en extrayaient le sel — c'était une véritable rente.

L'intendant Lebret, à la fin du XVIIe siècle, expliquait ainsi comment on séparait l'eau douce de l'eau salée :

« L'eau salée est si pesante, qu'après les pluies qui sont assez fréquentes en Béarn, on peut assez facilement ôter toute l'eau douce qui demeure sur la superficie. Pour connaître quand il n'en reste plus, on jette un œuf dans la fontaine ; l'eau de pluie, plus légère, ne pouvant pas le supporter, il s'enfonce jusqu'à l'eau salée sur laquelle il surnage et l'on puise jusqu'à ce que l'œuf paraisse sur la surface et qu'il y surnage, ce qui persuade qu'il n'y a plus d'autre eau que celle de la fontaine. » Cette ingénieuse application du principe d'Archimède méritait d'être rapportée.

Tegula, *tuile,* correspond à des poteries à LE THIEULIN (E & L), THIOLIÈRES (PdD) ou TILLIÈRES (Eure), sans compter d'innombrables hameaux portant le nom de LA TUILERIE.

Enfin, **vitrum,** *verre,* est la base de VÉDRINES (Cantal), VE(R)RINES (CM, DS), VEYRINES (Dordogne), ainsi que de LA VERRIE (Vendée) et de divers VERRIÈRES.

Quelques adjectifs

Quelques adjectifs latins isolés se retrouvent en toponymie. **Acutus,** *aigu,* est à l'origine d'AGUDELLE (CM); **arcatus,** *arqué,* de LARCAT (Ariège); **aureus,** *doré,* d'URIAGE (Isère). CARVES (Dordogne) vient de **calvus,** *chauve;* LABÈGUE (HG) de **lapideus,** *en pierre* ou *pierreux;* LE LUDE (Sarthe), LUDES (Marne) et LUDRES (M & M) de **lucidus,** *clair.* REDON (I & V) vient de **rotundus,** *rond,* et ESCAUDES (Gironde) de **squalidus,** *inculte.*

Tostus, *brûlé,* a donné THOSTE (CdO), TOSTES (Eure), TÔTES (SM), etc.; **ustulata,** de même sens, USCLADES (Ardèche) et USCLAS (Hérault); **vacivus,** *vide,* VASSIEUX (Drôme); et **ventosus,** *venteux,* VANTOUX (CdO, Moselle, HS) et VENTOUSE (Cher).

Que Vassieux signifie *vide* a pris un sens tragique depuis la Seconde Guerre mondiale. C'est en effet un village martyr. Les maquisards tenaient le Vercors, y créant, en pleine France occupée une *République de la Liberté.* Conscients des difficultés qu'ils auraient à résister à une offensive allemande, ils réclamaient des renforts et du matériel.

Un terrain d'atterrissage avait été préparé près de Vassieux. Mais les planeurs qui s'y posèrent déversèrent sur le village une nuée de soldats ennemis, qui entreprirent de massacrer systématiquement maquisards et civils, hommes, femmes et enfants.

VI. Les Grandes Invasions

On peut difficilement parler des Grandes Invasions sans évoquer des hordes barbares déferlant sur l'Empire romain, détruisant tout sur leur passage, jetant bas les monuments, brûlant les maisons, semant la mort et la désolation. Les images des anciens livres d'histoire allaient dans ce sens. Juste après une cité gallo-romaine rutilante, on montrait un crépuscule sinistre, une campagne enneigée, des masses confuses, des cabanes en flammes, et, au premier plan, un soldat romain baignant dans son sang...

Il faut reconnaître que les témoignages des contemporains appuient quelquefois cette représentation. On lit, par exemple, dans une lettre de Saint Jérôme :

« Des peuples sans nombre et de la plus grande férocité ont occupé la totalité des Gaules. Tout ce qui est entre les Alpes et les Pyrénées et limité par l'Océan et le Rhin, le Quade, le Vandale, le Sarmate, les Alains, les Gépides, les Hérules, les Saxons, les Burgondes, les Alamans, et ô déplorable État ! les Pannoniens ennemis l'ont dévasté...

Mayence, cité autrefois illustre, a été prise et détruite de fond en comble et dans son église des milliers d'hommes ont été massacrés. Vangiones (Worms) après un long siège a disparu (...). Les provinces d'Aquitaine, de Novempopulanie, de Lyonnaise et de Narbonnaise, ont été saccagées, à part un petit nombre de villes qui elles-mêmes sont dépeuplées, par l'épée à l'extérieur, par la faim à l'intérieur. »

Il faut pourtant nuancer le tableau. Il y eut, certes, des invasions telles qu'on les imagine. La pire fut sans doute celle qui commença le 31 décembre 406, jour où la frontière du Rhin fut enfoncée par une armée disparate composée de

Suèves, de Vandales, d'Alamans, de Burgondes et d'Alains. Cependant, la barbarisation de l'Empire romain, et plus particulièrement de la Gaule, fut un phénomène complexe.

Tout d'abord, lorsque les Barbares sont arrivés en Gaule, ils ont trouvé d'autres Barbares, arrivés avant eux, un peu plus romanisés, mieux intégrés surtout, qui les ont combattus ou qui se sont ralliés à eux, selon les cas. A la fin du IIIe siècle, l'empereur Dioclétien avait installé, sur le territoire du Nord-Est de la Gaule, des colons germaniques. Ils étaient là pour cultiver la terre, mais sans doute aussi pour défendre le pays. Paysans ou guerriers, défenseurs ou traîtres potentiels, ils ont marqué la toponymie. Les autochtones ont donné à certains villages le nom ethnique des barbares qui y avaient été installés.

Un peu plus tard, au Ve siècle, des tribus entières, entrées en Gaule de vive force, concluent des traités avec l'Empire. Ils se voyaient confier la défense d'une région donnée. En échange, les propriétaires romains leur remettaient le tiers de leurs biens. Sur la cohabitation de ces nouveaux venus avec les autochtones, on a des témoignages, comme celui du poète Sidoine Apollinaire, qui écrit à un de ses amis : « A qui demandes-tu un hymne pour la joyeuse Vénus ? A celui qu'obsèdent les hordes à la longue chevelure, à celui qui endure le jargon germanique, qui grimace un triste sourire aux chants du Burgonde repu ; il chante lui, et graisse ses cheveux d'un beurre rance... » L'auteur est manifestement excédé, mais son texte montre que les choses se passent pacifiquement. Comment, d'ailleurs, pourrait-il en être autrement ? L'Empire romain n'a plus les moyens de contrarier ces hôtes, qui, de plus en plus, se conduisent en maîtres.

On assiste à la formation de royaumes barbares indépendants, c'est-à-dire au démembrement politique de l'Empire, que les dissensions, les révoltes, la ruine économique ont rendu incapable de se défendre, et même de s'administrer.

Devenu « barbare », politiquement, la Gaule reste romaine démographiquement. En Flandre, dans la région mosellane, en Alsace, les envahisseurs ont été assez nombreux pour imposer leur langue. Ailleurs, ils n'ont fait qu'enrichir le latin populaire, qui poursuit son évolution propre. Mais ils étaient maîtres des terres, ce qui, en toponymie, laisse de fortes traces.

Les colonies étrangères en Gaule

Les Alains, premier de ces colons par ordre alphabétique, sont venus de fort loin. Cavaliers iraniens nomades, ils franchissent le Rhin en 406, se répandant sur la Gaule, y pillant ou y servant d'auxiliaires aux Romains, en particulier contre Attila. Les lieux où ils s'installèrent finalement portent les noms d'ALAIGNE (Aude), ALÉNYA (PO), ALLAINES (E & L, Somme) ; les ALAINCOURT (Aisne, Eure, HS) reposent sur des anthroponymes.

Les Alamans commencent à se manifester, entre Rhin et Danube, au IIIe siècle. Nés d'un regroupement de tribus, ils se nommèrent *Tous les hommes* (**all** + **mann**). Le nom de leur pays, l'**Alamania,** fut étendu par les gens de l'Ouest du Rhin à tout ce qui était à l'Est de ce fleuve : *l'Allemagne.* Pendant deux siècles, ils se montrèrent très agressifs, jusqu'à leur défaite en 495 à Tolbiac (Zülpich) devant les Francs de Clovis.

Les colonies qu'ils ont établies ici et là ont laissé des traces dans les noms d'ALLEMANS (Dordogne, L & G), ALLEMANT (Aisne, Marne), ALLEMAGNE (AHP, Calvados, Aube), AUMAGNE (CM), ALLEMANCHE (Marne), ALMENÈCHES (Orne), AUMENANCOURT (Marne), avec **cortis** (voir p. 191). LAMANON (BdR) était autrefois **Alamanon,** issu de **Alamannorum** (**Fundus**), *Domaine des Alamans.*

Dans le grand remue-ménage de la fin de l'Antiquité, il n'y a pas que des contingents barbares à venir se fixer sur des sols étrangers. Des Celtes également changent de résidence, anciens légionnaires ou réfugiés : des Belges (Gaulois du Nord) à BOUGEY (HS) ou BOUGY (Calvados, Loiret) ; et des Bretons (habitants de la Grande-Bretagne) à BERTHENONVILLE (Eure), BRETENOUX (Lot), BRETONCELLES (Orne), BRETIGNOLLE(S) (DS, Mayenne, Vendée), BRETAGNOLLES (Eure), BRETTEVILLE (Manche, S & M, Calvados) ou simplement BRETAGNE (Gers, Indre, Landes, Belfort). Les LA BRETENIÈRE (Doubs, Jura) et BRETENNIÈRES (CdO, Jura) rappellent des immigrations plus récentes de Bretons de Bretagne. Les BRÉTIGNY (Eure, Oise, CdO, Essonne) remontent à un nom d'homme, **Britannius.**

Les Burgondes, sans doute originaires de l'île danoise de Bornholm, ancienne Borgundarholm, signèrent avec l'Empire, en 413, un traité qui leur permit de s'installer des Alpes à la Saône, dans la région qui fut nommée **Burgundia,** d'où *Bourgogne.* En dehors de cette région, l'installation de colonies burgondes fut plus remarquée, et la toponymie en garde le souvenir, à BOURGOGNE (Marne), LA BOURGONCE (Vosges), BOURGOUGNAGUE (L & G).

Des Espagnols, aussi, sont venus s'installer, soit sous l'Empire, soit bien longtemps après, à ÉPAGNE (Aube, Somme, Vendée), ÉPAIGNES (Eure), et ÉPANNES (DS)...

Les Francs avaient mis à profit l'invasion de 406 pour pénétrer en Rhénanie et en Belgique. Ils restèrent profondément divisés jusqu'à ce qu'en 481, Hlodwig, c'est-à-dire Clovis, entreprît de les unifier. Cela fait, il s'empara en 486 du royaume gallo-romain qui s'était édifié au Nord de la Loire, écrasa les Wisigoths en 507 à Vouillé et s'appropria leur royaume aquitain. A sa mort en 511 était créé le royaume franc, esquisse de la France actuelle. En toponymie, on retrouve les Francs à FRANCORCHAMPS (Belgique), ex **Francorum Campus** ou *Camp des Francs,* FRANCOURVILLE (E & L), ex **Francorum Villa,** *Domaine des Francs,* FRANCS (Gironde), et FRENCQ (PdC). Les autres noms de même apparence renvoient à un anthroponyme germanique, **Franco.**

Des Germains, c'est-à-dire des gens venus d'au-delà du Rhin, et dont on n'a pas pris la peine de préciser l'ethnie exacte, sont à l'origine des GERMAINE(S) (Aisne, Marne, HM).

Les Gots, ou Goths, avant de déferler sur l'Italie, l'Aquitaine et l'Espagne, avaient fourni aux légions romaines de solides auxiliaires. Quelques-uns furent transplantés en Gaule. D'où les noms de GOUTS (Aube), ex **Gothos,** GOUDOURVILLE (T & G), GOUIRVIEILLE (Aude), GOURVILLE(TTE) (Charente, CM), tous issus de **Gothorum Villa,** *Domaine des Goths,* VILLEGOUDOU (Tarn), de **Villa Gothorum,** VILLEGOUGE (Gironde), de **Villa Gothica,** et MONTGUEUX (Aube), de **Mons Gothorum.**

Il se peut que des Lusitaniens, c'est-à-dire d'anciens habitants du Portugal, se soient établis à LUISETAINES (S&M).

On trouve également des traces de Marcomans, peuple germanique installé d'abord en Bohême, et longtemps allié incertain des Romains. En France, leurs installations ont donné MARMAGNE (Cher, CdO, S&L), MARMEAUX (Yonne), et MIERMAIGNE (E&L).

Des Maures ou Mauritaniens, auxiliaires venus des tribus barbares d'Afrique du Nord, ont laissé leur souvenir à MAURS (Cantal), MORTAGNE (Orne, Nord, CM, Vendée), ex **Mauritania,** et MORTAIN (Manche), ex **Mauritanii.**

Les Sarmates étaient d'origine iranienne et avaient occupé la Russie méridionale du IIIe au Ier siècle avant notre ère. Menacés par les Alains, ils s'allièrent aux Romains. Beaucoup furent installés sur notre territoire, comme en témoignent les noms issus de **Sarmatia** : SERMAIS(E) (M&L, Essonne, Loiret), SERMAIZE (Oise, Marne), SERMESSE (S&L), SERMOISE (Aisne, Nièvre), SERMIZELLES (Yonne), SERMAGES (Nièvre), et, malgré les auteurs qui veulent voir dans ces noms des équivalents de *saumâtre,* SALMAISE (PdD) et SAUMAISE (CdO).

Les Saxons, originaires du Jutland, tinrent les mers du Nord depuis les premières années de notre ère jusque vers 550, obligeant Rome à construire de colossales et vaines fortifications sur les côtes anglaises. Ils ont laissé des traces dans la toponymie du Boulonnais et de la Normandie où ils ont débarqué en force, mais ont aussi laissé leur nom à des installations continentales : SAISSEVAL (Somme), SAXON-SION (M&M), SOISSONS (CdO), SISSONNE (Aisne).

Les Slaves, dont certains étaient soumis aux Gots, ont pu être installés avec eux comme colons en Gaule, ou n'arriver que plus tard, après la chute de l'Empire d'Occident. Toujours est-il qu'ils ont donné les noms d'ESCLAVELLES (SM) et ESCLAVOLLES (Marne).

Les Suèves, peuple germain qui participa lui aussi à la curée et acheva sa course dans l'angle Nord-Ouest de l'Espagne, ont fourni le nom de WISSOUS (Essonne), ancien **Viceor, de Vicus Suevorum.**

Le peuple gothique des Taifales, qui s'est fixé en de nombreuses installations dans l'Empire, explique TIFFAUGES (Vendée), TOUFFAILLES (T&G), et sans doute CHAUFFAILLES (S&L), tous anciens **Taifalia.**

Les sonorités sombres du nom de Tiffauges semblent évoquer encore ces inquiétants étrangers, venus du fond de l'Europe, qui un jour s'y installèrent. Elles conviennent tout aussi bien à la tragédie qui s'y déroula dix siècles plus tard. Tiffauges eut pour châtelain Gilles de Rais, compagnon de Jeanne d'Arc, et modèle achevé de l'ogre ou de Barbe-Bleue. Des dizaines, peut-être des centaines d'enfants entrèrent dans son château et n'en sortirent jamais. Ils étaient violés et dépecés. Le plus grand plaisir du maître des lieux était de leur arracher le cœur et de le sentir palpiter entre ses mains. La justice ne prêta l'oreille aux rumeurs qui l'accusaient que lorsqu'il ne put rembourser ses dettes. Il fut brûlé en place de Nantes.

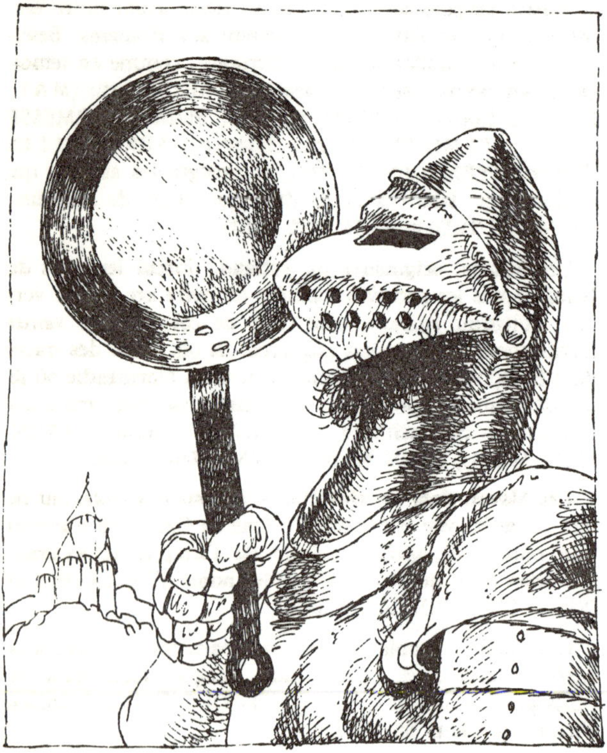

Les Vandales enfin, venus de l'Est de la Germanie, traversèrent rapidement la Gaule, puis l'Espagne, avant de conquérir l'Afrique du Nord. Ils laissèrent peu de monde en route : deux installations sont signalées par les noms de GANDAILLE (L&G), ex **Vandalia,** et de GANDALOU (T&G), ex **Vandalorum (Vicus).** Ils laissèrent en revanche un détestable souvenir. Une tribu vandale, celle des Silinges, semble s'être égarée du côté de SILLINGY (HSav.).

Trois autres noms de peuples peuvent être notés ici, même s'ils ne correspondent pas à des groupes implantés dans l'Empire romain. La Diaspora a amené des Juifs particulièrement nombreux à JŒUF (M&M), JUIF (S&L), VILLEJUIF (VdM). Des Anglais et des Écossais ont pu arriver en France avec les Normands (voir p. 213) d'où les ENGLESQUEVILLE (Calvados, SM, Marne) et ANGLESQUEVILLE (SM). En revanche, ESCOSSE (Ariège) et ESCOT (PA, HP) doivent être bien postérieurs, et dater de la guerre de Cent Ans.

D'autre part, ENGLEFONTAINE (Nord), qui s'appelait au XIIe siècle **Engeleri Fonte** et vient d'un anthroponyme germanique, n'a rien à voir avec les sujets de sa gracieuse majesté britannique. Le fait qu'il y ait sur le territoire de la commune une fontaine, considérée longtemps comme miraculeuse, dédiée à Saint Georges, et qu'elle soit la seule de la région dans ce cas, a pourtant donné lieu à cette légende : les Anglais traversaient le pays ; ils avaient soif. Ils adressèrent une prière à leur patron Saint Georges. Le saint à la belle monture, comme on l'appelait au Moyen Âge, leur apparut, tout nimbé de clarté céleste ; son cheval toucha le sol de son sabot, et fit jaillir la fontaine.

Il faut enfin signaler le cas étrange de malheureux Gallo-Romains devenus étrangers dans leur propre pays. Quand les envahisseurs s'installaient en masse, ils appelaient les agglomérations où les autochtones tentaient de se maintenir *Village Romain,* soit **Romanisk,** avec leur suffixe **-isk,** d'où ROMANÈCHE (Ain, S&L). ROMANGE (Jura) doit procéder du même cas et remonter à une ancienne **Romania,** le *Pays Romain.*

Les noms germaniques

On a vu comment Francs, Burgondes et Wisigoths s'étaient partagé l'essentiel de notre pays.

Les vainqueurs, continuèrent longtemps à parler leur langue. Il faut attendre Hugues Capet (fin du xe siècle) pour trouver un roi de France dont on soit certain qu'il ait ignoré le germanique. Mais ils ne cherchèrent pas à l'imposer aux populations soumises ; ils étaient d'ailleurs trop peu nombreux pour pouvoir le faire.

La latin donc, ou ce qu'il est devenu et que l'on appelle plutôt le roman, s'est maintenu, mais il a assimilé une partie du vocabulaire des vainqueurs, et nous l'a transmise. Il est donc parfaitement normal que l'on retrouve des termes germaniques à l'origine de toponymes français. Toutefois, dans les régions situées au Nord et à l'Est de la Gaule, à proximité de leurs pays d'origine, les envahisseurs s'installèrent en plus grand nombre et constituèrent l'essentiel de la population. Le latin y disparut. Le « francique ripuaire » (c'est-à-dire le rhénan) fut la langue de la Lorraine ; le parler des Alamans fut celle de l'Alsace ; la langue de Clovis et des Francs Saliens fut celle de la Flandre. Cela explique la très forte concentration de toponymes d'origine germaniques dans ces régions.

Attention : les noms germaniques cités dans les pages suivantes sont hétérogènes. Ils peuvent appartenir :

— à l'allemand moderne, quand les toponymes qui leur correspondent sont interprétables en cette langue, soit parce qu'ils ont été créés à une époque récente, soit parce qu'ils ont évolué de la même façon que le nom commun correspondant ;

— à l'un des dialectes germaniques employés par les envahisseurs ou leurs descendants : ils peuvent être connus par les documents anciens, ou bien reconstitués d'après les lois de la phonétique.

Dans le premier cas nous indiquons (all.). Dans le second cas nous ne tentons pas de préciser le dialecte d'origine, mais signalons, quand c'est possible, le terme allemand ou anglais moderne qui est le plus proche du nom cité.

La nature

L'espace

Land (all.), *pays*, explique HIRSCHLAND (BR) avec **hirsch** (all.), *cerf*, FLAXLANDEN (HR) avec **flach** (all.), *plat*, ou peut-être **flachs** (all.), *lin*, ainsi que LANGATTE (Moselle), avec un second élément obscur.

Marka, *limite* ou *terrain* (all. *Mark*, borne, territoire), nous a légué LAMARCHE (Vosges, CdO), LAMARQUE (Gironde, HP), (LES) MARCHES (Savoie, Drôme), peut-être MARQUAY (Dordogne), en tout cas MARQUES (SM), MARCQ-EN-BARŒUL (Nord), MARQUÉGLISE (Oise), et POMMARD (CdO), avec **pul,** *mare* (angl. *pool*). Passé en français, **marka** a donné le diminutif **margelle,** *limite*, que l'on retrouve à LAMARGELLE (CdO, HM). En gascon, **marcarie** désigne un quartier ou domaine aux confins de la commune, et a donné MARQUERIE (HP).

Statt (all.), *endroit*, a donné STETTEN (HR), ALTENSTADT (BR) avec **alt** (all.), *vieux*, ou encore HOCHSTATT (HR), ou HOCHSTETT (BR) avec **hoch** (all.), qui peut avoir ici le sens de *haut* ou d'*ancien*. Enfin, SÉLESTAT (BR) comporte un premier élément difficile à interpréter.

Winkel (all.), *coin*, a donné WINKEL (HR) et WINGLES (PdC).

Les hauteurs

Berg (all.), *montagne*, se trouve tel quel à BERG (Moselle, BR), ou, en composition avec **licht** (all.), *lumière*, à LICHTENBERG (BR). Le nom serait dû à des feux follets, flammèches bleues qui, par temps d'orage, voletaient sur les girouettes du château et les hallebardes des soldats. Avec **heilig** (all.), *sacré*, on trouve HEILIGENBERG (BR) ; avec **Kayser** (all.), mot issu du latin **Caesar** et signifiant *empereur*, KAYSERSBERG (HR).

Dans les régions de langue romane, **berg** s'est romanisé en BERGUES (Nord, Aisne), BARQUES (SM), BARC et BARQUET (Eure).

First (all.), *sommet,* s'est confondu avec le latin **fastigium,** de même sens, pour donner l'ancien français *feste,* puis le français moderne *faîte. Feste* est à l'origine de FESTIEUX (Somme) et de LA FÊTE (CdO).

Halde (all.), *versant,* est à l'origine de WESTHALTEN (HR), avec **west** (all.), *ouest.*

Hoh (all.), *haut,* est précédé d'un anthroponyme scandinave à QUETTEHOU (Manche).

Hornja, *pointe de terre,* (all. *Horn,* corne), est à l'origine de LA HORGNE (Ardennes, Meuse).

Hrampo, *courbé, crochu* (all. *Krampe,* crampon), explique RAMPIEUX (Dordogne) et RAMPOUX (Lot).

Spitze (all.), *pointe,* est représenté par GEISPITZEN (HR), avec un anthroponyme.

Stein (all.), *pierre,* se trouve dans HEILIGENSTEIN (BR) avec **heilig** (all.), *sacré,* et dans ERSTEIN (BR) avec l'anthroponyme **Ero.**

Stein, comme les dérivés de son équivalent latin *rocca,* (voir p. 259) désigne assez souvent un château sur une hauteur ; c'est le cas FREUNDSTEIN (HR), *le Rocher de l'Ami,* avec **freund** (all.), *ami,* qui serait un château hanté, à l'histoire assez sinistre, malgré son nom :

Un comte de Géraldseck s'était violemment épris de la fille unique du comte de Freundstein. Repoussé, le soudard décida de recourir à la force. Il rameuta ses troupes, assiégea le château, prit de court la garnison, l'écrasa, traversa rayonnant le pont-levis. Il tenait sa vengeance. Alors le comte de Freundstein, saisi par le désespoir, prit sa fille dans ses bras, sur son cheval, et lança l'animal dans le vide.

On raconte que, la nuit, parfois, un fracas de sabots se fait entendre : le comte de Geraldseck poursuit encore et toujours, par-delà la mort, ceux qui lui ont ainsi échappé.

Les creux et les vallées

Kumme (all.), *écuelle,* donne COUME (Moselle).

Tal (all.), *vallée,* se retrouve à DASLE (Doubs). Dans DIEUPENTALE (T&G), DIEPPEDALLE (SM), et DIEFFENTHAL (BP), on a en premier élément l'adjectif **deop,** *profond* (angl. *deep*), qui, à lui seul, a donné DIEPPE (SM).

Les sols

Frost (all.), *gelée,* désigne des terres froides à FROTEY (HS).

Lehm (all.), *argile,* se retrouve à LEYMEN (HR).

Sand (all.), *sable,* apparaît tel quel à SAND (BR). A SANGATTE, il est associé à **gate,** *passage,* (cf. anglais *gate,* porte), tandis qu'à WISSANT (PdC) il est précédé de **weit,** *blanc* (all. *weis),* et qu'à SANVIC (SM) il est suivi du scandinave **vik,** *anse.*

Les eaux

Awi, au, auja ou **auwa,** *terrain humide,* se trouve en fin de mot dans un grand nombre de noms alsaciens : HAGUENAU (BR), avec un anthroponyme ; RHINAU (BR), avec le nom du

Rhin ; ESCHAU (BR) avec **Esche** (all.), *frêne ;* ROTHAU (BR) avec **rot** (all.), *rouge ;* BREITENAU (BR) avec **breit** (all.), *large ;* SCHOENAU (BR) avec **schoen** (all.), *beau.*

Dans les régions de langue romane, on croit reconnaître cet élément à VALDOIE (Belfort), ancien **Vadauja,** auquel s'est ajouté un L par confusion avec *val* (la première partie du mot serait le latin **vadum,** *gué*). On explique également VAROIS (CdO) par un ancien **Waterau,** avec **water,** *eau* (all. *Wasser*). DEAUVILLE (Calvados) résulterait, après agglutination de la préposition *de,* d'un ancien **Eauville** dont le premier élément serait **auwa.** Plus clair est l'étymologie de SOARCE (Belfort), ancien **Schwarzau,** avec **schwarz** (all.), *noir.*

Baki, *ruisseau* (all. *Bach*), a été productif en noms alsaciens se terminant en -BACH. Une homonyme de l'épouse d'Odin, **Rindr,** explique RIMBACH (HR). **Dürr** (all.), *sec,* explique DURRENBACH (HR) ; **klein** (all.), *petit,* CLIMBACH (BR) ; **tief** (all.), *profond* (voir p. 181 à DIEPPE), DIEFFENBACH (Moselle).

Avec **föhre** (all.), *épicéa,* on a FORBACH (Moselle). Avec **wallen** (all.), *bouillonner,* on a WAHLBACH (HR)... Mais on trouve aussi, en dehors des régions germanophones, des formes romanisées : ainsi FLABAS (Meuse), construit à partir de l'anthroponyme germanique **Flad.** Avec un premier élément peu clair, on a en Allemagne plusieurs *Wambach* auxquels correspondent WAMBAIX (Nord), WAMBEZ (Oise), GAMBAIS (Yvelines). Il faut d'autre part supposer une forme **Rollobakia,** avec l'anthroponyme **Rollo,** pour expliquer ROLLEBOISE (Yvelines). Dans la partie romanophone du Haut-Rhin, l'élément **-baki** devient presque imperceptible. ETEIMBES (HR) est un ancien **Steinbach,** le *Ruisseau aux Pierres,* parallèle de STEENBECQUE (Nord). De même, ROTHBACH (BR), le *Ruisseau Rouge,* avec **rot** (all.), *rouge,* est devenu ROPE (HR), tandis que SOPPE (HR) est l'équivalent de SOULTZBACH (HR) et de SOLBACH (BR), le *Ruisseau salé,* avec **sulze** (all.), *saumure.*

Soultzbach doit son nom à une source donnant une eau qui était fort réputée au XVIIIe siècle. On venait de toute l'Alsace, et même d'ailleurs, pour y prendre des bains. La légende veut que ce soit un vacher qui l'ait découverte. Au milieu de son troupeau, il avait remarqué une bête dont la taille dépassait celle des autres, et dont le poil était particulièrement luisant. Un jour, il la suivit alors qu'elle s'enfonçait dans la forêt, et la vit lécher des cailloux, entre lesquels jaillissait une source. Il goûta l'eau, il l'apprécia, il en parla. On s'installa près de la source, et un village naquit...

D'anciens **Rossbaki,** *Ruisseau du Cheval,* avec **ross** (all.), *cheval,* sont devenus ROUBAIX (Nord), REBAIS (S&M), REBETS (SM), REBETZ (Oise), REBECQUES et ROBECQ (PdC), ainsi que REBAY (Luxembourg). Tous ces noms sont frères de celui de la ville de *Rossbach* en Allemagne.

Bronn, *source,* (all. *Brunnen*) se retrouve à la fin de plusieurs noms alsaciens, en particulier dans NIEDERBRONN (BR), la *Source d'en bas,* avec **nieder** (all.), *en bas.* Il apparaît sous des formes voisines à STEINBRUNN (BR) avec **stein** (all.), *pierre,* THIEMBRONNE (PdC) avec **teen** (flamand), *osier,* et jusqu'en Charente à FOUQUEBRUNE, avec l'anthroponyme **Foulque.** Dans le Nord de la France, le mot a pris la forme **born,** sans doute par contamination avec un terme pré-celtique **borna** (voir p. 22), d'où BETTBORN (Moselle) avec un anthroponyme, et aussi BORRE (Nord) et LISBOURG (PdC), ancien **Lisbourn,** situé à la source de la Lys.

Bruch (all.), *marécage,* est à l'origine de BREUCHES (HS), BROUCK (Moselle), et HAZEBROUCK (Nord), avec **hase** (all.), *lièvre;* de WEITBRUCH (BR) avec **weit** (all.), *large* mais aussi de BROXEELE (Nord), avec **saal,** voir p. 197, et de son parallèle plus connu BRUXELLES (Belgique).

Dijk (ancien néerlandais), *digue,* est à l'origine de MARDYCK (Nord) avec **mara,** *pièce d'eau.*

Dung (all.), *fumier,* avait sans doute jadis le sens d'*endroit humide.* Le mot est à l'origine d'AVERDOINGT (PdC), avec un anthroponyme.

Fani, *boue,* explique FAINS (Meuse), ainsi que PLAINFAING (Vosges) avec le latin **planum,** *plat,* et VILLEFAGNAN (Charente) avec **villa** (voir p. 152).

Furt (all.), *gué,* a donné, avec le nom de la rivière Ill, ILLFURTH (HR); avec **stein** (all.), *pierre,* STEENWOORD (Nord); et avec un anthroponyme HARDIFORT (Nord).

Gemünde (all.), *embouchure* ou *confluent,* explique SARREGUEMINES (Moselle), au confluent de la Sarre et de la Blies. Avec la forme non préfixée **mund** (all.), *bouche,* on a DEULÉMONT (Nord) au confluent de la Deule et de la Lys.

Marisk, *marais,* dérivé de **mara,** *pièce d'eau* (cf. all. *Meer*), a donné en ancien français *maresc,* devenu *marais.* Ces formes expliquent LE MARAIS (Calvados, Eure), mais aussi MARAC (HM), MARAST (HS), LES MARATS (Meuse), MARAULT (HM), MAREST (Oise, PdC, Aisne), (LES) MARETS (Nord, S & M), MARESCHES (Nord). Avec un diminutif on a MARISSEL (Oise); le même diminutif, associé à *cave* (= *grotte*, voir p. 104), donne MARCELCAVE (Somme).

On ne peut rattacher directement à **marisk** les noms issus d'un bas-latin **mercasium,** *marais;* mais il est probable que ce terme était la transcription d'un mot germanique de la même famille que **marisk.** De **mercasium** dépendent MARCHAIS (Aisne, Yonne), MARQUAIX (Somme), ainsi que les formes suffixées MARCHEZAIX (E & L), ou MARCHESEUIL (CdO), ce dernier du diminutif **mercasolium,** ou des formes composées, comme MARCHENOIR (L & C) avec l'adjectif *noir*.

Mot, *boue* (cf. anglais *mud*), a pu donner MOOS et MOOSCH (HR), à moins que ces noms ne puissent s'expliquer par **moos** (all.), *mousse*.

Strom (all.), *cours d'eau,* est à l'origine d'ÉTRUN (Nord, PdC) et ÉTROEUNGT (Nord).

Suppa, *endroit détrempé* (cf. all. *Suppe,* qui nous a donné *soupe*), explique, semble-t-il, SOUPPES (S & M).

Water, *eau* (all. *Wasser*), a donné WARLUIS (Oise) et WARLUS (PdC), probablement avec le latin **lucus,** *bois,* voir p. 134.

Weiher (all.) *étang,* en composition avec **Pfalz,** nom allemand du Palatinat, a donné PFALZWEYER (BR).

Enfin **werder** (all.), *îlot de rivière,* explique SARREWERDEN (BR).

La végétation

Bort, *lisière,* a donné le nom commun *bord,* mais aussi BOURTHES (PdC).

Brota est une forme reconstituée permettant d'expliquer des vocables régionaux désignant les fourrés bordant les cours d'eau. On y rattache BROTTE(S) (HS, HM) et BROUT (Allier) ainsi que divers dérivés, comme BROUTHIÈRES

(HM), BRUTELLES (Somme), BROUÉ (E&L), BROZE (Tarn), LES BROUZILS (Vendée).

Hart, *forêt de montagne,* est associé à un anthroponyme à EGUELSHARDT (Moselle) et au nom germanique de l'église à HARTKIRCHEN (BR).

Holz (all.), *bois,* donne, avec des anthroponymes variés, aussi bien BICKENHOLZ (Moselle) et HAROL (Vosges), que WORMHOUDT (Nord) ou AVROULT (PdC). Les déformations peuvent être considérables. **Eschenholz** (all.), *bois de frênes,* est l'équivalent d'AQUENOVE (HM), qui au XIIe siècle s'appelait **Esconhout.**

Lar, lari, *lande, clairière,* a donné, avec des premiers éléments plus ou moins clairs, MAFFLIERS (Essonne), BOUFFLERS (Somme), CANLERS (PdC), et le couple MOUFLERS et MOUFLIÈRES (Somme), peut-être avec **muff** (all.), *moisi.* OXELAERE (Nord) est fait avec **ochs** (all.), *bœuf.*

Le nom d'Oxelaere qui se prononce « Oxeloure » est expliqué par une légende locale, celle de Reuze Papa et Reuze Maman, liée aux fêtes du village voisin, Cassel. Il s'agit de deux géants, qui, pour combler un ravin, durent un jour transporter une immense motte de terre. Au milieu de la Flandre, Reuze Maman s'exclama « Oh que c'est lourd ! » et lâcha la motte, qui constitue le mont Cassel, point culminant (!) de la Flandre.

Loh, vieux mot germanique, semble avoir signifié *bois,* ou peut-être simplement *lieu.* On lui doit LOOS (Nord, PdC), HAUT-LOQUIN (PdC), avec un diminutif régional typique, et, avec **water,** *eau,* WATTRELOS (Nord) ainsi, bien sûr, que WATERLOO (Belgique).

Matte (all.), *prairie,* explique URMATT (BR) avec un anthroponyme, ainsi que SOULTZMATT (HR), la *Prairie salée,* avec **sulze** (all.), *saumure.*

Sträuche (all.), *broussailles,* est à rapprocher de STRUETH (HR) et STRUTH (BR).

Thresk, *terrain inculte,* est à l'origine de TREIX (HM), TRESQUES (Gard), de TRESLON (Marne), avec l'adjectif *long,* et peut-être de TRESCHENU (Drôme), avec l'adjectif *nu.* Le mot a donné en ancien français le nom commun **trie,** *jachère,* d'où TRIE (Oise), TRILPORT (S & M), TRIEL (Yvelines), TRIEUX (M & M).

Wald (all.), *forêt,* se voit dans LE HOHWALD, la *Forêt Haute* (BR), et dans MIRVAUX (Somme), et MURVAUX (Meuse), avec l'ancien français **mirer,** *regarder.*

Wiese (all.), *prairie,* donne seul WUISSE (Moselle) et, en composition, WALDWISSE (Moselle) avec **wald,** *forêt,* METZERWISSE (Moselle) avec le nom de la ville de Metz, WISEMBACH (Vosges) avec **bach** (voir p. 182).

D'autres toponymes proviennent d'un nom particulier d'arbre ou de plante.

Apuldr, *pommier* (all. *Apfelbaum*), explique AVOUDREY (Doubs) et LE VEURDRE (Allier).

Ask, *frêne* (all. *Esche*), a donné ABSCON (Nord), ACON (Eure), ACQ (PdD), ACHEN (Moselle), METZERESCHE (Moselle), le *Frêne de Metz,* etc.

Eiche (all.), *chêne,* explique ECQUES (PdD) et EECKE (Nord).

Hasel (all.), *noisetier,* est à l'origine de NIEDERHASLACH (BR) avec **nieder** (all.), *en bas,* ainsi que de HALLOY (PdC, Oise, Somme), et de LA HALLOTIÈRE (SM).

Hulis, *houx,* a donné HILSPRICH (Moselle), avec un second élément obscur. C'est de ce mot que provient le français *houx,* lui-même à l'origine de HOUCHAIN (PdC) et LA HOUSSAYE (SM).

Linde (all.), *tilleul,* est à l'origine de LINDRE (Moselle) et LYNDE (Nord).

Rohr (all.), *roseau,* a produit RO(H)RBACH (Moselle), avec **bach** (voir p. 182), et ROHRWILLER (BR), avec **willer** (voir p. 193).

L'ancien nom germanique du roseau était **raus,** qui a donné en ancien français *ros* (puis son diminutif *rosel*). C'est **ros,** et non pas **rose** (du latin *rosa*), qu'il faut retrouver dans ROSAY (Eure, Jura, Marne, etc.), ROSULT (Nord), ROSSAY (Vienne), ROUSSELOY (Oise), ROUCEUX (Vosges), LA ROUSSIÈRE (LA), ROZELIEURES (M & M) ou ROUZÈDE (Charente).

Tanne (all.), *sapin,* a donné THANN (HR).

La légende veut qu'à la veille de sa mort, Théobald, l'évêque de Gubbio, en Italie, ait chargé son fidèle serviteur Frédéric de rentrer en Alsace avec son anneau épiscopal. Le serviteur ne put retirer l'anneau : le doigt vint avec, blanc et dur comme du marbre. Il emporta le tout dans la poignée de sa canne, traversa la Lombardie, les Alpes, la Suisse, parvint enfin dans son pays natal, s'étendit sous un sapin, rêva que son maître lui ordonnait de rester là. Au réveil, la canne était collée à l'arbre. Il ne put la détacher, cria au miracle, alerta les habitants des villages voisins. Le châtelain d'Engelbourg, de sa tour, vit trois feux briller au sommet du sapin, et se transporta sur les lieux du double miracle. Là, il jura de construire une chapelle. Un miracle, le quatrième, si l'on compte bien, se produisit alors : le doigt redevint comme vivant, et l'anneau se mit à briller d'une lueur surnaturelle. Tant de miracles à l'ombre du même sapin attirèrent des habitants, et un village naquit, qui existe encore aujourd'hui.

La faune

Les noms d'animaux ont été assez peu productifs. Citons **Dam** (all.), *daim,* qui a pu donner DAMBACH (BR) avec **bach** (voir p. 182) ; **Eber** (all.), *sanglier,* qui a donné HYÈVRE (Doubs) et EBERSHEIM (BR), le *Village du Sanglier,* avec **heim** (voir p. 196).

Ce village, dit-on, doit son nom au bon roi Dagobert. Le fils du monarque, Sigisbert, chassait le sanglier dans les environs. Il fit une chute. Son pied se prit dans l'étrier. Il fut traîné à terre par le cheval, à moitié assommé. Un sanglier, voyant cela, entreprit de venger ses congénères et l'attaqua. La blessure aurait dû être mortelle. Quand on ramena le malheureux jeune homme au roi son père, celui-ci fit venir Arbogast, évêque de Strasbourg, qui pria, pria, et pria encore. Dieu exauça sa prière et Sigisbert guérit. Dagobert fonda un couvent et un village là où son fils avait été blessé, et leur donna un nom rappelant l'accident.

Meise (all.), *mésange,* a donné MEISENTHAL (Moselle) avec **tal** (all.), *vallée.* **Salm** (all.), *saumon,* explique SALMBACH (BR), avec **bach** (all.), *ruisseau;* **schnecke** (all.), *limace,* SCHNECKENBUSCH (Moselle) avec **busch** (all.), *buisson;* **specht** (all.), *pic-vert,* SPECHBACH (HR); **taube** (all.), *pigeon,* DAUBENSAND (BR) avec **sand** (all.), *sable.*

Les noms des conquérants

Les envahisseurs germaniques se sont substitués aux propriétaires gallo-romains ; leurs noms ont pu être utilisés pour désigner les domaines qu'ils venaient de s'approprier.

Le nom du domaine, puis du village, est parfois, purement et simplement, celui du nouveau ou de la nouvelle propriétaire barbare.

Ainsi **Araward,** devenu ALLEVARD (Isère) ; **Bettun,** devenu BÉTHUNE (PdC) ; **Beron,** devenu BRON (Rhône) ; **Amaldana,** devenu MODANE (Savoie), en dépit de la pieuse étymologie médiévale faisant remonter le nom à *Amo Dominam,* « J'aime Notre-Dame » ; **Sittin,** devenu STAINS (SSD) ; **Warnon,** devenu VERNON (Eure) ; **Wulshari,** devenu VOUZIERS (Ardennes) ; **Isingald,** devenu YSSINGEAUX (HL), etc.

Parfois, le domaine fut baptisé par un dérivé germanique du nom du propriétaire, réalisé au moyen du suffixe **-ing,** ou plutôt **-ingen.** Cette procédure a fourni un très grand nombre de toponymes. **-Ingen** a donné en français des terminaisons diverses, en raison des différentes prononciations des peuples germaniques. Dans le Nord de la France (zone des Francs Saliens), **-ingen** a donné -INGUE comme à AFFRINGUES (PdC) d'après **Alfred,** PEUPLINGUES (PdC) d'après **Popilo,** WULVERDINGHE (Nord) d'après **Wulfrad,** etc. Avec une légère transformation, on a GRAVELINES (Nord), ancienne **Gravenine,** d'après **Grawin.**

En Lorraine, au Luxembourg, et à l'Est de la Belgique (zone des Francs Ripuaires), **-ingen** a donné de nombreux noms en -ANGE : BERTRANGE (Luxembourg) vient de **Bertringen,** d'après **Berthari** (nom fréquemment porté, qui a donné le nom de famille *Berthier*) ; FENÉTRANGE (Moselle) vient de **Filistingen,** d'après le nom de femme **Filista.** HAGONDANGE (Moselle) vient de **Ingoldingen,** d'après **Ingold** ; PUTTELANGE (Moselle) de **Putilingen,** d'après **Putilo** ; REDANGE (Luxembourg) de **Radingen,** d'après **Rado,** etc.

En Bourgogne, Franche-Comté, Savoie et Dauphiné (zone burgonde), **-ingen** a donné -ANS, comme à LOUHANS (S&L), ancien **Lovingen** (**Hlodwigingen,** de **Hlodwig,**

Louis, avec contraction ?) ; à MERVANS (S & L), ancien **Mervingen** (**Merowigingen,** de **Merowig,** *Mérovée,* avec contraction ?). ORNANS (Doubs), célèbre par l'enterrement qu'y peignit Courbet, est un ancien **Orningen,** d'après **Orno.**

Dans le Sud-Ouest de la France (zone wisigothique), **-ingen** a donné -ENS dans quelques noms de lieux comme ESCATALENS (T & G), ancien **Scatalingen** (le nom d'origine est imprécis) ; peut-être aussi ESCALQUENS (HG), qui peut remonter à un gothique **skalk,** *serviteur.* Il faut savoir cependant que, dans cette région, beaucoup de noms en -ENS proviennent de noms latins en **-entius** : ainsi MAURENS (Dordogne, HG, Gers, Tarn), issu de **Maurentius.**

Pour en finir avec ce suffixe **-ingen,** il faut noter qu'il a pu être ajouté à des noms de Gallo-Romains, restés propriétaires de leur domaine : **Bettius** a ainsi donné BESSANS (Savoie) et BESSENS (T & G) ; **Ursus** (*l'Ours*) a donné ORSANS (Doubs), etc.

Un certain nombre de domaines ont été baptisés par les Gallo-Romains, qui ont ajouté au nom du nouveau propriétaire un suffixe de leur langue. Ainsi le domaine de **Thorkun** a été appelé **Thorcunium,** d'où TOURCOING (Nord), et celui de **Malbold, Malboldia,** d'où MAUBEUGE (Nord).

Le suffixe **-(i)acum** a été largement mis à contribution. **Annarik** a donné son nom à **Annariciacum,** d'où ANNECY (HSav.) ; **Hatton** à **Attoniacum** d'où ATTIGNY (Ardennes) ; **Albert** à **Albertiacum,** d'où **Aubrissay,** devenu BRISSAY (Aisne) par fausse coupe ; **Waldon** a engendré **Waldonacum,** d'où GANNAT (Allier).

Citons encore **Walismo,** qui a donné **Walismacum,** d'où VALMY (Marne). Enfin, le suffixe a pu prendre la forme **-iacas,** comme à LANDRECIES, fait d'après **Landrik** (qui a par ailleurs donné l'ancien prénom Landry), ou comme à MECQUIGNIES (Nord), fait d'après **Makkon,** ou WATTIGNIES (Nord), fait d'après **Watton.**

Dans le Nord, le vieux mot *mékenne* ou *méquenne* était encore employé, au début du siècle, au sens de *servante.* C'est un dérivé de l'arabe *miskin,* qui est à l'origine de notre adjectif *mesquin* mais qui désignait, lorsque les croisés le rapportèrent de Terre Sainte, une jeune esclave... On a voulu faire dériver Mecquignies de *méquenne.* On raconta qu'un prêtre, n'ayant pas trouvé de bonne, fit venir dans son village une fille de Mecquignies. Elle fit merveille. Les curés des alentours, émerveillés, coururent chercher d'aussi bonnes, d'aussi attentives, d'aussi honnêtes servantes dans le même lieu. Ils n'eurent qu'à s'en féliciter, et Mecquignies conserva longtemps la réputation de produire de remarquables gouvernantes — comme tel village produit de bons vins et tel autre d'excellents fromages.

Mais la procédure la plus fréquemment utilisée a consisté à appeler le village le *Domaine de Untel* en utilisant les noms latins **cortis** (voir p. 147) et **villa** (voir p. 152), signifiant *domaine*. Parmi la multitude de noms formés avec **cortis** et actuellement terminés en -COURT, citons seulement AZINCOURT (PdC), avec **Aizon,** et BILLANCOURT (HdS), avec **Billon.** Dans quelques cas, *court* est en première position, par exemple à COHAN (Aisne), ancien **Cortis Hagon,** ou à COURTÉMONT (Aisne), ancien **Cortis Haimon.** Il s'agit manifestement de formes plus tardives.

De même, parmi les dizaines de noms composés au moyen du nom d'un propriétaire germanique et de **villa,** on nous pardonnera de ne citer que STAINVILLE (Meuse), avec **Sittin** (cf. STAINS, p. 189), et THIONVILLE (Moselle), avec **Theudon.**

Il convient de citer ici une série de noms qui semblent être nés au ve siècle, à l'époque où les conquêtes germaniques engendraient force remaniements de biens fonciers. Il se **créa alors de nouveaux domaines. Certains furent appelés,** en bon latin, **Nova Villa,** ce qui a donné NEULLES (CM) et son diminutif NEULETTE (PdC). D'autres furent baptisés mi-germains, mi-latins, avec l'adjectif germanique **niw,** *nouveau* (cf. anglais *new*). **Niwa Villa** a pu donner NIVELLE(S) (Nord), NIELLES (PdC), et NESLE(S) (Somme, CdO, etc.), nom dans lequel le S central n'a jamais été prononcé et

sert à marquer l'allongement du E qui précède. Mais on s'explique mal les NOYELLE(S) (Nord, PdC, Somme), qui remontent apparemment à une forme **Nigella**, dépourvue d'étymologie claire.

Jean de Montmorency, seigneur de Nivelle, est de ces inconnus célèbres dont chacun connaît le nom, sans savoir de qui il s'agit... Réputé pour sa fidélité à la couronne de France, il était affligé de deux fils qui prirent les armes contre Louis XI, en 1454, lors de la « Ligue du Bien Public ». Il les somma de rentrer dans le droit chemin. L'aîné, qui s'appelait lui aussi Jean, refusa et le gifla. Son père, furieux, le traita publiquement de chien, le déshérita, le fit citer devant le Parlement. L'autre refusa d'être jugé, et s'enfuit. De là, l'expression « ressembler à ce chien de Jean de Nivelle, qui s'enfuit quand on l'appelle ». L'origine de l'expression fut oubliée et l'on crut que le chien était un vrai chien.

Enfin, les conquérants ont également adopté le mot **villare,** *hameau* (voir p. 154), qui a pu être conservé dans des régions devenues germanophones sous les formes -WILLER ou -WI(H)R. GUEBWILLER (HR) fut le domaine d'un maître nommé **Gebo. Radbaldswiller** a été, depuis, francisé en RIBEAUVILLÉ (HR), à la différence de FORTSCHWIR (HR) d'après **Fulkrad,** HUNAWIHR (HR) d'après **Hunna,** RIQUEWIHR (HR) d'après **Rikko.**

Cour et *ville* ne sont pas les seuls noms communs susceptibles d'être associés à un anthroponyme germanique. Nous en avons déjà évoqué un nombre important. Ajoutons celui de *fontaine*. La famille des **Bliaud** (anciennement **Blitwald**) possédait en forêt de Bière un domaine où elle résidait auprès d'une fontaine. L'endroit fut appelé **Fontaine Bliaud,** puis FONTAINEBLEAU (S & M).

Le nom de *Fontainebleaudiens* est, pour les habitants de cette ville, le seul qui repose sur une étymologie exacte. Certains préfèrent conserver l'appellation traditionnelle de *Bellifontains,* continuant peut-être à penser que le nom de la ville est dû à une *fontaine-belle-eau*. Le grand promoteur de Fontainebleau, François 1er, avait fait construire dans les jardins du palais une grotte sur le plafond de laquelle le peintre italien le Primatice avait représenté la découverte mythologique, par un chien d'une meute royale, de la Fontaine-Belle-Eau gardée par une nymphe. La fresque a disparu avec la grotte, mais une copie en est encore visible dans une galerie du palais. La légende qui court à son sujet montre comment la réalité tente péniblement de se frayer la voie à travers la fiction. La peinture est bien censée représenter la Fontaine-Belle-Eau, mais le chien qui la découvre porte le nom de Bliaud !

Habitations et constructions

De nombreux toponymes correspondent à des mots germaniques signifiant *maison* ou *village*.

Bauer (all.), *petite maison,* aujourd'hui *cage,* peut expliquer BEURE (Doubs), BEUX (Moselle), BEYREN (Moselle), BŒURS (Yonne), BOURBACH (HR).

Une forme voisine **bur,** de même sens, a donné en ancien français les mots **bur** et **bure,** d'où BURE(S) (CdO, Calvados, Meuse, etc.), BURELLES (Aisne), BURIE (CM). Il faut toutefois tenir compte de l'existence en ancien français d'un mot **buire,** signifiant *écluse,* qui doit expliquer BUIRE (Aisne, PdC, Somme). Ce mot pouvait aussi apparaître sous la forme *bure.* Son origine est inconnue ; elle pourrait être gauloise, ce qui autoriserait à interpréter BURNAND (S & L) comme l'*Écluse de la Vallée,* avec **nanto,** *vallée* (voir p. 45).

Bord, *cabane en planches* (cf. anglais *board,* planche), a donné en ancien français le nom commun **borde,** *petite maison,* d'où le diminutif **bordel,** dont le sens actuel, apparu dès le XIIe siècle, ne s'est imposé qu'au XVIe. Auparavant, le mot avait produit des toponymes, dont un grand nombre de LA (LES) BORDE(S), avec des variantes comme LASBORDES (Aude)... Correspondent au diminutif **bordel** les noms BORDEAUX (Loiret, SM), BOURDEAU(X) (Savoie, Drôme), BOURDELLES (Dordogne). D'autres suffixes apparaissent à BOURDALAT (Landes), BOURDON(S) (Somme, HM), BOURDIC (Gard).

Attention : BORDEAUX (Gironde) a une origine toute différente : voir p. 27.

Burg (all.), *place-forte, ville,* a donné STRASBOURG (BR), *Ville de la Route,* avec **strasse,** *route,* emprunté par les Germains au latin **strata** (voir p. 138) ; FRIBOURG (Moselle), *Ville libre,* avec **frei** (all.), *libre ;* CLEEBOURG (BR), avec **klee** (all.), *trèfle ;* SARREBOURG (Moselle), avec **Sarre,** nom de rivière ; et WISSEMBOURG (BR), avec l'anthroponyme **Wison** (ou peut-être avec **wiese,** *prairie,* voir p. 186).

Strasbourg a pour armes un écu d'argent, peut-être en souvenir de son nom gaulois, Argentorate. Cet écu est traversé par une bande rouge, dont on a fait le symbole du sang versé par les Strasbourgeois pour assurer leur indépendance. On en a fait aussi un souvenir des invasions. La ville a été maintes fois traversée, pillée, ravagée : sa *route* est celle des envahisseurs. On dit même qu'Attila, après avoir pris la ville, ordonna qu'une route de sang soit tracée en son milieu. C'est cet épisode qui serait rappelé par le blason de la cité...

En fait, il est probable que ce blason ne fait que reproduire, en inversant les couleurs, les armes des évêques de la ville. Il serait imprudent de lui chercher un sens symbolique trop précis.

Burg a été romanisé de différentes façons : BORCQ (DS), BORGO (Corse), BOURCQ (Ardennes). Mais, d'une façon générale, la forme du mot change peu. En gascon, même, il s'écrit comme en allemand : BURG (HP). Le français a emprunté au germanique le nom commun *bourg*, devenu nom propre dans de nombreux BOURG, dont BOURG-EN-BRESSE (Ain). Associé au nom du seigneur du lieu, il donne, par exemple, BOURGTHEROULDE (Eure), avec **Turold.**

On trouve également quelques diminutifs : LE BOURGET (SSD, Jura, Savoie); LE BOURGET-EN-L'HUILE (Savoie), où HUILE correspond au dialectal **uille,** *aiguille ;* BURGILLE (Doubs). BOURGANEUF (Creuse) est un ancien **Bourguet Neuf.**

Enfin, CHERBOURG (Manche) est volontiers expliqué par **Cariburg,** avec un anthroponyme germanique. Il se pourrait que ce soit en fait la traduction en germanique du gallo-romain **Coriovallum. Corio,** *armée* en gaulois, a été traduit par **hari,** *armée* en germanique, et **vallum,** *fortification* en latin, par **burg.** D'où **Hariburg,** aboutissant normalement à *Cherbourg.*

Dorf (all.), *village,* est à l'origine de TORPES (Doubs) et de TRÉPOT (Doubs), ancien **Torpot ;** de noms alsaciens ou lorrains construits à partir d'un anthroponyme et terminés en -DORF, et de BROUDERDORFF (Moselle), *Village-Frère* (all. **bruder,** *frère),* construit en 1616 en remplacement d'une bourgade dévastée.

Fara, *famille, domaine,* a donné, dans le Sud, LA FARE (HA, BdR, Drôme) ou LAFA(R)RE (Ardèche, HL, Vaucluse) ; dans le Nord, (LA) FÈRE (Aisne, Marne) ou, avec un anthroponyme, FÈREBRIANGES (Marne).

Hafen (all.), *port,* est à l'origine de FÉCAMP (SM), le *Port au Poisson,* avec **fisk** (all. *Fisch,* poisson).

La légende veut que le nom de cette ville vienne de **Fici campus,** le *Champ du Figuier*. L'arbre figure dans les armes de la ville. Il ne s'agit pas de celui auquel Judas se pendit, mais de celui dans le tronc duquel vint, par mer, jusqu'en Normandie, une fiole contenant quelques gouttes du sang du Christ.

Ham et **heim** sont deux formes d'une racine germanique signifiant la *maison*, le *chez-soi*. **Heim** s'est conservé en allemand moderne et **ham** a donné en ancien français le diminutif *hamel,* d'où *hameau*. **Ham** se retrouve dans ÉTREHAM, ancien **Oesterham,** *Village* ou *Ferme de l'Est* et dans OUISTREHAM, ancien **Westerham,** *Village* ou *Ferme de l'Ouest,* tous deux dans le Calvados. On trouve d'autre part LE HAM (Calvados, Somme, Moselle), ou HAN(S) (Meuse, Moselle, Marne), HAMES (PdC), HAMEL (Nord, Oise, Somme, Eure), et HEM (Nord, Somme). Avec **berg** (voir p. 179), on a BREHAIN, ancien **Bergham** (Moselle, M&M).

Heim se retrouve dans les noms en -HEIM de la plaine d'Alsace, de ACHENHEIM (BR), avec l'anthroponyme **Askin,** équivalent exact de *Dufrêne,* à MOLSHEIM (BR), construit avec un anthroponyme inconnu.

En fin de nom, **heim** peut-être réduit à sa plus simple expression et devenir -EM ou -EN, comme à FIXEM (Moselle) avec **fuchs** (all.), *renard,* ou WOLFANTZEN (HR) avec **wolf** (all.), *loup,* et **fang** (all.), *piège*. Avec des anthroponymes, on a HERMELINGHEN (PdC), FROHEN (Somme). PIHEM (PdC) est fait avec **pit,** *puits*. On trouve enfin une forme francisée en -ON à CATTENOM (Moselle), et en -ONNE à WASSELONNE (BR) ; dans les deux cas, les premiers éléments sont des anthroponymes.

Herbergen, *abriter, loger,* a donné en français *héberger* et l'ancienne forme *heberge,* devenue *auberge*. Les villages nés à l'emplacement d'une auberge se nomment AUBERGENVILLE (Yvelines), L'ABERGEMENT (Ain, Doubs, CdO, etc.), ou LABERGEMENT (CdO), c'est-à-dire *l'hébergement*.

Haus (all.), *maison,* se retrouve avec un anthroponyme dans WILSHAUSEN (BR), avec le nom de la rivière Ill à ILLHAEUSERN (HR), et avec **neu** (all.), *nouveau,* à NEUHOEUSEL (BR). D'autre part, LA RIXOUSE (Jura) est composé avec un mot signifiant *scierie* dans le parler local.

Hof (all.), *cour, ferme,* a donné OSTOFFEN (BR) avec **ost** (all.) *est,* OFFEKERKE (PdC) avec **kirk** (voir p. 228).

Laubja, *hutte* (all. *Laube,* tonnelle), est à l'origine de LOYES et LOYETTES (Ain), ainsi que d'ÉLOYES (Vosges). On trouve aussi LES LAUBIES (Lozère), LA LAUPIE (Drôme), LALOBBE (Ardennes). D'autre part, **laubja** a fourni au français le nom commun *loge,* d'où de nombreux LA LOGE (PdC, Aube, Vendée), LES LOGES (Calvados, HM, Manche, etc.). A l'origine, ces noms désignaient en général des habitations forestières à partir desquelles s'étaient développées des agglomérations.

Saal (all.), jadis *grande maison,* aujourd'hui *salle,* a donné SAALES (BR), SALES (HS), SELLES (Eure, Marne, PdC, HS). Dans le département du Nord, cet élément a pris la forme -ZEELE, par exemple à BISSEZEELE et HERZEELE, avec des anthroponymes. Le nom commun *salle* nous vient de ce mot germanique. Au Moyen Âge, il était capable de désigner tout bâtiment pourvu d'une grande salle ouverte au public. D'où LA SALLE (HA, S&L, Vosges, etc.), LASALLE (Gard), les diminutifs LA SALETTE (Isère) et SA(L)LELLES (Ardèche, Aude, Lozère) et, au contraire, l'augmentatif SALON (BdR).

C'est à SALON-DE-PROVENCE (BdR), qu'a vu le jour Michel de Nostredame, médecin, apothicaire, auteur d'un *Traité des fardements* qui dissertait des teintures pour les cheveux et des philtres d'amour, d'innombrables opuscules d'astrologie, et des célèbres prophéties, qui en ont fait le type achevé du mage ou du charlatan, et que l'on a interprétées de toutes les façons possibles. Il est vrai que leur imprécision permet de leur faire dire n'importe quoi... et qu'il est tentant d'oublier l'avertissement intitulé *Garantie rituelle contre les lecteurs ineptes,* dans lequel l'auteur écrit : « Que ceux qui liront ces vers réfléchissent longuement, que le profane vulgaire et ignorant n'en approche pas, que les astrologues, les sots, les barbares s'en tiennent éloignés. »

Stall (all.), *demeure,* aujourd'hui *étable,* nous a laissé ÉTALLES (Ardennes) et, avec des anthroponymes, MATTSTALL (BR), DURSTEL (BR), DURTAL (M&L), etc.

Tun, *cour, enclos,* (all. *zaun,* haie ; anglais *town,* ville) est marié à des anthroponymes à COTTUN (Calvados), AUDINCTHUN, ALINCTHUN et FRETHUN (PdC).

Ahla, *temple,* s'est combiné à **neu** (all.), *nouveau,* pour donner NEAUFLES (Eure), NEAUPHLE (Yvelines), NEAUPHE (Orne), NIAFLES (Mayenne), et à un élément peu clair à BOUAFLE(S) (Eure, Yvelines) et BOFFLES (PdC).

On ne sait si les sanctuaires ainsi désignés étaient chrétiens ou païens.

Skot, *poste militaire* (all. *Schutz*, défense) a laissé sa trace à ÉCOT(S) (Doubs, HM, Calvados), ÉCOS (Eure), ÉCOTAY (Loire), ÉCOUIS (Eure), ÉCOYEUX (CM). Il est associé à **villa** (voir p. 152) à VELLESCOT (Belfort), et à un anthroponyme à ULCOT (DS).

Waht ou **wahta,** *poste de veille* (all. *Wacht*, faction, garde) a donné VAITE (HS), et GUEYTES (Aude), et aussi les noms communs *guet* ou *guette*, d'où LA GUETTE (CdO).

Werk et **werka,** *construction, ouvrage* (all. *Werk*, ouvrage) ont donné STEENWERCK (Nord), avec **stein** (all.), *pierre*, ainsi que WARCQ (Ardennes), LA GUERCHE (Cher, I & V), LA GUIERCHE (Sarthe), et GARCHES (HdS).

Voir aussi **kirk,** p. 228, **warda,** p. 260, **zell,** p. 227.

Les activités humaines

L'agriculture

Les activités agricoles (culture, élevage) occupent une place de choix. Leur prééminence est plus marquée que dans la toponymie gauloise ou gallo-romaine. Les Barbares ne se sont guère intéressés à l'artisanat ou l' « industrie ». Leur monde, c'est le sol de la Gaule (bientôt la France), avec les bêtes et les gens qui y vivent.

Ardr, *terre* (all. *Erde*), explique ARDRES (PdC).

Fach (all.), *enclos*, aujourd'hui *secteur, compartiment*, nous a laissé FACHES (Nord).

Feld (all.), *champ*, donne BENFELD (BR) et GHYVELDE (Nord), avec des anthroponymes.

En revanche, FELDKIRCH (HR), avec **kirche** (all.), *église*, n'était, à l'origine, ni l'église du champ ni le champ de l'église, mais l'*Église de Filla*, nom féminin germanique.

Garbe (all.), qui a donné *gerbe*, est à l'origine de GARBIC (Gers) et de MAZINGARBE (PdC), avec le nom d'homme **Magin**, mais pas de GERBAMONT ou GERBÉPAL (Vosges), qui sont dus à des anthroponymes.

Gart, *jardin* (all. *Garten*), a donné en ancien français le nom commun *jard* et son dérivé *jardin.* JARD (CM, Vendée) et JARDIN (Corrèze, Isère) ont pu devenir noms propres. En composition, on trouve le *Jardin des Pommes,* à ÉPEGARD (Eure) avec **apel,** *pomme* (all. *Apfel*), et le *Village du Nouveau Jardin* à NEUGARTHEIM (BR) avec **neu** (all.), *nouveau* et **heim,** *village.*

Hag signifiait *haie.* Le mot *haie* repose sur une forme voisine **haga.** Il est devenu nom propre dans de nombreux LA HAYE ou LES HAYES. Le même mot est à l'origine du nom LES AIX-D'ANGILLON (Cher), dans lequel le H a disparu par confusion avec AIX (voir p. 108) : c'était autrefois **Les Haies Dan Gilon,** c'est-à-dire les *Haies du Seigneur (Dominus) Gilles.*

Hanap, *chanvre* (all. *Hanf*), explique HANNACHES (Oise), HANNAPES (Aisne, Ardennes), et peut-être VINGT-HANAPS (Orne), qui s'écrivait **Vishenas** au XIIe siècle, et dont l'élément initial s'expliquerait par le latin **vicus,** *village.*

Roden, *défricher* (all. *roden*), explique RODALBE (Moselle) avec un nom de rivière, RODEREN (BR), ainsi que HOHROD (HR) avec **hoh** (all.), *haut.* Le mot de base est moins bien identifiable dans RHODES (Moselle), ROEU(L)X (Nord, PdC), ROTT (BR), ROUHE (Doubs), ROUTELLE (Doubs), RUITZ (PdC), et peut-être RETHONDES (Oise), RETHEL (Ardennes) et RETTEL (Moselle). Le participe passé **gerodet,** *défriché,* a donné KRUTH (HR) et CROET-TWILLER (BR, voir **willer** p. 193).

Humilo, *houblon,* explique HOMBLEUX (Somme) et HOMBLIÈRES (Aisne).

Schot, *clôture* (cf. anglais *shut,* fermer), donne la clé de HONDSCHOOTE (Nord) avec un anthroponyme, et de ZUYDCOOTE (Nord) avec le mot flamand signifiant *Sud.*

Wrantja a donné en français *garance,* d'où GARANCE (Loiret), GARANCIÈRES (E&L) et GARENCIÈRES (Eure).

La garance, plante tinctoriale donnant un rouge très soutenu, est connue et cultivée en France depuis longtemps. Mais ce n'est qu'au

XVIIIe siècle que la culture de la garance s'est vraiment développée en France. C'est à cette plante que l'on doit le rouge des pantalons des soldats, qui rendait les charges fort spectaculaires, camouflait, paraît-il, les hémorragies, mais transformait les fantassins en magnifiques cibles. Pour cette raison, cette couleur fut abandonnée au début de la guerre de 1914-1918, et remplacée par le bleu horizon.

L'élevage et les animaux domestiques

Bracke (all.), *chien de chasse* (= braque), a pu donner BRAQUIS (Meuse).

Ross (all.), *cheval,* est passé en français pour désigner un mauvais cheval, une *rosse.* On le trouve avec **berg** (all.), *montagne,* dans REBERGUES (PdC) ; avec **brücke** (all.), *pont,* dans ROSBRUCK (Moselle), et avec **feld** (all.), *champ,* dans ROSSFELD (BR). Voir aussi ROUBAIX, p. 183.

Schaf (all.), *mouton,* explique SCHAFFHOUSE (BR) avec **haus,** *maison.*

L'industrie et l'artisanat

L'ancien français **bresil,** dérivé du germanique **brasa,** qui a donné *braise,* signifiait *brasier.* Ce sont peut-être des forges ou des fonderies qui ont donné leur nom aux BRÉSEUX (Doubs) et à BRÉSILEY (HS).

La fabrication des tuiles ou l'exploitation des ardoises sont évoquées à DACHSTEIN (BR) : l'allemand **Dachstein,** littéralement *pierre du toit,* désigne la tuile ou l'ardoise.

ÉTAPLES (PdC), STAPLES (Nord) et ÉTAMPES (Aisne, mais voir aussi p. 80) reposent sur **stapel** (néerl.), *entrepôt.*

La meunerie est présente à FROHMUHL (BR) avec **froh** (all.), *gai* ou *prospère,* et **mühle** (all.) *moulin ;* et surtout à MULHOUSE (HR), *Maison du Moulin,* avec **haus,** *maison.*

Mulhouse, ville impériale, était en conflit continuel avec les seigneurs voisins. Une guerre eut même lieu, avec comme prétexte une histoire de meunerie. C'était en 1446. Hermann Klee, garçon meunier, réclamait à ses employeurs mulhousiens six deniers de

Bâle dus sur son salaire. Le magistrat donna raison aux employeurs qui ne voulaient lui en donner que trois. Le jeune homme se rebiffa, ameuta les nobles, qui saisirent l'occasion d'humilier la ville, leur ennemie, et vinrent se ranger sous la bannière d'Hermann Klee. Ce fut la *Sechs Plappert Krieg,* la « Guerre des six oboles ». Mulhouse ne dut son salut qu'à l'intervention des autres villes impériales... La « Maison du moulin » avait failli périr pour s'être mise en conflit avec un garçon meunier...

Éléments divers et noms obscurs

Les noms des points cardinaux sont tous d'origine germanique. Le Nord et le Sud figurent à NOORDPEENE et ZUYTPEENE (Nord), associés au nom d'une rivière. L'Est et l'Ouest se font face à OOSTCAPPEL et WESTCAPPEL (Nord, avec **capella,** voir p. 225), tandis qu'OSTREVILLE (PdC) a un symétrique avec WESTREHEM (PdC) : voir -HEM, p. 196.

Nieder (all.), *en bas*, et **ober** (all.), *en haut,* forment souvent des couples de villages comme à OBERNAI et NIEDERNAI (BR), NIEDERHERGHEIM et OBERHERGHEIM (HR), NIEDERLAUTERBACH et OBERLAUTERBACH (BR), etc.

Signalons pour finir un nom inclassable dans les catégories choisies mais porté par une cité très importante. Il s'agit de **leute,** qui signifie en allemand moderne *les gens* et désignait autrefois *les gens du roi,* c'est-à-dire ses fidèles, ses vassaux. Son dérivé **leudige** est devenu LIÈGE (Belgique).

Reste un nombre appréciale de toponymes dont l'origine est mystérieuse. Ils peuvent être germaniques, mais pourraient tout aussi bien dater de l'époque gauloise, et même des temps antérieurs. Les documents anciens, lorsqu'ils existent, ne permettent pas de trancher. Citons seulement quelques cas : DOULLENS (Somme) et DOURDAN (Essonne), ÉTRETAT (SM), FLERS (Orne), GUINGAMP (CdN), LESPARRE (Gironde), MAINTENON (E&L), SEDAN (Ardennes), SURESNES (HdS), etc.

VII. Les Bretons

Ce sont des Celtes originaires de Grande-Bretagne, des envahisseurs, eux aussi. Les Gallo-Romains de la péninsule n'eurent guère le loisir de se féliciter d'avoir été relativement épargnés par les invasions germaniques. Dès le Vᵉ siècle, ils virent arriver chez eux, venant du pays de Galles, des populations débarquant avec bagages et surtout armes. C'étaient, certes, des réfugiés qui fuyaient eux-mêmes les Angles, Jutes, et Saxons ; mais, comme il était de règle à cette époque, ces réfugiés s'emparèrent du pouvoir et des terres dans le pays « d'accueil ».

Cet événement est la source d'une durable confusion entre divers Bretons et Bretagnes. Pour l'éviter, il faut savoir que jusqu'au VIᵉ siècle de notre ère, la Bretagne et les Bretons sont de l'autre côté de la Manche. A l'époque romaine, la grande île s'appelle *Britannia* et ses habitants *Britanni* ou *Britones* (noms évidemment empruntés par les Romains à la langue des Celtes habitant l'île). Lorsque les Bretons eurent transféré leur Bretagne sur le continent, l'île garda ce nom par tradition, mais pour éviter l'équivoque on l'appela la *Grande-Bretagne*. Avant ce « grand dérangement », la presqu'île à l'ouest de la Gaule s'appelait **Aremorica** (d'où son nom d'*Armorique*), nom de formation gauloise avec **are,** *près de*, et **mori,** *mer*.

Les Bretons envahisseurs ne faisaient peut-être que rentrer chez eux, si on les considère comme les héritiers de Gaulois ayant fui lors de la conquête romaine. En tout cas, on se retrouvait entre Celtes. L'instauration d'un nouveau pouvoir celte eut pour résultat de réactiver la langue celtique de la région. Le latin fut éliminé et (sauf le cas du Vanetais, voir p. 40), le gaulois se fondit dans le gallois des envahisseurs pour former ce qu'on appelle aujourd'hui le breton.

Dans un premier temps, la ligne de démarcation entre breton et langue d'oil passait juste à l'Ouest de Rennes et de

Nantes. A partir du XIIe siècle, elle a reculé pour passer de l'Ouest de St-Brieuc à l'Est de Vannes. Ainsi s'explique que, du point de vue de la toponymie, la Bretagne soit divisée en trois bandes limitées par les lignes Pontorson-Nantes et Saint-Brieuc-Vannes : dans la bande orientale, très peu de noms bretons ; dans la bande occidentale, des noms bretons presque exclusivement et, dans la bande centrale, coexistence de noms bretons et français.

Dire que le latin fut éliminé ne signifie pas que tous les mots de cette langue furent rejetés par les habitants. Beaucoup subsistèrent à l'intérieur du breton. On les retrouve dans les toponymes.

Noms issus du latin

Bon est issu de **pons, pontis,** *pont.* On le trouve à HENNEBONT (Morbihan) avec le celtique **henn,** *vieux,* et à TRÉBONT (Finistère) avec **tref,** *hameau* (voir p. 211).

Gwic, ou **gui,** est la transposition de **vicus,** *village* (voir p. 151). On le trouve avec des noms de saints locaux : Saint Miliau est le patron de GUIMILIAU (Finistère), Saint Sény, celui de GUISSENY (Finistère). Avec **henn,** *vieux,* on a GUICHEN (I & V) ; avec **lan,** *monastère* (voir p. 209), GUICLAN (Finistère) — à moins que ce dernier nom ne provienne de Saint Alan.

Ilis est issu d'**ecclesia,** *église.* En composition avec le breton **kern,** *pointe,* il produit KERNILIS (Finistère) ; avec **lan,** *monastère* (voir p. 209), LANNILIS (Finistère), et avec le breton **brenn,** *colline,* BRENNILIS (Finistère).

Castel, issu de **castellum,** *château,* donne avec **plou,** *village* (voir p. 205), PLOUGASTEL (Finistère).

Kemonet signifie *fief* et vient du latin **commendare,** *confier.* En proviennent GUÉMÉNÉ-SUR-SCORFF (Morbihan), et QUÉMÉNÉVEN (Finistère), sans qu'on sache si le second élément, breton de toute façon, est **gwen,** *blanc* ou **men,** *pierre.*

Par contre, GUÉMÉNÉ-PENFAO (LA) vient de **Gwenmened,** avec **gwen,** *blanc* et **menez,** *montagne.*

Konk est la forme locale de **conca,** *coquille,* d'où *baie.* On la retrouve à CONCARNEAU (Finistère), ancien **Konk Kernev,** la *Baie de Cornouaille,* et dans LE CONQUET (Finistère), ainsi peut-être qu'à CANCALE (I & V), jadis **Cancaunna,** nom qui pourrait aussi être purement gaulois.

Loc est issu de **locus,** *lieu.* En général, il désigne de petites paroisses. **Loc** est presque toujours suivi du nom du saint patron, ainsi à LOCQUÉNOLÉ ou à LOCTUDY (Finistère), paroisses de Saint Guénolé et de Saint Tudy. Mais LOCMINÉ (Morbihan) est formé à l'aide du breton **menech,** pluriel de **manach,** *moine,* lui-même tiré du latin **monachus.**

Locminé a emprunté son nom à un monastère fondé au VIe siècle par Saint Colomban, lequel est invoqué pour obtenir la guérison des fous, d'où l'inscription, peu flatteuse pour les habitants, que l'on peut lire dans la chapelle dédiée au saint : « Saint Colomban, patron de Locminé, priez pour nous ! Saint Colomban, la ressource des imbéciles, priez pour nous ! »

La Sainte Vierge apparaît aussi ; il y a plusieurs LOCMARIA (CdN, Finistère, Morbihan) et LOCMARIAQUER (Morbihan), avec **ker** (voir p. 209).

Loc peut être altéré en LO- ou LOU- : dans LOCHRIST (CdN), avec le nom du Christ, mais aussi dans LOUANNEC (CdN), avec le nom de Saint Guennoc, etc.

Porzh, issu de **portus,** *port,* est présent à PORSPODER (Finistère) avec **poder,** en breton *potier,* et PORNIC (LA) avec **Nitos,** anthroponyme breton.

Plou est peut-être le plus important de ces termes bretons venus du latin. C'est une création galloise, **plwyf,** issue du latin **plebs,** *peuple.* En gallois, le mot avait pris le sens de *paroisse.* **Plou,** toujours suivi d'un déterminant, peut prendre d'autres formes, suivant la syllabe qui suit : PLÉ-, PLEU-, PLO-. On compte au moins soixante-quinze noms de communes formés à partir de **plou.** Cet élément est souvent suivi d'un nom de saint ; ainsi PLURIEN (CdN), avec le saint gallois Rihen ou Riain, PLOERMEL (Morbihan) avec Saint Arthmael, PLOUÉDERN (Finistère), avec Saint Édern.

Ces deux derniers saints sont probablement des transpositions de personnages de la mythologie celtique. Arthmael peut se traduire par *Prince Ours ;* quant à Édern, c'est le nom du fils du dieu celte Nuz. On peut rapprocher ce nom de l'adjectif gallois *edyrn,* énorme. Le cerf est le compagnon habituel du dieu Édern, et l'on remarque qu'il est surabondamment représenté dans l'église de LANNÉDERN (Finistère, voir **lan**, p. 209).

Quinze autres communes renvoient à des noms de saints, une quinzaine à des noms communs. **Castel** explique PLÉCHATEL (I & V), PLOGASTEL et PLOUGASTEL (Finistère). **Lan,** *monastère,* explique PLÉLAN (CdN). **Pen,** *tête* en breton, explique PLEYBEN (Finistère). **Groas,** *croix,* du latin **crux, crucis,** explique PLOUGRAS (CdN). **Kern,** *pointe,* explique PLOUGUERNEAU (Finistère). Avec le latin **maceria,** *ruines* (voir p. 144), on a PLOUMAGOAR (CdN) et PLOUMOGUER (Finistère). Avec le latin **episcopus,** *évêque,* on a PLESCOP (Morbihan), etc. Des adjectifs peuvent aussi être associés à **plou : bihan,** *petit* (présent également dans **Morbihan,** la *Petite Mer*), dans PLEUBIAN (CdN) ; **meur,** *grand,* dans PLEUMEUR (CdN) et PLOMEUR (Finistère) ; **gwen,** *blanc,* dans PLÉVIN (CdN) ; **nevez,** *neuf,* dans les PLONEVEZ (Finistère) et PLOUNEVEZ (CdN, Finistère).

On peut compléter la liste par une trentaine de noms dont le second élément est obscur. PLOMARC'H, hameau proche de Douarnenez, est la *Paroisse de Marc* ou *du Cheval.*

Le roi Marc avait des oreilles de cheval, comme, dit-on, le roi Midas avait des oreilles d'âne.

Il faisait mourir tous ses barbiers de peur qu'ils ne le racontassent. L'un d'eux fut épargné après avoir juré de se taire. Le besoin de parler fit qu'il confia le secret aux sables du rivage. Trois roseaux poussèrent à l'endroit où il avait parlé. Les bardes en firent des hanches de hautbois qui répétaient « Marc'h, le roi de Plomarc'h, a des oreilles de cheval. »

L'élément PLOU-/PLO-/etc., venu du latin par l'intermédiaire du gallois, n'est pas le seul à avoir fait ce détour. Une localité du pays de Galles, fondée par les Romains, avait été baptisée en latin **Castra Legionum**, le *Camp des Légions*. Les autochtones en firent **Caer Lleon.** Arrivés en Armorique, ils fondèrent une ville qui la perpétuait. Ce fut **Leon**, devenu plus tard SAINT-POL-DE-LÉON (Finistère).

Voir aussi LE FAOU et LE FAOUET, p. 116.

Noms celtes

Une autre série de termes présents dans la toponymie bretonne correspond aux mots celtes. Il faut faire une place à part à l'élément **din**, parce qu'on le retrouve dans toute la Gaule sous la forme **dunos,** *colline* (voir p. 63). Il a donné, en Bretagne, DINARD (I & V), avec **arzh,** *ours,* et DINEAULT (Finistère), avec **héol,** *soleil.* Pour DINAN (CdN), voir p. 45.

Bren, *colline,* a donné BREST (Finistère) et, avec **ilis,** *église,* BRENNILIS (Finistère).

Diry, pluriel de **derw,** *chêne,* a donné DIRINON (Finistère). L'élément -NON correspond à sainte Nonn, patronne de la paroisse.

Sainte Nonn est la mère de Saint Divy. Celui-ci naquit sur un rocher qui s'amollit comme de la cire pour faire un berceau au nouveau-né. On montrait encore au XIXe siècle les empreintes des genoux de la sainte, et la rigole réputée être le berceau de son fils.

Coet et ses formes voisines, **goat, goet, hoat, hoet,** signifient *bois*. Au pluriel, on obtient le nom de COADOUT, *les bois* (CdN). Cet élément est souvent associé à des adjectifs : **huel,** *haut,* à HUELGOAT (Finistère) ; **bihan,**

petit, à COETBIHAN (Morbihan). On le voit aussi avec des noms communs : **askorn,** *os,* à COATASCORN (CdN) ; **meal,** *glaise,* à COATMEAL (Finistère) ; **log,** *cabane,* à COËTLOGON (CdN), etc.

Le sens de LE FOLGOËT (Finistère) est obscur. On dit qu'au XIVe siècle y vivait un idiot, un *fol* menant une vie misérable et chantant perpétuellement, comme un rossignol si l'on en croit les chroniques, les louanges de la Sainte Vierge. Quand il tomba malade, la Vierge lui apparut à plusieurs reprises, avant sa mort. On l'avait oublié quand un lys blanc poussa sur sa tombe. Sur ses feuilles, il portait en lettres d'or « Ave Maria ». Quand il fut fané, on s'aperçut qu'il avait poussé dans la bouche du mort. La foule affluait ; on construisit l'église de Notre-Dame-du-Folgoët...

Enez, *île,* a donné, avec le nom de saint Tutuarn, **Tutuarn-Enez** devenu DOUARNENEZ (Finistère).

Gro, *plage,* a pu donner GROIX (Morbihan), mais on pense aussi au mot **groach,** *sorcières.*

Guern, *aulne,* se trouve tel quel à GUERN (Morbihan).

Gwezen, *arbres,* a donné GOUESNOU et GOUESNACH (Finistère).

Karn, *tas de pierres,* explique CARNAC (Morbihan), qu'il ne faut pas confondre avec son homonyme du Lot, qui doit son nom à un Gallo-romain nommé **Carnus.**

Kelen, *houx,* est à l'origine de QUELNEUC (Morbihan).

Kemper est l'équivalent exact de *confluent :* il est formé de **kem,** *avec* (= latin **con-**) et de **bera,** *couler* (= latin **fluere**). Le mot est à l'origine de QUIMPERLÉ (Finistère), au confluent de l'Ellé et de l'Isole, QUEMPERVEN (CdN) au confluent de deux modestes ruisseaux, et surtout, au confluent de l'Odet et de plusieurs autres rivières, QUIMPER (Finistère), autrefois QUIMPER-CORENTIN.

Corentin était un ermite né vers 375, à la nourriture duquel Dieu avait pourvu en envoyant, selon le chroniqueur Albert le Grand, « un petit poisson en sa fontaine, lequel tous les matins se présentait au saint, qui en coupait une pièce pour sa pitance, et le rejetait dans l'eau, où tout à l'instant il se trouvait entier, sans lésion ni blessure ». Comme le roi de Cornouaille, égaré avec sa suite, s'était arrêté à son ermitage, Corentin alla à sa fontaine « et le petit poisson s'étant présenté à luy, il en coupa une pièce et la donna au maistre-d'hostel du roy, lui disant qu'il l'apprestat pour son maistre et les seigneurs de sa suite. Le maistre-d'hostel se prit à rire disant que cent fois autant ne suffirait pas pour le train du roy. Néanmoins, contraint par la nécessité, il prit ce morceau de poisson, lequel se multiplia de telle sorte que le roy et toute sa suite en furent rassasiés ». Le roi demanda pour l'ermite la création d'un évêché à Kemper, et lui donna son propre palais pour demeure...

Ker, *ville,* puis *village,* et enfin *maison,* donne au pluriel **keriadou,** *les maisons,* d'où KERYADO (Morbihan). On le retrouve aussi avec **feunteun,** breton issu du latin **fontana,** *fontaine,* à KERFEUNTEUN (Finistère) ; il est associé avec **forn,** du latin **fornus,** *four,* à KERFOT (CdN) et KERFOURN (Morbihan) ; avec **louan,** *sale,* à KERLOUAN (Finistère), avec **morhoc'h,** *marsouin,* à KERMOROC'H (CdN).

On le retrouve aussi avec des noms sacrés, comme à KERMARIA (CdN), KERGRIST (CdN, Morbihan), c'est-à-dire *Ker-Christ,* ou KERSAINT (Finistère). Mais il est la plupart du temps associé à des noms de personnes. Le nom de KERVRAN (Finistère) rappelle le souvenir du guerrier **Bran,** tué par les Normands. CARHAIX (Finistère), était peut-être **Ker-Ahès,** c'est-à-dire *Ville d'Ahès,* autre nom de la princesse Dahut dont les dépravations entraînèrent la perte de la ville d'Ys, ou bien **Ker-Aetio,** la *Ville d'Aetius,* gouverneur des Gaules sous le Bas-Empire.

Le plus souvent, le nom qui suit KER- désigne le propriétaire du sol. Cette procédure de désignation s'est maintenue fort longtemps, pour des agglomérations peu importantes, comme le prouve la présence, jointe à KER-, de noms de familles récents, comme à KERMOREAU (Morbihan).

Parfois, KER- a été abrégé en K dans les textes écrits. Ainsi, à la suite de mauvaises lectures, l'île de *Kersalm* (Morbihan) est devenu l'île de KSALM.

Lan, à l'origine *territoire* ou *pays,* désignait au ve siècle un *lieu consacré,* parfois une *église,* la plupart du temps un *monastère.* On le trouve avec des noms divers : **goat,** *bois,* à LANGOAT (CdN) et LANGOUET (I&V) ; **tref** (voir p. 211), plus l'anthroponyme **Harthoc,** à LANDREVARZEC (Finistère). Il est associé au nom de la rivière Leff à LANLEFF (CdN), à l'adjectif **meur,** *grand,* à LANMEUR (Finistère). Dans une quarantaine de cas, il est suivi d'un nom de saint attesté ou supposé. Parmi ceux-ci, on note LANNION (CdN) avec saint Huon, LANDERNEAU (Finistère) avec saint Ternoc, LANDIVISIAU (Finistère) avec saint Thivisiau. Saint Paul s'affiche dans plusieurs LAMPAUL (Finistère), mais il se dissimule à LAMBALLE (CdN).

L'expression « faire du bruit dans Landerneau » a été popularisée par une pièce de théâtre, d'Alexandre Duval, *Les Héritiers*, créée en 1796. Il est évident qu'elle a une autre origine ; l'auteur s'en est servi mais ne l'a pas créée. On a dit qu'elle s'expliquait par les charivaris qui accompagnaient les remariages de veuves, mais ces charivaris sont loin d'avoir été une exclusivité bretonne... Le fait que la ville ait été, malgré sa petite taille, la capitale des Rohan, est peut-être un début d'explication : une cité importante politiquement mais où tout le monde se connaît est le lieu rêvé pour les médisances et autres cancans.

Lis ou **lez,** *cour,* donne, avec **coet,** *bois,* LESCOUET (CdN), et LISNEVEN (Finistère) avec **nevez,** *neuf.*

Pen, *tête* ou *extrémité* (voir le gaulois **pennos,** p. 44), a donné PAIMPOL avec **poul,** *mare ;* PAIMPONT (I & V) avec le latin **pons,** *pont ;* PAIMBŒUF (LA) avec le normand ou le saxon **budh,** *abri* (voir p. 215).

PERROS-GUIREC (CdN), c'est la *Tête de la Butte,* **pen-ros,** auquel s'ajoute le nom de **Guirec,** abbé gallois qui évangélisa le pays. Dans le département du Finistère, PENMARCH est la « *Tête du cheval* ».

Poul, *mare,* où l'on retrouve la même racine indo-européenne que dans le germanique *pul* (voir p. 179), a donné LE POULIGUEN (LA), la *Mare Blanche,* avec **gwen,** *blanc ;* POULLAOUEN (Finistère), peut-être avec **laouen,** *poux ;* POULLAN (Finistère) avec **lan,** *monastère ;* SAINT-LAURENT-DU-POULDOUR (CdN), avec **dour,** *eau* (cf. gaulois **dubron,** p. 48).

La mare, ou plutôt la fontaine de Saint-Laurent-du-Pouldour était le cadre d'un curieux pèlerinage. La nuit du 9 au 10 août de

chaque année, les dévots, après avoir fait à genoux le tour du cimetière, être entrés en rampant dans un four rappelant le supplice infligé à saint Laurent, et s'être frotté les mains et la figure aux pieds de la statue du saint, se dévêtaient et se plongeaient dans la fontaine en forme de niche munie d'un siège en pierre pour les baigneurs. Chacun prononçait ces mots : « *Sant Lorans hon préservo hag a lamo diganéomp ar boan izili* », c'est-à-dire « Que saint Laurent nous préserve et nous guérisse des rhumatismes. »

Un certain nombre de noms en POUL-, comme POULDREUZIC (Finistère), peut-être avec **drez,** *ronces,* commençaient autrefois par PLOU-.

Ran, *pays,* a donné, avec **gwen,** *blanc,* GUÉRANDE (LA), le *Pays Blanc,* expression qui n'évoque pas les marais salants, comme on pourrait le croire, mais qui était sans doute synonyme de *friche.*

Ros, *butte,* a donné ROSCOFF (CdN) avec **goff,** *forgeron ;* ROSPEZ (CdN) avec **bez,** *tombeau,* ROSPORDEN (Finistère) et ROSTRENEN (CdN) avec des éléments peu clairs.

Tref désignait un village dont l'église n'était pas paroissiale, ou même un hameau sans église. LE TRÉHOU, LE TRÉVOUX (Finistère), TRÉVOU (Morbihan) et TRÉVÉ (Finistère) en sont des dérivés. On le trouve avec des noms de saints : TREFFLÉAN (Morbihan), avec saint Léon, etc. ; avec **babu,** signifiant *pape,* surnom de saint Tugdual, à TRÉBABU (Finistère) ; avec des noms communs : TRÉBOUL (Finistère) avec **poul** (voir p. 210), TRÉDREZ (CdN) avec **drez,** *ronces,* TRÉGASTEL (CdN) avec **castel,** *château,* TRÉGON (CdN) et TRÉGUNC (Finistère) avec **konk,** *baie,* TRÉGUIER (CdN) avec **ker,** etc.

Les noms de saints ou de propriétaires ont largement contribué, nous l'avons vu, à l'édification de la toponymie bretonne. Il est exceptionnel qu'ils apparaissent seuls dans les noms de lieux : ils sont en règle générale accompagnés de KER-, LAN-, LOC-, PLOU-, TRÉ-, etc. L'exception la plus notable est constituée par DAOULAS (Finistère), nom d'homme encore bien vivant sous sa forme britannique *Douglas.*

Une étymologie fantaisiste a été forgée pour ce village, à partir de *mouster daou laz,* le « monastère des deux meurtres ». Un seigneur du Faou aurait, vers 510, massacré à l'autel deux moines en train de célébrer la messe. Il aurait alors été saisi par le démon, puis délivré par saint Pol, évêque de Léon. Pour expier son crime, il aurait fondé le monastère.

CAEN
25Km

VIII. Les Normands

Dernière vague des « grandes invasions » dans notre pays, ces Scandinaves nous ont donné le nom de la Normandie. Ce sont, l'étymologie est claire, des *hommes du Nord :* **North,** *Nord,* plus **Mann,** *homme.* Ce nom a été forgé chez nous, par leurs victimes de langue germanique...

A l'école primaire, nous avons appris à les considérer comme des brigands professionnels, des pillards consciencieux, des égorgeurs méthodiques emportant le bétail jusqu'au dernier agnelet, brûlant les villages jusqu'à la dernière chaumine. De 820, date de leur première apparition à l'estuaire de la Seine, à 911, date de la cession de la future Normandie à Rollon par le roi Charles le Simple, ils semblent avoir semé partout terreur et désolation. En fait, ils cherchaient l'or et l'argent, la richesse et la gloire. Notre pays était leur Eldorado. Ce qu'ils visaient, c'étaient les lieux où s'accumulaient les trésors : évêchés, monastères, villes. Ces lieux étaient aussi ceux où s'écrivaient les chroniques. Les réputations s'y forgeaient. La leur fut donc exécrable.

Assez vite, les Normands tentèrent de s'installer. Il est plus rentable d'exploiter directement une province que de la piller. C'est ainsi que Rollon devint comte, et qu'il entreprit de réorganiser et de reconstruire le pays. Des bourgs comme Caen devinrent des villes, et les villes connurent un afflux de richesses. C'étaient elles, désormais, qui recevaient les butins que les Normands allaient chercher de plus en plus loin.

Si les Normands, une fois installés, semblent s'apaiser, ils ne renient pas immédiatement leur spécificité. Des groupes continuent à immigrer au moins jusqu'en 1014, et si, après 940, aucun document ne prouve plus l'emploi des parlers scandinaves, ceux-ci ont marqué le vocabulaire de la mer (*tribord, quille, havre,* etc.) et celui, capital pour la toponymie, de la propriété terrienne. Des cadres autochtones ont pu se maintenir, mais les Scandinaves ont été l'élément dominant de la société, dont on copiait habitudes et vocabulaire. Tout cela explique le nombre de noms de lieux d'origine scandinave dans le Calvados, l'Eure, la Manche et la Seine-Maritine.

Certains sont dérivés de noms propres, en composition avec -VILLE (voir p. 191). C'est un type tout particulièrement fréquent en Normandie. BONNEVILLE (Eure) vient de **Borno.** Les AMFREVILLE (Calvados, Eure, SM) dérivent d'**Ansfrid** ou **Asfridr.** Les ANCTEVILLE (Calvados), ANCTOVILLE (Manche), ANCOURTEVILLE, ANCRET(I)EVILLE, ou ANQUETIERVILLE (SM) ont pour origine le nom propre **Ansketel,** qui a donné le patronyme *Anquetil.* THEURT(H)EVILLE et TURQUEVILLE (Manche) proviennent de **Thorketill** ou **Thorkell**; TOUTAINVILLE (Eure) de **Thorsteinn**; et TOCQUEVILLE (Eure, Manche, SM) de **Toki.**

Les différents TOURVILLE (Calvados, Eure, SM) viennent de **Thordr,** ou **Thori,** c'est-à-dire du nom de guerriers qui, avec quelques variantes, portaient le nom du dieu Thor. Même chose pour les TROUVILLE (Calvados, Eure, SM) où se perpétue le nom de **Thorulfr.**

Thor est le dieu de la foudre, qui règne sur les airs, distribue les saisons, suscite ou apaise les tempêtes. En tant que fils aîné d'Odin, il sert de médiateur entre les dieux et les hommes, et, dans la plupart des légendes où il apparaît, protège ces derniers contre les géants et les mauvais génies. Ce rôle de protecteur explique le nombre de noms forgés à partir du sien.

Quelques noms posent des problèmes. Il se peut qu'ils soient antérieurs à l'arrivée des Normands. ANGOVILLE (Calvados, Eure, Manche) correspond au même nom, **Ansgaud,** encore vivant aujourd'hui sous la forme *Angot,* qu'ANGOMONT (M&M), qu'on ne peut raisonnablement supposer d'origine normande. Mais d'une part il y a de grandes similitudes entre le germanique occidental, langue des principaux envahisseurs de la Gaule, et le germanique septentrional, ou scandinave; d'autre part la proximité du scandinave et du saxon est augmentée par les séjours des Vikings en Angleterre saxonne et par la présence, parmi eux, de Saxons.

Un certain nombre de noms communs, en général des termes à valeur topographique, ont également servi à forger des noms de lieux. Ils constituent la part la plus importante de l'apport normand à la toponymie française. On les retrouve dans de nombreux noms.

BEC vient de **bekkr,** qui, comme *Bach* en allemand, signifie *ruisseau.* On le rencontre associé à un nom de personne, comme à ANNEBEC (Calvados) avec **Anna,** qui est masculin. Il peut également être accompagné d'un nom commun scandinave, comme à BOLBEC (SM), avec **bol,** *ferme ;* à moins qu'il ne s'agisse de l'anthroponyme **Bolli,** que l'on retrouve à BOLLEVILLE, à huit kilomètres de là. On trouve aussi avec BEC des adjectifs scandinaves, comme à CAUDEBEC (Eure), avec **kald,** *froid* (cf. allemand *kalt*). **Houl,** signifiant *creux* (cf. anglais *hollow*), explique HOULBEC (SM). Mais il y a aussi des adjectifs issus du latin comme **beau** à BEAUBEC (SM).

Mais le nom en *-bec* le plus célèbre est imaginaire. Il s'agit de Balbec, compromis entre Bolbec et Baalbek du Liban, l'antique Héliopolis vouée au dieu Baal. La collision entre les deux noms a fourni à Marcel Proust le nom d'une station au bord de l'océan, mélange de Trouville, Dieppe et Cabourg...

BEUF est une francisation de **budh,** *abri* (cf. anglais *booth*), qui a donné LE BO (Calvados) et BOOS (SM), et dont il existe également une forme **bu** que l'on trouve dans TOURNEBU (Calvados), avec **thorn,** *épine.* Avec le saxon **dal,** *vallée,* on a DAUBEUF (Eure, SM). Avec **kill,** *crique étroite,* on obtient QUILLEBEUF (Eure). ELBEUF pourrait avoir comme premier élément le vieil anglais **wella,** *fontaine,* ou provenir directement d'un anthroponyme comme **Ellebod.**

CRIQUE semble reposer sur **kirkja,** *église* (voir p. 228), plutôt que sur **kirkr,** *courbe.* On trouve cet élément dans CRICQUEVILLE (Calvados), QUERQUEVILLE et CARQUEBUT (Manche), ce dernier avec **bu** (voir plus haut), ainsi que dans CRI(C)QUEB(O)EUF (SM) et CRIQUETOT (SM) (voir TOT p. 218).

FLEUR vient de **flet** ou **fljot,** *baie.* Il se combine avec des noms propres, comme **Hunn** à HONFLEUR (Calvados) ; avec des adjectifs comme **har,** *haut* à HARFLEUR (SM) ; avec des noms communs comme **barmr,** *angle,* à BARFLEUR (Manche).

HOGUE, de **haugr**, qui signifiait *hauteur*, s'est conservé dans le patois normand, et a pu donner des toponymes très tardivement. Avec un article, qui indique une formation relativement récente, on le trouve avec différentes variantes : LA HOGUE(TTE) (Calvados, Manche). LA HOUGUE (Manche), LES HOGUES (Eure). Le cap de la *Hague*, par contre, viendrait de **hagi**, *enclos*, ou *haie*.

Le bois des Hogues (SM) fut le théâtre d'une histoire rappelant celle de la tour de Nesle. La dame des Hogues attirait les plus beaux de ses sujets et, après les étreintes, les faisait mettre à mort et précipiter du haut des falaises d'Yport. Un abbé de Fécamp ayant succombé à ses charmes, elle lui laissa la vie. Il se confessa publiquement avant de mourir de honte. Le duc de Normandie intervint, la dame fut exécutée, ses biens revinrent aux moines de Fécamp...

De **holm**, *rivage*, *terrain en pente*, *île*, que l'on retrouve en Scandinavie dans le nom de *Stockholm*, viennent peut-être HAUTOT (SM), et même GRAND-COURONNE (SM), appelé **Corolme** au XIe siècle. En viennent également les nombreux lieux-dits L'HOMME, désignant des îles.

LON, LONDES et parfois RON dans un mot comportant déjà la consonne L, viennent de **lundr**, *petit bois*. Avec **boeki**, *hêtre*, on a BOUQUELON (Eure). Avec **epli**, *pommier* (à rapprocher de l'anglais *apple*), on a YÈBLERON (SM) ; avec **eski**, *frêne*, ICLON et YQUELON (SM, Manche) ; avec **hagi**, *enclos*, HÉRON (SM) ; avec **skak**, *plateau*, ÉCAQUELON (Eure), et avec **stein**, *pierre*, ÉTALONDES (SM).

LA LONDE (SM) évoque une zone boisée, mais le mot *londe* étant passé dans le dialecte local, l'appellation peut fort bien dater d'une époque assez récente. Attention : LONDINIÈRES (SM) ne dérive pas de **londe**, mais du latin **nundinae**, signifiant *marché*.

MARE et MER viennent de **mar**, *petite étendue d'eau*. Quand on trouve, en composition avec MER, un élément scandinave comme à CAMBREMER (Calvados) où **kambr** signifie *dos de terrain*, on peut à bon droit affirmer que le nom est normand. Mais si le premier élément est un anthroponyme, la proximité des langues empêche de savoir si le nom est normand ou saxon. ROUMARE (SM), TRUTTEMER (Calvados), VANDRIMARE (Eure) rappellent les noms. de **Hrolfr**, **Truto**, et **Wandric** ; QUATREMARE (Eure), jadis **Guitricmara**, celui de **Witerich**.

C'est près de CAMBREMER que l'on situe une anecdote significative du « réalisme » des Normands. En 1786, Louis XVI visitait la Normandie. Un jour, il rencontre un paysan qui chante une chanson à sa gloire. Le roi est enchanté. Il l'est encore plus lorsqu'il apprend que c'est le paysan lui-même qui l'a composée. Quand la chanson est finie, il crie « bis », et explique que cela veut dire de recommencer. Le paysan s'exécute. Le souverain lui glisse quelques pièces, et le paysan fait : « Bis, Sire, bis ».

TORP, apparenté au germanique **dorf** (voir p. 195), signifie *village* ou *hameau*. Ainsi s'explique LE TORP (Calvados, Eure, SM). Avec **kamp,** *combat* (cf. l'allemand *Kampf*), il a donné CAMETOURS (Manche) ; avec **klif,** *rocher* (cf. anglais *cliff*), CLITOURS (Manche).

TOT, qui vient de **toft,** *ferme,* est sans doute l'élément scandinave le plus fréquent de la toponymie normande. C'est l'équivalent du latin *villa* (voir p. 152). On le trouve sous la forme LE TOT dans des lieux-dits (pour TOSTES et TÔTES, voir p. 169). Mais c'est surtout en composition que l'on rencontre cet élément. Il est associé à **boeki,** *hêtre,* dans BOUQUETOT (Eure), à **eski,** *frêne,* dans ESQUETOT (Eure); à **epli,** *pommier,* dans APPETOT (Eure); à **lind,** *tilleul,* dans LINTOT (SM). Il accompagne divers noms et prénoms, parfois reconnaissables, comme dans ROBERTOT (SM), YVETOT (Manche, SM). On le trouve encore avec des adjectifs scandinaves, comme **ful,** *vilain* (cf. allemand *faul*), à FULTOT (SM); ou **breid,** *large* (cf. allemand *breit*), à BRESTOT (Eure), voire avec des adjectifs latins : AUTRETOT (SM) est fait avec **altus,** *haut.* Toutefois BEAUTOT (SM) ne comporte pas l'adjectif français *beau,* issu du latin *bellus,* mais probablement, comme BEAUDREVILLE (Manche), l'anthroponyme anglo-saxon **Baldhere.**

YVETOT est célèbre pour son roi. Le royaume, minuscule, dépendait de la France, mais le seigneur du lieu, en tant que souverain, ne devait ni foi, ni hommage, ni taille, ni fisc à qui que ce soit. François 1er et Henri IV avaient reconnu ces prérogatives, mais de leur temps, ce n'était déjà plus qu'une curiosité. En fait, c'est le chansonnier Béranger qui ressuscita ce petit roi, dans une chanson à sa gloire :

Il était un roi d'Yvetot
Peu connu dans l'histoire
Se levant tard, se couchant tôt,
Dormant fort bien sans gloire. (...)
Qui n'agrandit point ses États,
Fut un voisin commode,
Et modèle des potentats.

C'était en 1813. L'aventure napoléonienne se terminait mal. La France, où les désertions se multipliaient, se prenait à regretter de ne pas avoir été « un voisin commode ». La chanson fut un succès.

TUIT ou THUIT, de **thveit,** *parcelle de terre défrichée,* se trouve soit seul (Eure) soit en composition avec des noms à valeur topographique, comme **brak,** *friche,* à BRACQUE-TUIT (SM).

IX. La religion chrétienne

Le Moyen Âge fut l'âge de la Foi. Le Clergé, certes, était imparfait, les prêtres souvent ignorants et parfois débauchés. Des résurgences de paganisme, des superstitions s'entremêlaient au christianisme. Cependant, la religiosité imprégnait la vie quotidienne. L'Église avait été la seule institution à se maintenir dans l'effondrement de l'Empire romain.

Pétris du sens du sacré, les hommes du Moyen Âge vivaient à l'ombre de cette Église, mais aussi, et surtout, de *leur* église, symbole visible de leur communauté, endroit où battait le cœur de leur village. Il faut citer ici le témoignage du chroniqueur Raoul Glaber, témoignage qui vaut pour tout le XIe siècle, et au-delà : « On vit dans presque toute la terre, mais surtout en Italie et en Gaule, réédifier les bâtiments des églises, bien que la plupart, fort bien construites, n'en eussent nul besoin. Une véritable émulation portait chaque communauté chrétienne à en avoir une plus somptueuse que celle des voisins. On eût dit que le monde lui-même se secouait pour dépouiller sa vétusté et revêtait de toutes parts un blanc manteau d'églises ».

Ce blanc manteau d'églises est complété par les monastères. On imagine mal aujourd'hui quelle fut leur importance. Dans un univers violent, souvent cruel, où le péché semblait partout triomphant, nos aïeux considéraient que seuls le retrait du monde, l'obéissance exacte à la règle d'un ordre, la vie toute entière consacrée au service de Dieu permettaient de mener une existence réellement chrétienne. C'est ce qui explique le prestige des moines, considérés comme des médiateurs entre la terre et le ciel. Pour un paysan, vivre près d'une abbaye, c'était profiter d'un pôle d'activité économique, mais aussi se rapprocher matériellement de ces modèles.

On ne s'étonnera pas, dans ces conditions, que le vocabulaire religieux ait profondément marqué la toponymie française. Des milliers de communes rendent hommage aux êtres célestes dont on espère, en retour, une protection particulière. D'autres conservent le souvenir de l'ouvrage sacré à l'ombre duquel ils traversèrent les siècles. Nous parlerons d'abord de ces derniers.

Les édifices religieux

Les croix

Il convient de mettre à part les toponymes évoquant la croix, car tous ne tirent pas leur nom d'une croix érigée en signe de piété. Certains peuvent correspondre à un carrefour, d'autres à une simple limite. Le nom de (LA) CROIX a été donné à quelques communes, surtout dans le Nord du pays (Aisne, Nord, PdC) mais aussi un peu partout en France (Belfort, AM, I&L, HV). On trouve également un certain nombre de diminutifs, comme LACROUZETTE (Tarn), CR(O)USEILLES (HSav., PA), ou LE CROISIC (LA), diminutif breton, qui peuvent rappeler des carrefours de faible importance aussi bien que de petites croix.

En règle générale, (LA) CROIX est complété par un autre terme, parfois agglutiné comme dans CROIXRAULT (Somme), avec **Raoul**, nom de seigneur.

Les demeures des clercs

Un certain nombre de communes doivent leur nom ou une partie de leur nom au fait qu'un membre de la hiérarchie ecclésiastique y a eu sa résidence ou possédé des biens : ce phénomène relève de la féodalité et sera décrit p. 252.

Mais, en principe, un simple prêtre n'était pas seigneur féodal et des noms comme PRÉ-DE-FIN (PdC) ancien **Presbiteri Fenum,** *Foin du prêtre,* PRÊTREVILLE (Calvados), PROVERVILLE (Aube), PROVÉMONT (Eure) ou VILLE-PROVERT (L&C) ne correspondent qu'à une simple propriété.

On a du mal à croire que *prêtre* d'une part, *prover* ou *provoire* d'autre part sont un seul et même mot. C'est pourtant le cas. Le latin avait emprunté au grec **presbuteros,** *homme d'âge,* le mot **presbyter,** communément prononcé **presbter.** Au nominatif, l'accent portait sur le premier e : **présbter** aboutit à *prestre,* puis *prêtre.* A l'accusatif, le second e était accentué : **presbtérum** est devenu **presbérum** puis, en ancien français, *prover* ou *provoire.*

Le clergé régulier est évoqué dans des noms comme BEAUMONT-LES-NONAINS (Oise), d'après l'ancienne forme **nonnain,** *nonne* — en revanche NONETTE (PdD) est d'origine obscure, probablement gauloise. Ce sont également des religieux et religieuses qui sont évoqués à BAUME-LES-MESSIEURS (Jura) et BAUME-LES-DAMES (Doubs) : pour BAUME, voir p. 21.

C'est peut-être l'habit du religieux, le *froc* qui est évoqué à MONTFROC (Drôme). Le nom commun *froc* vient du germanique **hrok,** *habit* (cf. all. *Rock,* robe). Mais **hrok** avait un homonyme signifiant *corbeau,* qui a donné en français *freux.* Il s'agit peut-être d'un *Mont aux Corbeaux.* L'ambiguïté est évidemment propre à réjouir le cœur de tous les anticléricaux...

Les lieux consacrés

Le nom de certaines communes manifeste leur vocation religieuse, marquée ou non par la présence d'un monastère.

Ainsi, à partir du latin **locus,** *lieu,* on a DILO (Yonne), ancien **Dei Locus,** *Lieu de Dieu,* et ses synonymes, LIEU-DIEU (Isère, Dordogne, PdD etc.) et LOC-DIEU (Aveyron), correspondant tous à des abbayes du XIIe siècle ; et de même LIEUSAINT (Manche, S&M), encore que ce nom puisse être interprété comme une pieuse déformation de l'anthroponyme germanique **Liutsind...**

A partir du latin **mons,** *mont,* on a DESMONTS (Loiret), ancien **Dei Mons,** *Mont de Dieu.* A partir de **villa,** VILDÉ (CdN), ancien **Villa Dei,** *Village de Dieu;* citons aussi VILLEDIEU, dont on trouve des exemplaires dans au moins 82 départements, DEVILLE (Ardennes, SM), ancien **Dei Villa,** et VILLEJÉSUS (Charente). D'autre part, BENESVILLE (SM) et BENOITVILLE (Marne), sont d'anciens **Benedicta Villa,** *Village Béni.*

D'autres noms semblent destinés à attirer sur la ville les faveurs divines, comme LA BÉNISSON-DIEU (Loire), DIEULOUARD (M&M), ancien **Dieu-le-ward,** c'est-à-dire *Dieu le garde,* DIEULIVOL (Gironde), c'est-à-dire *Dieu le veut,* ou DIEULEFIT (Drôme), nom appliqué à un château pour exprimer la solidité de sa position.

Sanctuaires et couvents

Beaucoup de ces noms correspondent à des fondations faites dans l'Antiquité ou le Haut Moyen Âge. On prendra donc pour base les termes latins ayant d'abord servi à les désigner.

Abbatia, *abbaye,* apparaît à L'ABSIE (DS), à ABADIE (HP, PA), LABIETTE (PdC) ou LA BIETTE (Nord), etc.

Altare, *autel,* indique la présence d'une petite église. On le trouve sous diverses formes : (LES) AUTET(S) (Aisne, Calvados, E&L, HS), AUTHEUX (Somme), LES

AUTHIEUX (Eure, Orne, Calvados, SM) et LAUTHIERS (Vienne).

Basilica, *basilique,* peut désigner autre chose qu'un édifice religieux. A l'origine, la **basilica,** du grec **basilikê,** *édifice royal,* est un grand bâtiment avec colonnades extérieures et intérieures. Les premiers Chrétiens utilisèrent volontiers ce modèle architectural pour construire leurs églises. Ils en conservèrent le nom. Mais il est toujours possible qu'un nom issu de **basilica** conserve le souvenir d'un édifice civil : tribunal, marché, etc. Très affecté par l'évolution phonétique, **basilica** est devenu (LA) BAZOCHE(S) (E&L, Mayenne, Aisne, etc.), BAZAIGES (Indre), BAZEILLE (Ardennes), BAZOILLES (Vosges), BAZOUGE (S) (Mayenne, Sarthe, I&V) ou encore BAROCHE (Orne, Mayenne, HR).

Canonica (ecclesia) c'est-à-dire *église collégiale,* a donné LA CANOURGUE (Lozère).

Capella, *petite cape,* a donné le mot *chapelle,* présent dans le nom de plus de deux cents communes.

Viollet le Duc, l'architecte qui restaura Notre-Dame, au XIXe siècle, donne l'étymologie exacte — et curieuse — du nom :

« La petite cape que Saint Martin revêtit après avoir donné sa tunique à un pauvre était religieusement conservée dans l'oratoire de nos premiers rois, d'où cet oratoire prit le nom de *capella.* L'oratoire, depuis lors appelé *chapelle,* était compris dans l'enceinte du palais royal. Le nom de *chapelle* fut par extension donné aux petites églises qui ne contenaient ni fonts baptismaux ni cimetières, aux oratoires (...) puis aux succursales des paroisses, aux édicules annexés aux grandes églises... »

CHAPELLE se trouve parfois tel quel, généralement avec l'article LA, parfois sous une forme picarde, comme à CA(P)PELLE (Nord, PdC), ou à WEMAERS CAPPEL (Nord), avec le nom du fondateur, un certain **Winimar.** En terroir germanique, **capella** a donné KAPPELEN (HR).

Cella, *petite chambre, cellule,* a désigné un ermitage ou un petit monastère, et a été très productif. On trouve des formes comme CELLES (Ariège, Cantal, PdD, etc.), CÈRE (Landes), CHELLE (HP). A partir de l'ablatif pluriel **cellis,** on a CEAUX (Manche, Vienne, HL) et certains SCEAUX (voir aussi p. 75). SELLES, dans l'Ouest, vient également de **cella,** mais ailleurs (Marne, PdC, HS) il vient plutôt du germanique **saal** (voir p. 197). On peut continuer avec SÈRE

(HP) et les formes comportant un article. Celui-ci peut être agglutiné, comme à LASCELLE (Cantal), LECELLES (Nord), ou LESCHELLE (Aisne). On trouve même LA LACELLE (Orne).

Avec un article non agglutiné, citons LA CELLE (Aisne, Allier, Cher, etc.).

La Celle (Var) était une abbaye fort peu édifiante, connue pour le libertinage de ses bénédictines. François 1er avait donné aux nonnes, qui représentaient l'élite sociale de la Provence, l'autorisation d'acquérir des logements à Brignoles. Elles en usèrent et abusèrent. Le couvent lui-même devint le rendez-vous de la noblesse locale, reçue « fort gentiment » par des « filles de Dieu » qui, selon la chronique « ne différaient entre elles que par la couleur de leur jupon et le nom de leur galant »...

Mazarin résolut d'y rétablir l'ordre. Il n'avait guère de préoccupations moralisantes et souhaitait avant tout humilier les turbulents aristocrates méridionaux, peu soucieux de son autorité. Voyant venir le danger, ils allèrent jusqu'à attaquer l'évêque envoyé prêcher la vertu... Il fallut faire supprimer les revenus de l'abbaye pour qu'elle décline et disparaisse enfin...

En composition, **cella** peut être associé à un adjectif, comme **nova,** *nouvelle,* à NAUCELLE(S) (Ariège, Cantal), NAVACELLES (Gard), NEUFCHELLES (Oise), NIOZELLES (AHP) ou NOVACELLES (PdD). Avec un anthroponyme, on trouve ALLIANCELLES (Marne). En langue germanique, **cella** donne **zell,** que l'on trouve à RIMBACHZELL (HR) avec un nom de village (voir p. 182), ou à ZELLWILLER (BR), avec **villare** (voir p. 154).

Le diminutif **Cellula** explique CELLULE (PdD). Un autre diminutif apparaît à LA CELETTE (Cher) ou à CELLETTES (Charente, L & C).

Clocca, *cloche,* apparut en Gaule, venant d'on ne sait trop où, vers la fin de l'époque romaine. Il a donné *cloche,* et, dans le Nord du pays, **cloque,** d'où HAUTECLOQUE (PdC), c'est-à-dire le *Village au haut clocher.*

Claustrum, *clôture, enclos,* a donné *cloître,* et l'ancien composé **encloître,** d'où LENCLOÎTRE (Vienne).

Ecclesia, *église,* emprunté par le latin au grec **ekklêsia,** *assemblée,* a donné quelques toponymes, comme SAINTE-MÈRE-ÉGLISE (Manche) ancienne **Sanctae Mariae Ecclesia,** *Église de Sainte-Marie.* On trouve des diminutifs, comme ÉGLISOLLES (PdC) ou ÉGRISELLES (Yonne). Dans les diminutifs, la voyelle initiale a tendance à disparaître, d'où GLISOLLES (Eure), GRISELLES (CdO, Loiret), LAGLEYGEOLLE (Corrèze) ou LAGUIOLE (Aveyron). Parfois, le G disparaît à son tour, d'où LALIZOLLE (Allier).

Avec un adjectif, on a MANÉGLISE (SM), avec **magna,** *grande.* Avec l'anthroponyme germanique **Norpert,** on trouve NOMPATÉLIZE (Vosges), et, avec **Gundric,** CONTRÉGLISE (HS). Le premier élément de MÉRÉGLISE (E & L) prête à discussion.

Méréglise est beaucoup plus connue sous la forme *Méséglise,* déguisement transparent choisi par Marcel Proust dans la *Recherche du Temps Perdu.* Le nom sonne juste, ce qui ne saurait étonner de la part du fin connaisseur en toponymie qu'était Proust. Méséglise aurait comme premier élément **mes,** *maison* (voir p. 148). Et Méréglise, difficile à expliquer avec le mot *mère,* pourrait bien avoir été réellement Méséglise, avant de subir le phénomène bien connu de la transformation du son [z] en [r] : voir, par exemple, p. 225, *Bazoche,* devenu *Baroche.*

Les Germains étaient encore dans leurs forêts d'au-delà du Rhin et du Danube que déjà les Chrétiens grecs se rendaient chez eux pour les évangéliser. Ils leur apprirent le mot **kuriakê,** *maison du Seigneur,* qui fut reçu sous la forme **kiricha,** avant de se répandre dans tout l'espace germanique et d'y devenir *kirche, kirk, church,* etc. En Alsace-Lorraine, c'est -KIRCH ou -KIRCHEN, que l'on trouve avec un adjectif, comme à ALTKIRCH (HR), la *Vieille Église;* avec un nom commun, comme à WOLFSKIRCHEN (BR), *Églises des Loups;* avec un nom de rivière, comme à ILLKIRCH (BR). En Normandie, c'est -CRIQUE- : voir p. 215. En Flandre, c'est -KERKE, qui donne avec les mots flamands **koud,** *froid,* et **zuyd,** *sud,* respectivement COUDEKERKE (Nord) et ZUTKERQUE (PdC). Dans DUNKERQUE (Nord), le premier élément est le flamand **dunen,** qui nous a donné *dune.* Mais ce mot flamand n'est autre qu'un emprunt au gaulois **dunos,** *hauteur,* que nous connaissons bien (voir p. 63).

Eremus, mot latin emprunté au grec, signifiait *désert* et *ermitage.* En dérivent ARMEAU (Yonne), ARMES (Nièvre), ERP (Ariège), L(H)ERM (HG, Lot, Gironde), HERM(ES) (S & M, Landes, Oise, etc.), LES HERMAUX (Lozère), HERMENT (PdD). A Salerm (HG, -ERM s'est associé à un élément préceltique (voir p. 18).

Hospitale, *maison d'accueil,* a donné LESPITEAU (HG), L'HOSPITALET (AHP, Ariège, Aveyron) et LHOSPITALET (Lot). Mais de tels noms peuvent aussi évoquer des auberges. D'autres noms rappellent la présence d'établissements religieux assurant l'accueil et le soin des malades. Il s'agit surtout de LA MALADIÈRE, LA MALADRERIE et LA MALADRIE, noms portés par de nombreuses petites localités. Les trois noms réfèrent spécifiquement à des léproseries ; du reste, les deux derniers résultent d'un croisement entre **malade** et l'ancien français **ladre,** *lépreux.*

Monasterium, *couvent, monastère,* emprunt latin au grec, a eu une descendance nombreuse et diversifiée. La forme MOUTIER(S) domine ; c'était en langue d'oil le nom commun pour *monastère;* fort répandus également sont les MOUSTIER(S), MONTIER(S), MONESTIER ; citons encore MOITIERS, MONASTIER, MONESTIÈS, MO(N)NETAY et MÉNOTEY, MO(N)NETIER, MONT(H)IER(S), MONTOIR, MOTEY, MOTTIER, MOUSTEY, MOUSTOIR, et la forme germanique MUNSTER. On trouve, avec des suffixes diminutifs français, LE MOUTARET (Isère), LE MOUTHEROT (Doubs), MOUTROT (M&M), peut-être MONTRET (S&L) et, avec un suffixe breton, MOUSTÉRUS (CdN).

En composition avec des adjectifs, on a HÉMONSTOIR (CdN) avec le breton **hen,** *vieux,* ainsi que MONTERBLANC (Morbihan), NOIRMOUTIER (Vendée) et ROUGEMONTIERS (Eure). SEMOUTIERS (HM) est fait avec le latin **summus,** *le plus haut.*

L'abbaye de NOIRMOUTIER (Vendée) s'appelle Notre Dame la Blanche — beau contraste qui s'explique par le costume des moines qui s'y succédèrent. De l'évangélisation par saint Philbert, en 680, au IXe siècle, l'île fut occupée par des Bénédictins, dont l'habit est noir. Après le XIIe siècle, ce furent les Cisterciens, dont l'habit est blanc.

Avec **Calma** (voir p. 42) on a un MONTIERCHAUME (Indre). Avec le latin **puella,** *jeune fille,* on a PUELLEMONTIER (HM) qui correspond à une abbaye de femmes fondée au VIIe siècle ; avec **villare** (voir p. 154), on a MONTIVILLIERS (SM).

Avec un nom de rivière, la **Vie,** on trouve VIMOUTIERS (Orne) et avec le Pays de **Bray,** BRÉMONTIER (SM). Des anthroponymes germaniques, correspondant généralement au nom du seigneur fondateur du monastère, sont à l'origine de MARMOUTIER (BR), ou TALMONTIERS (Oise).

Le lien entre *Moutier* et *Monastère* semble évident. Il ne l'était pas assez pour un érudit de la fin du Second Empire, qui prétendit faire de MOUTIER (M&M) une sorte de sigle. Il décomposa le nom en cinq parties. Selon lui MO correspondait à *molitio agrorum,* labourage, UT à *uti,* avoir la jouissance de, IE à *jejuna terra,* terre maigre, et R à *recipere,* recevoir. Le tout aurait signifié *terre maigre reçue en fermage pour être labourée...* Ces élucubrations furent, dit-on, reçues avec attention.

Trois diminutifs latins ont également été fort productifs.

Monasteriolum a donné des noms comme MÉNESTÉROL (Dordogne), MÉNESTREAU (Loiret), MÉNÉTR(E)OL(S) (Charente, Indre, PdD), MÉNÉTREUIL (S&L), MÉNÉTREUX (CdO), MÉNÉTRU (Jura), MONISTROL (HL), MONTHUREUX (Vosges), une trentaine de MONTREUIL, plus MOTTEREAU (E&L), MONTROLLET (Charente), ou, avec **cortis** (voir p. 147), MONTRÉCOURT (Nord).

Monasterellum a donné des toponymes parfois identiques, comme MÉNESTREAU (Nièvre), parfois différents comme

MONTEREAU (S&M), MONTIREAU (E&L) ou MONTARLOT (HS).

Monastellum, enfin, est à l'origine de ME(N)NETOU (Cher, Indre, L&C) et MONÉTEAU (Yonne).

Monachus, mot d'origine grecque, a donné *moine.* En ancien français, il avait également abouti à la forme **monge.** En dérivent LA MONGERIE (Corrèze), LA MON(T)GIE (PdD, HP), et LA MONZIE (Dordogne). La présence d'un couvent peut également être indiquée par le qualificatif *monial,* comme à PARAY-LE-MONIAL (S&L).

Un monastère pouvait également être désigné par le nom **regula,** *règle monastique,* d'où LA RÉOLE (Gironde), et BARD-LE-RÉGULIER (CdO) : pour BARD, voir p. 41.

Oratorium, *oratoire,* désignait sans doute des lieux de culte d'importance secondaire, plus tard érigés en paroisses, puis en communes.

Dans le Massif Central, **oratorium** donne normalement ORADOUR (Cantal, Charente), dont ORADOUR-SUR-GLANE (HV).

Oradour-sur-Glane, c'est Oradour sans autre précision — un nom propre, un nom commun, le nom de tous les massacres froidement perpétrés. Il a fallu une unité SS se repliant, et un petit village, pour qu'au moment de la libération de Paris, l'horreur prenne un nom, martelé par Jean Tardieu dans le dernier numéro clandestin de la revue *Les Lettres Françaises :*

Oradour n'a plus de femmes
Oradour n'a plus un homme
Oradour n'a plus de feuilles
Oradour n'a plus de pierres
Oradour n'a plus d'église
Oradour n'a plus d'enfants.

A la limite Nord du domaine d'oc, on trouve encore SAINT-ORADOUX (Creuse), où l'oratoire est manifestement pris pour un homme. Dans d'autres régions, le nom a été plus touché par l'évolution phonétique : on trouve OROËR (Oise), OROUX (DS), ORROUER (E&L), ORROUY (Oise), OUZOUER (Loiret, L&C), OZOIR (S&M, E&L), YROUÈRE (Yonne), etc.

Sous l'influence d'**aurum,** *or,* se sont développées les graphies AURADE (Gers), AURADOU (L&G), AUROUER (Allier) et AUZOUER (I & L)... Avec agglutination de l'article, on a LOREUX (L & C), LOURDOUEIX (Indre) ou

LOUROUX (Allier), et même LE LOREUR (Manche) ou LE LOUROUX (I & L, M & L), etc.

Rien ne peut mieux montrer que ces derniers exemples à quel point la signification du nom d'un lieu peut être perdue pour ceux qui l'habitent. Bien loin de penser à un oratoire, les habitants des (Le) Louroux expliquent volontiers le nom de leur commune par l'existence, en des temps reculés, d'un fabuleux loup roux.

Paroecia, emprunté au grec **paroikia,** a donné le mot *paroisse,* mais aussi LES PAROCHES (Meuse) et LA PARROUQUIAL (Tarn).

Les cimetières

La vénération des morts est une composante essentielle du christianisme antique et médiéval. Les reliques des saints, très recherchées au Moyen Âge, sont évoquées à LA CHAPELLE-AUX-CHASSES (Allier), où malgré l'absence d'accent circonflexe, il s'agit bien de reliquaires, et non de battues. C'est également un précieux morceau d'anatomie qui est signalé à CORSAINT (CdO), c'est-à-dire *Corps Saint.*

Atrium, *salle d'entrée* ou *portique* d'un temple en latin classique, avait fini par désigner le parvis de l'Église, puis le cimetière qui y était situé. On reconnaît ce mot dans LAITRE (M & M) et LATTRE (PdC).

Martyres, emprunt latin au grec, a signifié d'abord *martyrs,* puis a fini par désigner tous les « morts dans le Christ » et par devenir synonyme de *cimetière.* Il a donné une demi-douzaine de MARTRES (HG, Gironde, PdD). **Martyrium,** sanctuaire consacré à un martyr, a donné pour sa part LIMERZEL (Morbihan) et LE MERZER (CdN).

La Vierge, les anges et les saints

Dans le Christianisme original, il n'y avait pas de culte des saints. Il n'était pas question de donner à une église le nom d'un martyr, ou d'un propagateur de la foi. Toutes étaient dédiées au Christ. Il était encore moins question de donner à une ville ou un village un nom de saint, un hagiotoponyme. Les choses changent lentement, entre le IVe et le IXe siècle. A la fin du IVe siècle, le culte des reliques se développe. Au début du Ve siècle, on commence à consacrer des églises à des saints. Le mouvement commence avec la Vierge, à laquelle le pape Sixte III consacre une basilique en 431.

Les églises sont alors nommées du nom du saint, souvent suivi du nom du village. L'ensemble, nom du saint et nom du village, se met à désigner la localité. C'est un processus que l'on peut suivre et qui se poursuit, à des rythmes divers, sur plusieurs siècles. Ainsi, au milieu du Xe siècle, SAINT-MARTIN-D'ABBAT (Loiret) s'appelle simplement **Abet** ; au XIVe, un document rédigé en latin indique *S. Martinus de Abbeto*. En 912, SAINT-NICOLAS-DE-PORT (M&M) s'appelle **Port**, etc.

Le plus souvent, dans un second temps, l'ancien nom du village disparaît. SAINT-VENANT (PdC) est ainsi, par exemple, un ancien *Saint Venant de Papinghem*. L'ancien nom est oublié et cet oubli peut donner lieu à des réinterprétations fantaisistes.

Ainsi, SAINT-JULIEN-DU-SAULT (Yonne) était un ancien **Le Sault**, issu du latin **salix**, *saule*. Devenu l'appendice de Saint Julien, *Sault* n'a plus été compris, et a été confondu avec le nom commun *saut*. Une légende a été forgée pour justifier cette confusion. On a fait remonter ce nom à un exercice de haute voltige effectué par le cheval du saint. Celui-ci, serré de près par ses ennemis, se lança du haut de la colline où l'on voit aujourd'hui encore une chapelle, et arriva d'un seul bond au creux de la vallée, faisant jaillir avec son sabot la source qui alimenta longtemps le lavoir public. On a même affirmé qu'en passant la main sur la pierre qui constitue le fond du bassin, on sent la forme d'un fer à cheval.

Les premiers hagiotoponymes ne se présentaient pas sous la forme *Saint-Pierre* ou *Saint-Paul*. Le langage populaire appelait le saint **Dominus**, c'est-à-dire *Seigneur*. **Dominus** a fini par être réservé au Christ, mais a laissé de nombreuses traces dans la toponymie française, une fois devenu *Dom* ou *Dam*. La forme la plus anciennement attestée (673) est DOMFRONT (Orne, Sarthe) = *Saint-Front*. Ces formes se trouvent dans les pays d'Oil ou de parlers franco-provençaux, jamais en terre d'Oc : les DAMPIERRE, DOMPIERRE, DAMMARTIN, DOMMARTIN sont légion et largement répandus. D'autres se cantonnent dans les limites de la patrie du saint qu'ils glorifient : ainsi pour le Lorrain **Basolus,** dont le souvenir survit sous la forme DOMBASLE (M & M, Meuse, Vosges). Quant au grand Saint Rémi, évêque de Reims et baptiseur de Clovis, il a laissé dans l'Est de la France un DOMPRÉMY (Marne) et quelques DOMRÉMY (HM, Meuse, Vosges). L'un d'eux, DOMRÉMY-LA-PUCELLE (Vosges) est universellement célèbre depuis qu'une jeune bergère, vers l'an 1424, y entendit des voix... Il est juste d'ajouter, en anticipant quelque peu, que la France compte aussi une grande quantité de SAINT-RÉMY, dont certains, d'ailleurs, peuvent célébrer un Saint Rémi évêque de Rouen au VIIIe siècle, ou un autre, évêque de Lyon au IXe.

Certaines déformations sont assez étranges. Ainsi, DONTRIEN (Marne) est un **Dominus Trojanus,** *Saint Trojan ;* DOMÈVRE (M & M, Vosges) un **Dominus Aper,** *Saint Aper ;* DOMSURE (Ain) un **Dominus Theodorus,** *Saint Théodore ;* DOMPCEVRIN (Meuse) un **Dominus Symphorianus,** *Saint Symphorien ;* DOURIEZ (PdC) un **Dominus Ricarius,** *Saint Riquier,* et DONCHERY (Ardennes) un **Dominus Cyriacus,** *Saint Cyriaque.* **Domina Maria,** *Sainte Marie,* subit également des transformations, devenant DAMMARIE (E & L, S & M), DANNEMARIE (Doubs, HR, Yvelines), ou DONNEMARIE (HM, S & M).

Dans quelques cas, **dominus** désigne non un saint, mais un simple religieux. C'est le cas à DAMPARIS (Jura), qui perpétue la mémoire d'un certain Paris, fondateur du monastère autour duquel s'est groupé le village.

D'autre part, à DAMPRICHARD (Doubs), **Dominus** est un titre féodal et non ecclésiastique. Richard est le nom d'un seigneur local, dans un village sans fondation religieuse connue. Enfin, c'est **monacha,** *religieuse,* qui est à l'origine de DANNEMOINE (Yonne), du latin **Domina Monacha.**

Aux XIe, XIIe et XIIIe siècles, et un peu plus tardivement dans l'Est, une seconde vague utilise cette fois le mot *Saint*. Ce terme avait été employé auparavant pour désigner un sanctuaire où étaient conservées des reliques de saints. On trouve des SAINTS, ou SAINS dans divers départements, tous situés au Nord de la Loire. D'autre part, TOUSSAINT (S & M) conserve le souvenir d'une léproserie fondée sous le patronage de *tous les saints*. Attention : SAINTES (CM) a une origine toute différente (voir p. 84).

Mettons à part les noms correspondant à des églises consacrées à Dieu lui-même, et non à un saint. Dieu peut être nommé sous sa forme trinitaire, à SAINT-TRINIT (Vaucluse), à rapprocher de nombreuses LA TRINITÉ et de LA TRINITAT (Cantal). Il peut aussi être incarné en la personne du Fils : on compte quarante SAINT-SAUVEUR, plus SAINT-SALVADOU (Aveyron) et SAINT-SALVADOUR (Corrèze). Ces formes résultent d'évolutions différentes du nom latin **Salvator,** *Sauveur.*

D'autre part, SAINTE-CROIX (26 toponymes dans toute la France) renvoie évidemment au supplice du Christ.

Une poignée d'autres noms ne sont pas à mettre en rapport avec des saints. On citera SAINTE-ENGRACE (PA) qui n'est autre que la *Grâce de Dieu,* SAINTE-VERTU (Yonne) qui s'appelait autrefois **Saintes Vertus,** SAINT-ANGE (E & L, S & M), SAINT-ANGEAU (Charente), SAINT-ANGEL (Allier, Corrèze, PdD), et certains noms correspondant à des lieux sanctifiés : SAINT-CHAMP (Ain), SAINT-MONT (Gers), SAINT-PUY (Gers), SAINTE-TERRE (Gironde).

En revanche, SAINT-NOM-LA-BRETÈCHE (Yvelines) ne glorifie pas le Nom du Seigneur, mais un obscur **Saint Nummius.** De même SAINTE-FOY (un peu partout) et SAINTE-INNOCENCE (Dordogne) renvoient à deux martyres nommées, l'une **Fides,** *Foi,* l'autre **Innocentia,** *Innocence...*

Deux choses frappent, au premier abord : le nombre colossal d'hagiotoponymes et leur variété. Le *Dictionnaire des communes* indique, sur un total de 36 497 localités, environ 4 600 noms commençant par SAINT, SAINTE, SAN(T), SANTA, soit un sur huit ou 12,5 %. Ces 4 600 localités se partagent un peu plus de mille noms, des plus répandus aux plus obscurs.

Les hagiotoponymes ne représentent pas uniformément, tant s'en faut, 12,5 % des noms de lieu dans chaque département. Le décompte ne fait pas la part belle à la Bretagne. Le Finistère, par exemple, n'arrive qu'à 8,8 %. Or, il s'agit d'une terre où la tradition catholique est extrêmement puissante et vivace, et dont sont originaires nombre de saints réels ou légendaires. C'est que l'usage local fait précéder le nom du patron du village non pas de l'adjectif *Saint*, mais des éléments *Ker-*, *Lan-*, *Loc-*, *Pen-*, *Plé-* ou *Plou-* signfiant *lieu, village,* etc. (cf. pp. 205-211).

Dans le domaine de l'hagiotoponymie, la Bretagne constitue de toute façon un monde à part. Même quand l'adjectif *Saint* est exprimé, il précède souvent un nom qu'on ne retrouve pas hors des départements bretons : SAINT-BRIEUC (CdN, I&V, Morbihan), SAINT-CAST (CdN), SAINT-QUAY (CdN), etc.

Les saints, bien évidemment, ne jouissent pas tous de la même popularité. On compte 238 SAINT-MARTIN, et les

dix saints les plus représentés se partagent mille deux cent localités, soit près du quart du total.

Quatre noms ont été attribués à plus de cent localités : *Martin*, *Jean*, *Pierre* et *Germain*.

De tous les saints représentés dans les noms de communes de notre pays, Saint Martin est de loin le plus répandu. Plusieurs saints personnages ont porté ce nom, mais tous s'effacent devant celui que l'on a appelé « le treizième apôtre », évangélisateur, évêque de Tours de 360 à la fin du IVe siècle, prêchant et convertissant dans tout le pays. La légende, la peinture, la sculpture se sont emparées d'un trait de sa vie. Martin rencontra un pauvre, grelottant de froid. On dit qu'il appartenait alors à l'armée romaine. Il avait payé la moitié de son manteau, l'autre moitié avait été payée par l'État. Il le coupa en deux pour donner la moitié dont il estimait pouvoir disposer librement au malheureux, qui n'était autre que le Christ et lui apparut en rêve pour le remercier.

Le culte du saint commença dès sa mort et s'étendit dans tout le pays. Son nom étant associé, de son vivant, à la lutte contre les croyances préchrétiennes, on donna souvent son nom à des chapelles ou des églises édifiées en lieu et place de temples païens.

Après SAINT-MARTIN vient SAINT-JEAN. Si beaucoup de saints ont porté ce nom, les hagiotoponymes viennent essentiellement de Saint Jean le Baptiste, dernier des prophètes avant le Christ, décapité par Hérode pour satisfaire un caprice de Salomé. Quelques églises, toutefois, ont été consacrées à Saint Jean l'Évangéliste. L'un et l'autre semblent avoir eu une popularité maximale dans le Sud-Est, et sont pratiquement absents des départements lorrains et alsaciens.

SAINT-PIERRE est moins fréquent que SAINT-JEAN, mais Pierre dépasse Jean en popularité : il a donné son nom, en réalité, à un plus grand nombre de paroisses, si l'on prend en compte les DOMPIERRE et DAMPIERRE. Aux XIe et XIIe siècles, ce furent essentiellement les bénédictins et les moines de la congrégation de Cluny qui donnèrent ce nom à leurs abbayes, lesquelles le donnèrent aux villages voisins. Il s'agissait pour ces religieux d'affirmer leur dévotion à Saint Pierre (dont les papes sont réputés être les successeurs), donc leur allégeance directe au Saint-Siège, c'est-à-dire leur indépendance vis-à-vis des puissances locales, tant spirituelles que temporelles.

SAINT-GERMAIN doit sa diffusion moins à l'évêque d'Auxerre, mort en 448 et assurément très populaire, qu'à un évêque de Paris, mort en 576, moins célèbre personnellement mais patron de l'abbaye de Saint-Germain-des-Prés (Paris). Celle-ci, bien avant de donner son nom à un boulevard et un quartier, avait des possessions extrêmement nombreuses dans l'ensemble de la France, où le nom se répandit.

SAINT-MICHEL est assez bien réparti dans le pays, quart Nord-Est mis à part. L'Église catholique considère Saint Michel comme le premier des Archanges, le chef de la milice céleste, vainqueur des mauvais anges révoltés sous la conduite de Lucifer.

Saint Michel fut une des « voix » entendues par Jeanne d'Arc. Surtout, après une apparition de l'Archange à un évêque d'Avranches en 711, son nom a été donné à la plus célèbre des abbayes militaires du pays, siège d'un grand ordre royal de chevalerie, le MONT-SAINT-MICHEL, dit *Mont Saint Michel au Péril de la Mer*. L'influence du pèlerinage au Mont-Saint-Michel, drainant des foules énormes venues de toutes les régions, a été essentielle dans la multiplication des lieux de culte dédiés à Saint Michel. Toutefois, sous cette dévotion à l'archange s'en cache une autre, plus ancienne et beaucoup moins catholique.

En effet, Saint Michel est le chef des messagers célestes et, de plus, le vainqueur du dragon. Or Mercure, le plus populaire des dieux de la Gaule romaine (voir p. 135), donc celui contre lequel les premiers évêques durent essentiellement s'acharner, était le messager de Jupiter et le meurtrier d'un monstre nommé Argus. L'analogie était discutable, mais facile à mettre en valeur. On donna ainsi un sens chrétien à des souvenirs qui pouvaient subsister dans les mémoires des nouveaux convertis. Là où avait été adoré Mercure furent érigés des sanctuaires dédiés à Saint Michel. Comme les temples de Mercure couronnaient également des sommets, ce fut de préférence sur des montagnes, des collines et des rochers que furent installées les chapelles et les églises consacrées à l'archange. On trouve un cas de substitution incomplète, ou plutôt de simple juxtaposition : c'est SAINT-MICHEL-MONT-MERCURE (Vendée).

On peut enfin être surpris de la fréquence relativement faible du nom de Marie, mère du Christ. La situation est moins surprenante si l'on prend en compte les dérivés de **Domina Maria**, qui sont au moins au nombre de 14 (voir p. 233), et surtout les NOTRE-DAME, dont on compte une cinquantaine. On a alors un total qui place la Vierge au cinquième rang des saints.

Ce rang reste pourtant étrangement modeste, si l'on songe à l'importance de la dévotion à Marie chez les catholiques. Et l'on peut se demander comment Marie a pu donner son nom à moins de communes que tel ou tel saint, dont le prestige est nettement inférieur au sien dans la conscience populaire.

Aussi paradoxal que cela puisse sembler, c'est sa popularité parmi les croyants qui l'a, sur ce point précis, desservie. En effet, elle la rendait trop proche d'une véritable déesse. Elle pouvait être confondue avec Junon, avec les Matronae gauloises, avec toutes les divinités féminines, protectrices et bienveillantes, des panthéons païens. La hiérarchie ecclésiastique craignit des confusions dans l'esprit de fidèles encore imprégnés de polythéisme. Elle se montra donc très réservée à l'égard de la dévotion à Marie, au moins jusqu'au ve siècle où la doctrine de la divinité du Christ triompha définitivement et, où, par voie de conséquence, Marie fut très officiellement proclamée Mère de Dieu. La piété des fidèles aurait alors pu se donner libre cours, mais les réticences, voire l'hostilité, manifestées dans la période précédente, avaient marqué les mentalités. On peut ajouter que les reliques mariales (objets, vêtements, etc.) ont été rarissimes. Son culte se développa après les retours des croisés, et surtout après la prédication de Bernard de Citeaux au XIIe siècle.

A l'opposé de ces « best sellers » de l'hagiotoponymie, certains noms sont purement locaux. On compte en effet 649 noms qui ne correspondent qu'à une commune, 138 qui correspondent à deux, et 68 à trois, soit 85 % au total.

Cela tient en grande partie à ce que, jusqu'au XIIe siècle, il suffisait qu'un personnage fût environné d'une renommée de vertu plus ou moins légitime, ou qu'il fût mort dans des circonstances plus ou moins extraordinaires, pour qu'il fût « canonisé », c'est-à-dire inscrit sur une liste officielle, mais locale, établie dans un diocèse ou dans un grand monastère. Administrativement, il suffisait d'avoir l'assentiment de l'évêque ou de l'abbé pour promouvoir un glorieux défunt au rang de saint officiel.

Des abus s'ensuivirent, jusqu'à ce qu'en 1170, le pape Alexandre III, mécontent de voir vénérer comme saint un ivrogne tué en état d'ébriété, tentât d'y mettre bon ordre en soumettant tout culte à l'autorisation expresse de Rome. Mais le mal était fait. Les saints locaux profitèrent, si l'on ose dire, de la situation acquise. Ainsi des saints, aujourd'hui bien oubliés, ont pu être vénérés à tel ou tel endroit, donner leur nom à telle ou telle commune, et être parfaitement ignorés sur le reste de la planète ; par exemple ceux qui donnèrent leur nom à SAINT-ADJUTORY (Charente), SAINT-AFFRIQUE (Aveyron, Tarn), nom d'un évêque du Comminges au VIe siècle, SAINT-MARCOUF (Calvados,

Manche), nom d'un abbé du Cotentin au VIe siècle, SAINT-RESTITUT (Drôme), nom d'un évêque de Saint-Paul-Trois-Châteaux au Ve siècle, ou SAINTE-VERGE (DS), dont le nom n'évoque pas le souvenir de quelque obscur culte priapique, mais une bergère, certainement chaste et pure, qui vécut dans les environs de Thouars à une date inconnue.

Heureux les bienheureux qui ont pu patronner des communes de quelque importance ! Leur nom chante encore dans la mémoire des hommes, même s'il est devenu méconnaissable. C'est le cas pour la pieuse **Manehildis,** à l'origine de SAINTE-MENEHOULD (Marne), que l'on prononce *Sainte Menou* conformément à l'évolution phonétique du français, alors que l'orthographe en est restée à la prononciation du XIIe siècle. **Deodatus** explique SAINT-DIÉ (Vosges), et SAINT-DYÉ (L&C). Un **Lauto,** évêque de Coutances, se perpétue à SAINT-LÔ (Manche). **Nazareus,** abbé du monastère des îles de Lérins, à donné SAINT-NAZAIRE (LA). **Florus,** « l'apôtre de l'Auvergne » fleurit à SAINT-FLOUR. **Gerontius,** évêque de Milan au Ve siècle, fut vénéré à SAINT-GIRONS (Ariège). **Gaudentius,** martyr toulousain du Ve siècle, est chez lui à SAINT-GAUDENS (HG) comme à SAINT-JOUVENT (HV). Un **Aldwin,** évêque de Rouen, nous a laissé de très nombreux SAINT-OUEN, et un **Mandetus,** solitaire breton, SAINT-MANDÉ (VdM), tandis qu'à l'autre bout de Paris **Clodoald,** fils du roi Clodomir, a fondé un monastère autour duquel s'est constituée la ville de SAINT-CLOUD (HdS) ; d'autres SAINT-CLOUD, du reste (Aisne, Calvados, Dordogne, E&L, Vaucluse), perpétuent sa mémoire. Une obscure sainte locale, **Maxima,** est à l'origine de SAINTE-MAXIME (Var), et un martyr du Ier siècle, mort à Pise, **Tropes,** veille peut-être encore sur les plages et les encombrements de SAINT-TROPEZ (Var).

Des prénoms courants peuvent être extrêmement peu représentés dans la toponymie. On ne compte que deux SAINT-RAPHAËL (Dordogne, Var), une pincée de SAINT-CLAUDE (Doubs, L&C, Oise, etc.). Le phénomène est encore plus accusé pour les prénoms féminins. Pas de Françoise, de Monique ou de Nicole, encore moins d'Alice ou de Delphine. Martine n'a même pas pu se faufiler à l'ombre de Martin. Il est vrai que l'hagiotoponymie est nettement sexiste (à peu près une sainte pour dix saints).

Certains noms ne sont uniques qu'en apparence. Il arrive que le nom soit modifié par un phénomène de « fausse coupe ». Dans le Sud de la France, on disait *Sanch* devant un nom de saint commençant par une voyelle ; c'est ainsi que **Saint Annemund** est devenu **Sanch Amond,** puis SAINT-CHAMOND (Loire).

Plus fréquemment, il arrive qu'un hagiotoponyme représente la forme locale d'un nom par ailleurs plus répandu. C'est ainsi que Saint Didier, **Desiderius** en latin, a pu donner SAINT-DIZIER (HM), SAINT-DIÉRY (Puy-de-Dôme) ou SAINT-DÉZERY (Corrèze), que Saint Christophe a pu devenir SAINT-CHRISTAUD (HG), Saint Denis SAINT-DAUNÈS (Lot), Saint Hilaire SAINT-ELLIER (M&L), Saint Étienne, en latin **Stephanus,** SAINT-ESTEBEN (PA), SAINT-ESTÈPHE (Charente, Dordogne, Gironde, etc.) ou SAINT-ESTÈVE (BdR, PO), en plus de SAINT-ÉTIENNE (Loire). On connaît aussi des SAINT-GEOIRS (Isère) ou SAINT-JORY (HG) qui sont des avatars de Saint Georges, un SAINT-MIHIEL (Meuse) qui n'est autre qu'un Saint Michel, des SAINT-PÉ (HG, L&G, PA, HP) ou SAINT-PÈRE (I&V, Nièvre, Yonne) à rapporter à Saint Pierre, ou des SAINT-SOUPLET (Marne, Nord) qui sont des Saint Sulpice...

Quant à Saint Médard, il patronne, certes, de nombreux SAINT-MÉDARD, mais également, à la suite d'évolutions phonétiques normales, des SAINT-MÉARD (Dordogne, HV), des SAINT-MERD (Corrèze, Creuse) — honni soit, donc, qui mal y pense ! — et des SAINT-MARS (LA,

Mayenne, Sarthe, Vendée), dont l'un est devenu CINQ-MARS (I & V).

Henri de Ruzé d'Effiat, marquis de Cinq-Mars, personnage parfaitement historique, est le héros du drame homonyme d'Alfred de Vigny... Il n'avait pas dix-huit ans quand il obtint les titres de grand maître de la garde-robe et de grand écuyer du roi Louis XIII. Ces dignités, jointes à l'intimité du monarque, lui montèrent à la tête. Son insolence alerta Richelieu. Quatre ans après, il était, avec son complice Du Thou, accusé d'avoir comploté la mort du cardinal, arrêté, incarcéré à Tarascon, ramené à Paris et exécuté. C'était le 12 septembre 1642.

Il arrive qu'un terme topographique descriptif s'ajoute au nom. Avec les hagiotoponymes en DAM-/DOM-, on a ainsi DOMMARTEMONT (M & M), constitué à partir de **Dommartin,** ou VALDAMPIERRE (Oise). Avec les toponymes en SAINT-, on peut citer par exemple SAINT-PÉRAVY-LA-COLOMBE (Loiret) représentant un **Sanctus Petrus in via columnae,** *Saint-Pierre sur la route de la colonne,* et SAINT-PÉRAVY (Loiret) : **Sanctus Petrus ad vicum,** *au village.*

Il peut arriver que la déformation fasse du saint un hermaphrodite, changeant de sexe avec le temps. Ainsi SAINTE-FEYRE (Creuse) célèbre un **Sanctus Symphorianus** devenu d'abord **Saint-Sinfeira,** puis, pour éviter le bégaiement, **Saint-Feira.** SAINTE-RAMÉE (CM) n'est autre que Saint Rémi, SAINTE-OLIVE (Ain) **Sanctus Illidius.** Inversement, SAINT-AGNET (Landes) et SAINT-AUNÈS (Hérault) sont des masculinisations indues de Sainte Agnès. Et si de nombreux SAINT-ÉLOY ne trompent pas sur leur origine, SAINT-ÉLOI (Ain) ne doit rien à l'évêque conseiller du « bon roi Dabobert » et patron des orfèvres. Il s'agit en fait d'une **Sancta Eulalia,** qui a donné par ailleurs SAINT-ARAILLES (HG, Gers), SAINT-AULAIRE (Corrèze), SAINT-AULAIS (Charente) et SAINT-AULAYE (Dordogne).

Dans certains cas, le mot *Saint* disparaît. Ainsi, Sainte Agnès est à l'origine de AIGNE (Hérault), et de AIGNES (HG). Saint Amator, bien oublié, a donné ROCAMADOUR (Lot).

On raconte qu'Amator, ou Amadour en langue d'Oc, serait le Zachée de la Bible, venu finir ses jours sous nos climats. On aurait en effet découvert, en 1166, sur le seuil de la chapelle alors dédiée à la Vierge, un corps humain intact, comme momifié. Les habitants se persuadèrent rapidement qu'il s'agissait du cadavre miraculeusement conservé du saint ; ils l'exposèrent près de l'autel et attendirent les miracles, qui ne manquèrent pas de se multiplier.

BEUZE (Finistère) est un nom de saint breton, tout comme BIEUZY (Morbihan) et CAST (Finistère) pour lequel existe la forme complète SAINT-CAST (CdN). GUÉHENNO (Morbihan) vient directement du nom de Saint Guetheno. Quant à LORENTZEN (BR), c'est un avatar germanisé de Saint Laurent. La Sainte Vierge elle-même semble avoir pu être oubliée ; il existe en effet un MARESVILLE (PdC) qui dérive de Sainte Marie.

MAYENT (I & V), RIEC (Finistère), et PRIVAS (Ardèche) doivent eux aussi leur nom à des bienheureux oubliés, tout comme REMIREMONT (Vosges) qui tire son nom de Saint Romaric, fondateur du monastère local. LE VALTIN (Vosges) doit le sien à Saint Valentin que sa fonction, à vrai dire récente, de patron des amoureux aurait pourtant dû à jamais préserver de l'oubli. En revanche, MAMERS (Sarthe) n'a subi aucune perte. Il remonte à l'époque gallo-romaine, et à **Mamertii (Villa). Mamertius** est le nom d'un simple particulier, et c'est abusivement qu'on a cru, au Moyen Âge, que la ville rendait hommage à Saint Mamers.

On trouve même un cas où le nom du saint, en l'occurrence de la sainte, a lui aussi disparu ; il s'agit de LÉPINE (Marne) qui, est un ancien **Sainte-Marie-à-l'Épine,** *épine* désignant ici la couronne d'épines mise sur la tête du Christ lors de la crucifixion.

Saint peut aussi non pas disparaître mais être absorbé par le nom.

Cyricus, à côté d'innombrables SAINT-CYR, SAINT-CIRQ, etc., a ainsi donné SANCERGUES (Cher), anciennement **Saint-Cergues. Eulalia** a bien donné des SAINTE-EULALIE, mais nous avons vu qu'elle est devenue en gascon **Araille.** Au bout de quelques siècles, on oublia qu'**Araille** pouvait être un prénom, et **Sainte-Araille** devint incompréhensible, d'où les formes soudées et déformées de SENTARAILLE (Ariège) et XAINTRAILLES (L & G). **Sancta Gabella,** que l'homonymie avec l'impôt de l'ancien régime sur le sel, tout particulièrement honni, ne prédisposait pas à un culte très fervent, est à l'origine de CINTEGABELLE (HG). Saint Nary dont le nom est issu de **Nazarius,** *Nazaire,* a fini en SANARY (Var), où le seul reste du culte est un reliquaire de bois doré, affectant la forme d'un buste, et censé représenter le saint. Saint **Satyrus,** dont le nom, sous cette ancienne forme, semble peu compatible avec la dévotion, alors qu'il s'agit du très pieux, et certainement très chaste frère de Saint Ambroise, a donné SANCERRE (Cher).

Les élucubrations des érudits locaux, peut-être gênés par ce « satyre », ont fait de Sancerre, au merveilleux vin blanc, une fondation de Jules César, qui y aurait effectué quelques sacrifices, d'où le nom qui serait une altération de *Sacrum Caesaris*, Sacrifice de César. On a aussi invoqué Cérès, la déesse des moissons, qui y aurait eu un temple, ou bien un pieux Césaire, qui y aurait construit une chapelle, etc.

Maximinus est à l'origine de SÉEZ MESNIL (Eure). Le nom est devenu d'abord **Saint-Mesmin** — on trouve SAINT-MESMIN en Côte d'Or, Loiret, Deux-Sèvres et Vendée — puis probablement **Saint-Mesnin.** Mesnin a été alors confondu avec *mesnil* (voir p. 149). Dès lors, on ne comprit plus comment le nom commun pouvait justifier l'épithète de *saint*, qui s'est, à son tour, altérée.

Il arrive que l'erreur soit rectifiée. S'il n'y a pas, par exemple de fromage célèbre du nom de **Senneterre,** c'est que le bourg qui le produit est redevenu SAINT-NECTAIRE (PdD).

Sans pour autant disparaître, l'épithète Saint peut donner naissance à des calembours étymologiques. C'est le cas à SAINT-CHARTIER (Indre), village qui porte le nom d'un saint local berrichon, pour le moins obscur, et où une tradition affirmait, vers la fin du XIXe siècle que les chemins d'alentour étaient si impraticables qu'il fallait *cinq charretiers* pour y conduire une voiture, d'où un dicton polémique, forgé pour dénigrer et le village, et deux des bourgs voisins : « Méfiez-vous des chemins de Saint-Chartier, des femmes de La Châtre et de la justice de Sainte-Sévère. »

Finissons-en avec les hagiotoponymes en signalant que certaines déformations, au lieu de faire disparaître des saints, en ont créé de toutes pièces. SAINTE-MÈRE-ÉGLISE (voir p. 227) pourrait aussi s'expliquer par un anthroponyme germanique **Sintmer.** SAINT-IGNY (S&L, Rhône) est un ancien **Sentiniacum,** formé sur **Sentinius,** nom d'un propriétaire gallo-romain.

En revanche, SAINT-CUCUFA (lieu-dit voisin de Rueil, HdS), qu'on dirait inventé par des Parisiens en goguette, perpétue le souvenir d'un vénérable martyr né en Afrique du Nord et décapité en 303.

Tableau de fréquence des hagiotoponymes

238 Saint Martin
171 Saint Jean
162 Saint Pierre
127 Saint Germain
99 Saint Laurent
91 Saint Julien
80 Saint Hilaire
77 Saint Georges
75 Saint Aubin
73 Saint André
70 Saint Étienne
63 Saint Michel
62 Saint Maurice
56 Saint Paul
55 Saint Léger
52 Saint Denis
46 Saint Rémi
44 Sainte Marie
44 Saint Vincent
42 Saint Sauveur
41 Saint Christophe
41 Saint Sulpice
40 Saint Ouen
39 Saint Bonnel
38 Saint Cyr
35 Saint Médard
35 Saint Romain
34 Saint Nicolas
34 Saint Quentin
31 Saint Just
31 Saint Loup
29 Saint Aignan
28 Sainte Colombe
27 Saint Didier
27 Saint Marcel
27 Saint Symphorien
27 Saint Victor
23 Saint Clément
23 Sainte Croix
21 Saint Priest
20 Saint Amand
20 Saint Martial
19 Saint Félix
19 Saint Gervais
18 Saint Pardoux
17 Saint Benoît
16 Saint Alban
16 Saint Avit
16 Saint Barthélémy
16 Sainte Foy
15 Saint Nazaire
15 Saint Gilles
14 Saint Antoine
14 Sainte Eulalie
14 Sainte Gemme
14 Saint Genis
14 Saint Mars
14 Saint Saturnin
13 Saint Hippolyte
12 Saint Brice
12 Saint Clair
12 Saint Jacques
12 Sainte Marguerite
11 Saint Marc
11 Sainte Radegonde
10 Saint Vaast

5 hagiotoponymes désignent 10 communes ; 4 en désignent 9 ; 9 en désignent 8 ; 11 en désignent 7 ; 19 en désignent 5 ; 27 en désignent 4 ; 68 en désignent 3 ; 138 en désignent 2 ; et 649 en désignent 1.

X. Le monde féodal

Autant peut-être que par l'Église, le Moyen Âge a été marqué par la féodalité.

Il faut toutefois préciser que ce mode particulier d'organisation de la société ne s'est mis en place que cinq cents ans après la chute de l'Empire Romain d'Occident. Il n'en reste pas moins que pendant quelques siècles, c'est ce système qui a régi notre société, au travers d'infinies variantes. Celle-ci a fini par y renoncer et le rejeter totalement, mais le terroir en a gardé de nombreux vestiges : les ruines des châteaux forts, bien sûr, mais aussi des noms, beaucoup de noms.

Le pouvoir des seigneurs

Le fief

Au xᵉ siècle, le fief est encore un bien public, appartenant au souverain, à l'État, et donné en échange de services de caractère public : administration, défense, etc. Imaginons le directeur d'une entreprise nationalisée payé en actions de son entreprise : pour peu que l'État s'affaiblisse, le chemin qui mène d'une telle pratique à l'appropriation à titre privé est extrêmement bref. De fait, aux xiᵉ, xiiᵉ, xiiiᵉ siècles, le fief est devenu un bien privé. Son possesseur peut d'ailleurs à son tour inféoder une partie des terres qui lui ont été concédées : c'est le principe de la pyramide féodale, ensemble de chaînes de fidélités aboutissant à quelques grands, et de là, s'il est capable de s'imposer, au monarque.

Le mot *fief* remonte apparemment à un vocable germanique **fehu**, *bétail* (cf. all. *Vieh*), devenu **feudum** ou **feodum** sur le territoire gallo-romain. Il est employé comme nom de lieu au FIED (Jura), à FIEFS (PdC), FIEFFES (Somme), et sans doute à AFFIEUX (Corrèze).

L'(**h**)**onor,** du latin **honor,** *honneur,* est un synonyme de *fief,* et, à l'origine, désigne précisément un domaine accordé à un haut fonctionnaire, comme rétribution. En découlent les noms d'HOUNORS (Aude) et de NORT (LA).

La **main** (du latin **manus**), avait pris au Moyen Âge le sens figuré de *pouvoir, possession :* c'est l'origine de BONNEMAIN (I & V).

La **poesté,** du latin **potestas,** *pouvoir,* désignait la seigneurie, et a donné LA POÔTÉ (Mayenne) et AUBIGNY-LES-POTHÉES (Ardennes).

Pars, du latin **pars,** *partie,* désignait une partie de fief, et est à l'origine de PAARS (Aisne) et PARS (Aube).

Possesse, du latin **possessa,** *possédée,* désignait une possession, et survit à POSSESSE (Marne).

Enfin, le fait de remettre un fief s'exprime par plusieurs termes qui ont donné des toponymes. **Autrezar,** du latin **auctorizare,** *octroyer,* a engendré le nom **autrec,** d'où, avec l'article, LAUTREC (Tarn). **Revestir,** c'est-à-dire *investir, doter,* du latin **revestire,** *revêtir,* a engendré le dérivé **revestison,** *action d'investir,* d'où LA REVÉTISON (DS).

Les droits féodaux

Les droits féodaux étaient multiples, assurant au seigneur une somme de privilèges et à ses dépendants une somme de contraintes qui se perpétuèrent jusqu'à la Révolution de 1789.

Droit de justice

Le **ban,** mot germanique, désignait le pouvoir du chef de guerre, en particulier son pouvoir judiciaire. Avec la naissance de la féodalité, ce pouvoir passe aux seigneurs de tous rangs, et leur accorde la haute main sur les tribunaux de leurs fiefs. En toponymie, ce sont essentiellement les tribunaux et les territoires sur lesquels ils avaient juridiction qui sont désignés par **ban.** On trouve ainsi BAONS (SM), BAMBECQUE (Nord), avec **baki,** *ruisseau* (voir p. 182),

BAN-DE-LAVELINE (Vosges), avec le vieux français **ave-line**, *noisetier*. Dans le Sud de la France, le tribunal (ou le greffe) pouvait s'appeler **sagellat**, du latin **sigillatus**, *scellé*, d'où SAGELAT (Dordogne).

Redevances diverses

CHAMPDENIERS (DS) fut un champ dont le cens était d'un denier. La *corvée*, du latin **corrogata (opera)**, *travail en participation*, explique CORVÉES-LES-LYS (E&L). La *demie* (latin **dimidia**), redevance de la moitié des produits du sol, a donné LA DEMIE (HS). Ces deux villages se sont construits sur des terres frappées de redevances qui les distinguaient des parcelles voisines. L'**estraière**, mot dérivé d'**estraier**, *étranger, vagabond, routier*, d'après **estree**, *route*, du latin **strata** (voir p. 138), était le droit du seigneur sur les biens délaissés par un étranger ; ce mot est à l'origine d'ÉTREIL-LES (Aisne), dont le territoire fut acquis par un seigneur selon cette procédure. La **meaille**, du latin **medialia**, *petite monnaie*, était un impôt en espèces, et nous amène à MÉAILLES (AHP), où devrait se tenir un poste de perception. Le **méage**, du latin **meaticum**, *droit d'entrée*, se payait au MAGE (Orne), et le droit de pêche appelé la **palme** à LA PALME (Aude). LA TÂCHE (Char.) et TASQUE (Gers), sont installés sur des terres autrefois frappées d'une taxe spéciale : *taxe* se disait au Moyen Âge **tasche**, d'après le latin **tasca**, forme vulgaire de **taxa**.
Les *péages*, du latin **pedaticum**, *droit de mettre le pied*, étaient fort nombreux. Il nous en reste le PÉAGE-DE-ROUSSILLON (Isère). Le seigneur du lieu avait eu l'idée fructueuse d'exiger quelque argent des voyageurs qui empruntaient une déviaton permettant d'éviter une forte côte, déviation par laquelle passe de nos jours la Nationale 7.

Les espaces réservés au seigneur

A des terres proches du château et réservées au seigneur, désignées par le mot **condamine**, du latin **condominium**, *ensemble du domaine*, correspondent les noms de (LA) CONDAMINE (Ain, Jura, AHP, etc.), et LA CONTAMINE (HSav.).

Le **defeis** ou **defens,** du latin **defe(n)sus,** *défendu,* était l'interdiction de faire paître des animaux sur une terre, et pouvait désigner naturellement la terre frappée de cette interdiction. Il a donné DEVESSET (Ardèche), ainsi que de multiples DEFAIS, DEFAIX, DEFEIX, DEVENS ou DEFFAND.

C'est dans ce chapitre qu'il convient d'évoquer les multiples (LA) FORÊT, (LA) FOREST, LEFOREST, qui parsèment la France. Certains de ces noms peuvent évoquer simplement ce que nous appelons aujourd'hui *forêt.* Mais beaucoup sont fondés sur le sens médiéval du mot **forest.** Ce mot désignait alors des bois dont l'usage était réservé au seigneur. Il était issu de l'expression latine **forestis silva** (voir *silva* p. 114) dont le sens exact n'est pas très clair (*forêt exclue,* ou *forêt de justice*).

Les espaces libres

Un adjectif les qualifiait : l'adjectif *franc,* c'est-à-dire *libre,* comme tout ce qui appartenait à des Francs. Un passage et une hauteur exempts de tous droits nous ont laissé les noms FRAMPAS (HM) et MONTFRANC (Aveyron). Voir aussi les VILLEFRANCHE, p. 263.

Un **alleu,** du germanique **alôd,** *entièrement libre,* était un bien échappant à la féodalité, une *propriété* au sens que nous donnons aujourd'hui à ce mot. Au nord de la Loire, le principe « Nulle terre sans seigneur » l'a fait très vite se raréfier. Ailleurs, il est devenu assez exceptionnel pour marquer les esprits et entrer dans la toponymie. **Alleu** est à l'origine des localités appelées LES ALLEUDS (M & L, DS), ALLEUX (Ardennes), ALLEUZE (Cantal), LES ALLUES (Savoie), ARLEUF (Nièvre), ÉLEU (PdC), LALEU (Orne, Somme), LALOEUF (M & M), etc. — mais pas d'ALEU (Ariège) qui semble avoir la même origine (obscure) qu'ALÈS (Gard), voir p. 27, ou ALES (Dordogne). La disparition des alleux a pu être compensée, au moins en partie, par l'apparition de nouveaux espaces de liberté : les fondateurs des « villes nouvelles » dont il sera question plus loin ont accordé des avantages spécifiques pour inciter les gens à venir s'installer sur leur territoire. D'autre part, les habitants des villes, mais aussi ceux des campagnes, se sont organisés en « ligues jurées ». Ces ligues, ou *communes*, du latin **communis**, *commun* se sont souvent opposées aux seigneurs, quelquefois avec la bénédiction du pouvoir royal. Elles ont pu recevoir des privilèges juridiques. Elles ont obtenu la propriété ou la gestion collective de terres. C'est à des biens communaux sur lesquels se sont fondés des villages qu'il faut rapporter les noms de COMMENAILLES (Jura), du latin **communalia**, COMUS (Aude), anciennement **Comuns**, ou encore SAINT-MARTIN-DE-COMMUNE (HS). Le chef de la communauté était parfois appelé *syndic*, du latin **syndicus**, emprunté au grec, d'où LE SYNDICAT (Vosges).

Les titres nobiliaires

Un lieu peut être désigné par le nom propre de son possesseur direct. On l'a déjà vu à de nombreuses occasions. On le verra encore. Mais on trouve assez souvent aussi la mention de titres féodaux. Le seigneur a longtemps été désigné par des mots issus du latin **dominus**, qui ne désignent donc pas seulement des saints (voir p. 233). L'origine est laïque et seigneuriale à LA DOMINELAIS (I&V), ou DOMINOIS (Somme), noms de formation obscure. On lit la forme médiévale **dam** à DAMPSMESNIL (Eure), en composition avec **mesnil** (voir p. 149), et à DAMVILLE (Eure) avec **villa** (voir p. 152). VILLEDOMAIN (I&L) remonte à **Villa Dominii**, c'est-à-dire *la Ferme du Domaine* (**dominium**, *domaine*) ; VILLEDOMANGE (Marne) à **Villa Dominica**, *Ferme Seigneuriale*, et DEMANGEVELLE (HS) à **Dominica Villa**. Avec des anthroponymes germaniques, on connaît DAMBRON (E&L), le *Seigneur Beron* et DENGUIN (PA), le *Seigneur Winon*. Les risques de fausse coupe existent : **Corvol Dam Bernard** est devenu CORVOL D'EMBERNARD (Nièvre), **corvol** (du latin **curvolium**) signifiant *Vallée courbe*. Enfin, l'adjectif **dominialis**, *seigneurial*, a peut-être donné DANGEAU (E&L).

Le mot *comte* (du latin **comes, comitis**, *compagnon*), marque que le château ou le village relèvent directement de l'autorité d'un noble de haut rang, et n'a pas été dévolu à quelque vassal. On peut citer LA COMTÉ (PdC), CONTEVILLE (Calvados, Eure, Oise, etc.), et CONTREMOULINS (SM), anciennement **Comitis Molinum**, le *Moulin du Comte.* CONTAUT (Marne) repose sur l'adjectif dérivé *comtal.* Le titre nobiliaire peut également être accolé au nom du lieu, comme à BRIE-COMTE-ROBERT (S&M) où il s'agit de Robert Ier, Comte de Dreux, frère du roi Louis Le Jeune.

Les autres titres nobiliaires apparaissent plus rarement mais on peut citer tout de même VISCONTAT (PdD), du latin **vice comitatus,** *vicomté,* et ROC-BARON (Var). Le vocable germanique **baro,** *homme libre,* est passé en français. Il n'en a pas été de même pour le nom **graf,** signifiant à peu près *comte,* et qu'on ne retrouve qu'en Alsace à CRASTATT (BR) : voir **statt** p. 179.

Il faut faire une place particulière à CROIX-AU-BAILLY (Somme), MONPAZIER (Dordogne) c'est-à-dire **Mont-Pazier**, et PRÉVOCOURT (Moselle). **Bailli, pazier, prévôt** ne sont pas des titres mais des charges. Le premier, tiré du vieux français **baillir,** *gouverner, diriger,* dérivé du latin **bajulus,** *porteur,* désignait un officier qui rendait la justice au nom d'un seigneur. Le second, le **pazier,** dont le nom dérive du latin **pax, pacis,** *paix,* était dans le Sud de la France une sorte de juge de paix. Le troisième, le **prévôt,** dont le nom vient du latin **praepositus,** *préposé,* était un officier institué par un suzerain pour juger les causes entre ses vassaux et éventuellement les conduire à la guerre. Dans les trois cas, une simple propriété, et non un fief, a pu fournir le nom d'un lieu-dit, puis d'un village. MONCONTOUR (Vienne) entre peut-être dans cette catégorie si CONTOUR vient de l'ancien français **conteor,** *trésorier* (du latin **computator,** *celui qui compte*).

Les titres ecclésiastiques

Les membres de la hiérarchie ecclésiastique avaient, en matière féodale, à peu près les mêmes droits que les nobles laïcs. Ils possédaient eux aussi des villages, qui ont pu conserver le souvenir de leur dépendance, comme GY-L'ÉVÊQUE (Yonne). Parfois, pour saisir la référence à l'évêque, il faut remonter au latin **épiscopatus,** *évêché.* C'est le cas pour BESCAT (PA), VESCOVATO (Corse) et, avec l'article, LABESCAU (Gironde). Parfois le mot *évêque* reste difficile à découvrir sous des altérations profondes : c'est le cas à VACQUEVILLE (M&M), VECQUEVILLE (HM), VILLEVOQUES (Loiret). D'**episcopus,** les germanophones ont fait **bischof,** qui explique divers noms alsaciens commençant par BISCH-, en particulier BISCHWILLER (BR), voir **willer,** p. 193.

Une certaine prudence s'impose toutefois dans l'interprétation historique. Ainsi BOIS-L'ÉVÊQUE (SM) n'a jamais appartenu à quelque domaine épiscopal que ce soit. Il faut, dans ce cas, supposer un propriétaire dénommé **Lévêque,** ce qui, vu la fréquence de ce patronyme, n'a rien d'impossible. D'autre part PISCOP (VdO) est un ancien **Pissecoc,** c'est-à-dire *Pissecoq !*

Les évêques ne sont pas les seuls ecclésiastiques à avoir pu jouir de droits féodaux et à avoir par ce biais laissé leur nom à la toponymie. Des *abbés* (latin **abbas, abbatis**) ont aussi laissé le souvenir de leur titre à ABBEVILLE (Somme) et ABBECOURT (Aisne, Oise). Ajoutons pour en finir avec les seigneuries ecclésiastiques que les lieux-dits L'AUMÔNE (latin **elmosyna,** emprunté au grec) ou L'AUMÔNERIE, correspondent à des terrains autrefois soumis à une redevance bénéficiant à un établissement monastique, qui avait reçu ce revenu en fief.

Les possessions royales

A l'époque féodale, le statut du roi n'est pas réellement différent de celui des autres nobles. Il est officiellement au sommet de la pyramide de pouvoirs, mais il ne contrôle vraiment qu'un territoire exigu et souvent dispersé. Le nom de quelques villages indique qu'ils étaient possession directe du monarque. Citons BOIS-LE-ROI (S&M), VILLEROY (S&M, Meuse), VALLEROY (HM).

Avec les formes issues de l'adjectif latin **regalis,** *royal,* c'est-à-dire **royal, real** ou **rejau,** on a RÉAL (SM), RÉAUMUR (Vendée), le *Rempart Royal,* VAURÉAL (VdO), la *Vallée Royale,* et de nombreux *Mont Royal :* MONTRÉAL

(Ain, Ardèche, etc.) et RÉALMONT (Tarn), MONTRÉJEAU (HG) et RÉJAUMONT (Gers, HP), RÉAUMONT (Isère) et ROYAUMONT (Yvelines). BOURG-LA-REINE (HdS) correspond à une possession personnelle d'une Reine de France de la fin du XIIe siècle.

L'appartenance aux biens de la couronne peut se marquer de plusieurs autres façons. Le nom latin **fiscus,** qui désignait les biens personnels des empereurs romains, puis le trésor royal, avant de donner notre moderne *fisc,* est à l'origine de FESCHES (Doubs), LE FESQ (Gard), FÉCAMPS (Somme), FICHEUX (PdD).

Enfin, **palatium,** *palais,* désignait dès l'Empire Romain une demeure royale. En sont issus PALAU (PO) et LE PALLET (LA). PALAISEAU (Essonne) vient du diminutif **palatiolum.** Mais ces palais sont bien antérieurs à l'époque féodale et correspondent à des bâtiments destinés à recevoir les souverains mérovingiens, les fameux « rois fainéants », au cours de leurs lents déplacements.

Les châteaux et les fortifications

Dans le paysage de l'époque féodale, le château est l'élément fondamental. Au départ, c'est un simple enclos de bois et de terre, servant d'abri provisoire. Vers l'an 1000, avec la chute de l'autorité publique et l'atomisation des pouvoirs, on a affaire à une multitude de constructions « en dur », servant tout à la fois d'habitation et de protection. Le château, c'est bien souvent, pour le paysan, la limite de l'horizon, la source de toute sécurité et de toute oppression, d'où sa présence très forte dans la toponymie, sous des noms divers. Nous commencerons par les plus significatifs et les plus répandus.

Le latin **castellum,** diminutif de **castra,** *camp militaire* (voir p. 142), désigna d'abord un petit poste militaire. Il a donné en ancien français, selon les époques et les régions, **castel, chastel, châtel, chasteau, cateau,** et **château.** C'est cette dernière forme qui a survécu en français moderne.

Le nom apparaît seul à CASTEIL (PO), CASTELLO (Corse), CASTET (Ariège), CHA(S)TEL (Allier, HL, HSav., etc.), CHASTEAUX (Corrèze), LE CATEAU (Nord), CHÂTEAU (S&L). Un village situé entre deux châteaux s'est normalement appelé ENTRECASTEAUX (Var).

Très souvent, le nom entre en composition avec un nom de personne que l'on peut raisonnablement supposer être celui d'un seigneur, ainsi à CHÂTELAILLON (CM), avec **Agilon,** à CHÂTELLERAULT (Vienne), avec **Adroald,** à CHÂTEAUBRIANT (LA), avec **Bryan,** à CHÂTEAUROUX (HA, Indre), avec **Raoul,** à CHÂTEAU-THIERRY (Aisne), dont les habitants, les *Castrothéodoriciens* portent un nom qui renvoie à une appellation latine puriste **Castrum Theodorici.** A CASTELSARRAZIN (L&G), l'élément final n'est qu'une déformation populaire du nom d'un certain **Cerrucius.** Même phénomène à CHÂTEAUVILLAIN (HM), qui aboutit à un nom paradoxal : un *vilain* (paysan en ancien français) ne pouvait sûrement pas être le maître d'un château. En fait, il s'est d'abord agi d'un **Château-Willenc,** avec un nom de seigneur germanique. Quelquefois, le nom du seigneur peut être en première position. C'est le cas à KESKASTEL (BR) avec le nom propre **Chazo.**

Revenons à Châtelaillon. C'était une ville importante, une puissante place forte, une capitale de province. Quatorze tours ornaient ses murs. On craignait son baron. Les guerres la ruinèrent. Une tempête l'acheva. Dans l'hiver 1709, les flôts déchaînés vinrent à bout de ses dernières tours. On dit que la cloche de l'église se coinça entre deux rochers, en un endroit où les remous et l'opacité de l'eau interdisent de l'apercevoir. On dit aussi que, pendant longtemps, elle a sonné, lugubre, pour annoncer les tempêtes — mais que ne dit-on pas...

La composition peut se faire aussi avec l'ancien nom de la localité, comme à CHÂTEAUDUN (E & L) — voir DUN p. 63 — dont les habitants s'appellent d'ailleurs simplement les *Dunois*.

D'autres éléments peuvent intervenir. On trouve de nombreuses compositions avec un adjectif : *beau* à BELCASTEL (Oise) ; *franc,* c'est-à-dire *libre,* à FRANCASTEL (Oise), **redoun,** c'est-à-dire, en provençal, *rond* (latin **rotundus**), à CHÂTEAUREDON (AHP), etc. L'adjectif le plus utilisé est, de loin, *neuf*. On trouve des CASTELNAU ou, en Catalogne, CASTELNOU (PO) dans tout le Sud-Ouest. Cette forme entre en composition, à son tour, avec **Ary** (nom d'homme ou ancien nom du village) pour donner CASTELNAUDARY (Aude). Les CHÂTEAUNEUF ont fleuri de la Bretagne à la Provence, les NEUFCHÂTEAU dans le Nord et l'Est. Ajoutons, en Suisse, NEUCHÂTEL.

Les dérivés latins de **castellum** ont eu eux aussi une nombreuse descendance. L'adjectif **castellanus,** *du château,* a donné CHÂTELAIN (Mayenne) et son féminin **castellana** CASTELLANE (AHP). Un autre adjectif féminin, **castellata,** *munie d'un château,* a donné CHEYLADE (Cantal).

Les autres dérivés sont des noms. **Castellare** donne CASTELLAR (AM), CHÂTELARD (Creuse), LE CAYLAR (Hérault), LE CHEYLARD (Ardèche, Drôme), LE CHEYLAS (Isère). **Castellio, onis,** donne de nombreux CHÂTILLON, un diminutif CHÂTOILLENOT (HM), et aussi CHAILLON (Meuse). **Castellucium** fournit CARLUX (Dordogne), CAYLUX (T & G), et CHÂLUS (PdD). Ajoutons les dérivés purement français de *châtel,* comme CHÂTELAIS (M & L), et signalons enfin que l'élément final de CHÂTEAULIN (Finistère) ne trouve pas d'explication satisfaisante.

Firmitas, en latin classique, signifiait *fermeté*. Puis il prit le sens de *forteresse,* d'où les LA FERTÉ qui pullulent partout au Nord de la Loire, et auxquelles s'ajoutent le diminutif FERRETTE (HR) et, avec **mala**, *mauvaise*, MALAFRETAZ (Ain).

LA FERTÉ-BERNARD (Sarthe) doit son nom à un château bâti au XIe siècle part Avesgaud, évêque du Mans, et à la famille seigneuriale des Bernard qui l'eut en sa possession jusqu'au XIVe siècle, après quoi, la ville passa de mains en mains jusqu'à celles des Guise. Elle embrassa donc leur parti, celui de la Ligue, et fut, en 1590, assiégée par les troupes du Roi. Le chef de la garnison, Dragues de Comnène, avait expulsé de la ville quelques paysannes qui s'y étaient réfugiées. Ayant vu que les assiégeants s'intéressaient de fort près à ces personnes, il fit déguiser en femmes deux cents de ses soldats, qui tombèrent rudement sur les trop galants assiégeants, d'où la locution proverbiale : « Des agnelles de la Ferté, il n'en faut que deux pour étrangler un loup. »

Fort, du latin **fortis,** a donné divers toponymes, commençant ou finissant par -FORT. Mais, en ce qui concerne FORT-MOVILLE (Eure) et FORTSCHWIR (HR), leur nom n'a jamais comporté le mot *fort*. Le premier est un ancien **Forimund-Ville** et le second un ancien **Fulcrads-Willer.** Parmi les composés, citons BELFORT (Belfort, Aude, Lot) et DURFORT (Tarn, Gard, Aude, Ariège).

On précisera que CONFORT (Ain) est constitué avec un anthroponyme germanique.

D'autre part, le dérivé latin **fortitia,** *force,* a abouti à la forme vulgaire, **fortia,** *maison forte,* d'où LA FORCE (Aude, Dordogne). Un autre dérivé, **fortaricia,** a donné *forteresse.* LA FORTERESSE (Isère), doit son nom à une construction médiévale du xe ou xie siècle.

Nous avons déjà rencontré, p. 99, le verbe latin **mirari,** *admirer,* puis *regarder.* A l'époque médiévale, ses dérivés désignent des postes fortifiés permettant l'observation. De **miratorium** proviennent LE MIROIR (S & L), et MIRADOUX (Gers) ; de **miranda,** MIRANDE, MIRANNES (Gers), et MIRANDOL (Tarn). **Mirmande,** en vieux français, signifiait *maison forte.* Son étymologie pose problème. S'agit-il d'un croisement entre **mirande,** *tour de guet,* et un mot signifiant *maison ?* En tout cas, on lui doit MIRMANDE (Drôme) et MARMANDE (L & G). Enfin, on explique AMIRAT (AM) par **Ad Miratum,** *Près de la Tour de guet.*

Mont, issu du latin **mons, montis,** est un très grand producteur de toponymes. Sur les quelques centaines de noms qu'il forme (voir p. 95), la plupart désignent effectivement une hauteur, mais comme les hauteurs ont été les lieux idéaux pour installer des châteaux, certains sont à considérer comme de quasi-synonymes de *château,* en particulier ceux où *mont* est associé à un mot désignant une construction militaire. C'est le cas de MONTÉPILLOY (Oise) avec le latin **speculatorium,** *lieu d'où l'on observe, poste de guet ;* ou de MONTFERMIER (T & G), avec le latin **firmarium,** *forteresse.* Même chose lorsqu'il est associé à une épithète indiquant la valeur militaire, comme l'ancien français **esquiu,** du germanique **skiuh,** *sauvage, farouche* (cf. all. *scheu,* farouche), avec quoi il forme les MONTESQUIEU (HG, Hérault, L & G, etc.) et MONTESQUIOU (Gers) ; ou comme le latin **securus,** *sûr,* d'où résulte MONTSÉGUR (Gironde, Landes, L & G, etc.) ;

ou encore l'adjectif *fort*, d'où une douzaine de MONTFORT.

Les cas où MONT- est suivi du nom du seigneur résidant au château sont fort nombreux : voir p. 96. A MONTÉLIMAR (Drôme), ancien **Montil Aymar** (d'après le diminutif **montilium**) il faut reconnaître le nom d'**Adhémar**, également présent à LA GARDE-ADHÉMAR (Drôme). Dans certains cas, enfin, MONT- est associé à un nom de famille relativement récent, comme à MONTMORILLON (Vienne).

Motte est issu d'un mot **mutta**, dont on ne saurait dire s'il est gaulois ou pré-gaulois. Il désignait un tertre artificiel, surélevant le plus souvent une colline. C'était une des formes les plus sommaires de fortification. Elle était généralement couronnée par une palissade et une tour de bois. Il en résulte les noms de LA MOTHE, et LA MOTTE présents dans toute la France, ainsi que MOUTHE (Doubs).

Le latin **rocca** a donné *roche* (*roque* dans certains parlers). (LA) ROCHE, et surtout le pluriel LES ROCHES peuvent évoquer des rochers, mais ils doivent le plus souvent leur existence à un sens particulier qu'avait le mot *roche* à l'époque féodale, celui de *château fort bâti sur une butte* puis *château fort*, quel que soit l'endroit où il était bâti... Les ROCHE, LA ROCHE, LA ROQUE sont trop nombreux pour qu'on en donne le détail. Leurs composés seraient encore plus longs à décompter. Citons seulement ROCHECHOUART (HV), avec un anthroponyme, ROCHEFORT (CM, Gard, Morbihan, M&L, etc.) et ROQUEFORT (AM, Ariège, BdR, HG, etc.) avec **fortis**, *fort*, ROQUEFÈRE (Aude) avec le latin **ferus**, *fier*, ou ROQUEVAIRE (BdR) avec le latin **varius**, *de couleurs variées*, sans oublier le diminutif LA ROCHELLE (CM).

Tour, du latin **turris**, sert aussi à désigner d'innombrables localités d'après le présence d'une tour, d'un donjon, d'une construction fortifiée. Ce sont les TOUR, TOURS, LA TOUR, suivis ou non de déterminants divers. Ce sont aussi les diminutifs (LA) TOURETTE (Corrèze, Loire, AM), LES TOURETTES (Drôme), TORREILLE (PO), et TOURCELLES (Ardennes). Attention : TOURS, chef-lieu de l'Indre-et-Loire, a une origine toute différente : voir p. 85.

LA TOUR-SANS-VENIN (Isère), au-dessus de Grenoble, est à l'emplacement d'un ancien sanctuaire dédié à Isis. On le christianisa en le consacrant à Saint Séverin, le médecin de Clovis. Or *Saint*

Séverin, en patois dauphinois, se dit *San Verin*, et d'autre part, il existe dans ce parler un nom commun *verin* signifiant *venin*... Les habitants affirmèrent bientôt que le sol annihilait le venin des serpents, puis, sans doute après quelques expériences malheureuses, qu'il éloignait simplement ces reptiles.

Le germanique **warda** signifiait *garde*, puis *tour de garde*, et enfin *forteresse*. Le français en a fait de multiples LA GARDE, et aussi LAWARDE (Somme), ou LEWARDE (Nord). On trouve aussi GARDIE (Aude), et les diminutifs LAGARDELLE (HG), LAGARDÈRE (Gers), LAGARDIOLLE (Tarn).

A la même famille appartenait le verbe *esgarder*, regarder, d'où *esgard*, regard. A ESWARS (Nord), le terme est resté proche de sa forme germanique et évoque un poste de guet.

D'autres noms, moins répandus, rappellent encore le souvenir de ces hautes demeures où se retranchaient seigneurs et gens d'armes. BOUTAVENT (Oise), c'est le *boute-avant*, c'est-à-dire le poste avancé. *Bretèche*, nom d'origine obscure qui désigne, dans la réalité comme en héraldique, tout ouvrage muni de créneaux, a donné SAINT-NOM-LA-BRETÈCHE (Yvelines); pour *Saint-Nom*, voir p. 234.

CHAPDEUIL (Dordogne) vient de **capitolium**, *demeure seigneuriale* (cf. *capitole*).

Dans LA CHARTRE (Sarthe), se perpétue le souvenir d'une **chartre** (latin **carcer**, *prison*), c'est-à-dire d'une forteresse servant de prison.

LE CHAFFAL (Drôme), CHAFFAT (Loire), LE CHAFFAUT (AHP) viennent du latin **catafalicum** désignant une tour d'observation en bois, et qui a par ailleurs donné le nom commun *échafaud*.

Cortis, déjà rencontré p. 147, signifiait nettement *lieu fortifié* à CORTE (Corse).

Sans rapport étymologique avec le précédent, le latin **cortina**, *rideau*, a donné le français *courtine*, qui désigne un mur entre deux bastions ou un retranchement entre deux saillants. En toponymie, on trouve COURTIES (Gers), et COURTINE (Creuse).

Le nom du hameau de Courtine, dans l'Allier, aurait une origine bien plus sinistre. Il semble bien qu'aucune fortification n'ait jamais existé à cet emplacement — encore qu'en des temps reculés, une palissade, comme on l'a vu, suffisait pour qu'on parlât de château. *Courtine* désignerait dans ce cas précis une *petite cuvette*, allusion à huit cuvettes de 25 cm à un mètre de diamètre que l'on trouve sur un énorme bloc de granite, réputé être une ancienne pierre à sacrifices humains. Une dépression ayant la forme d'un corps permettait de coucher la victime, dont on inclinait la tête vers une des cuvettes avant de procéder à l'égorgement... la pierre en a gardé une aura particulière. On a longtemps raconté que ceux qui oseraient la démolir, ou ne s'opposeraient pas à sa démolition, mourraient dans l'année...

LE DONJON (Allier) est parfaitement clair. Son nom vient du latin **dominio, onis,** *demeure du seigneur.*

Dans le domaine d'oc, **escolt,** bien que dérivé du verbe **escoltar,** *écouter* (latin **auscultare**) évoquait plutôt l'observation visuelle, et donc un poste de guet. On lui doit LESCOUT (Tarn) et MONTESCOT (PO).

Le latin **fracta,** *brisée,* a donné en ancien français **fraite,** *fossé,* dont le sens a évolué, passant à *barrière* puis à *lieu fortifié;* d'où les (LA) FRETTE(S) (Isère, S&L, HM), (LE) FRETOY (Oise, S&M), LES FRETILS (Eure), LE FRETY (Ardennes), etc.

Le mot *guette,* qui vient du germanique **wahita,** *garde* (voir p. 198), se rencontre dans BONNEGUETE (H Sav.).

Quadrum signifiait en latin *carré* (voir p. 112), et aussi *pierre de taille.* Il a donné en ancien français le mot **caire** qui pouvait, entre autres sens, désigner une motte dotée d'une construction « en dur ». En dérivent (LE) CAYROL (Aveyron, Cantal), CHAROLLES (S&L), ainsi que BELCAIRE (Aude), BEAUCAIRE (Gard, Gers), et QUÉRIGUT (Ariège), avec l'adjectif latin **acutus,** *aigu.*

Les murs de Beaucaire (Gard) avaient à protéger la ville des éventuels ennemis humains, mais aussi des *Dracs*, monstres qui avaient élu domicile dans les eaux du Rhône, se rendaient invisibles à volonté, et ne dédaignaient pas la chair humaine.

C'est peut-être pour justifier une bien longue fugue qu'une jeune lavandière prétendit, alors qu'elle revenait chez elle après sept ans d'absence, avoir été enlevée par un Drac, et entraînée dans son palais aquatique. Il ne l'avait pas dévorée, car sa compagne venait de mourir en couches et il avait besoin d'une nourrice pour son fils. De retour chez elle, elle affirmait être capable de voir les Dracs, même lorsqu'ils se rendaient invisibles aux hommes, depuis qu'elle s'était touché l'œil avec un doigt encore taché de la graisse d'un gâteau de chair de serpent, servi par son ravisseur. Un jour, toutefois, elle revit ce dernier et l'interpella. Il comprit qu'elle pouvait le voir, toucha son œil et lui fit perdre son don...

Enfin, l'adjectif latin **securus** a donné en français *sûr* et en occitant **segur**, qui devint un nom désignant un château fort. D'où (LE) SÉGUR (Aveyron, Cantal, Corrèze, Tarn), SÉGURET (Vaucluse) et VIELLESÉGURE (PA).

Certains châteaux portaient un nom destiné à inspirer le respect et la crainte. C'était d'une certaine façon le cas des *Roquefort*, mais, plus manifestement, celui de toutes les places qui se donnaient le nom d'animaux de proie.

Ainsi s'expliquent LA SERPENT (Aude) ; LOUBAUT (Ariège), le *Loup haut ;* MALLÉOU (Aveyron) et MAULÉON (HP, Gers, AHP), c'est-à-dire **Mal Leon,** le *Méchant Lion,* ou encore MÉRILHEU (HP), c'est-à-dire l'*émérillon,* sorte d'épervier. Certains noms, comme celui de JOYEUSE (Ardèche), expriment la confiance en soi de leur propriétaire, sûr de sa force et de ses murs. Un sentiment du même genre est affiché à MONTORGUEIL (Vendée), cependant que d'autres noms sonnent comme des défis : ainsi POUGNADORESSE (Gard), la *Combattante,* d'après le latin **pugnator,** *combattant.*

Le défi est nettement provoquant à REVEL (AHP, HG, Isère) et RAVEL (Drôme), qui évoquent des châteaux *rebelles* (latin **rebellis**) construits en franche opposition au pouvoir central. MAUBEC (Isère, T & G, Vaucluse) prévient

l'éventuel assaillant qu'il va « tomber sur un bec » et même sur un *mauvais bec*. RENCUREL (Isère) à partir du latin **rancor,** *regret,* lui annonce qu'il doit se préparer à se lamenter devant les murs d'une position imprenable... TORCHEFÉLON (Isère) ou MATAFÉLON (Ain) enfin, sont des proclamations de loyalisme : il s'agit de *mater*, de *torcher*, de défaire des félons, des féodaux révoltés.

Les villes nouvelles du Moyen Âge

Les « Villes nouvelles » sont un phénomène typique du Moyen Âge. Il s'agit de créations volontaristes, dans le cadre du grand boom démographique européen des XIe, XIIe et XIIIe siècles. Là où il n'y avait rien, ou un village qui tout au plus vivotait, une autorité, civile ou ecclésiastique, décide de créer une bourgade, qui sera reconnaissable à ses rues larges (pour l'époque), droites, régulières, correspondant à un plan préconçu et exécuté rapidement. On y attire des habitants en leur octroyant un statut d'hommes libres, souvent en supprimant la taille, le service militaire, l'obligation d'héberger le seigneur et sa suite. Elle mérite le nom de *ville franche,* c'est-à-dire *ville libre*. Certaines villes nouvelles se distinguent par des caractères spécifiques : ainsi les *sauvetés* (du latin **salvitas,** *sécurité*). Ce sont essentiellement des créations religieuses, placées sous la sauvegarde de la paix de Dieu, quelquefois sur les routes des pèlerinages.

Une autre catégorie est constituée par les *bastides,* c'est-à-dire, en occitan, les *bâties* (du germanique **bastjan,** *bâtir*). Les bastides sont partiellement des machines de guerre de la monarchie contre la féodalité. D'autre part, dans le Sud-Ouest, elles ont servi à renforcer les positions des deux monarchies qui s'y faisaient face, la française et l'anglaise.

Ces villes portent des noms génériques. Ce sont les innombrables VILLEFRANCHE et les noms moins innombrables VILLENEUVE (NEUVILLE, NEUVELLE ou NEUVEVILLE sont plus rares et cantonnés dans le Nord du pays). Il est vrai, toutefois, qu'un certain nombre de VILLENEUVE perpétuent des **Villa Nova**, c'est-à-dire des *domaines nouveaux*, et peuvent donc remonter jusqu'à l'époque romaine.

Nombreuses également sont les villes qui se proclament *sauvetés*, dans les différents dialectes : LA SAUVETÉ (Loire), LA SALVETAT (Aveyron, Hérault, T&G, HG), LA SAUVETAT (Gers, HL, PdD, L&G) ou LASSEUBETAT (PA).

Enfin, au gré des dialectes également, on trouve des (LA) BASTIDE, des (LA) BATIE, et une BATHIE (Savoie), dont certaines, en fait, peuvent correspondre à des bâtisses isolées, étrangères au phénomène des bastides qui nous intéressent ici — c'est le cas, par exemple, pour BASTIDES (Hérault) ou LA BASTIDE (PO). En revanche, BASTIA (Corse) est bien une ville nouvelle, fondée en 1313 par les Gênois. Et puisque nous sommes en Corse, profitons-en pour signaler le cas isolé de BONIFACIO, fondée bien des siècles auparavant, en 833, par Boniface de Canossa au retour d'une expédition contre les Sarrasins.

On s'est parfois inspiré, pour nommer la ville nouvelle, de la façon dont sa fondation avait été proclamée. Il était en effet de tradition d'enfoncer un *pieu*, en latin **palus** à l'endroit choisi. Cela explique peut-être le nom de PAU (PA) qui apparaît au XIIe siècle, et dont le nom se prête à toutes sortes d'hypothèses (voir p. 15 et 166).

Il faut dire que les armes de la ville entretiennent l'ambiguïté. Elles sont traditionnellement « d'or à la barrière de trois pals au pied fiché ; sur celui du milieu, un paon rouant ; entre les pals sur une terrasse, deux vaches affrontées passantes, clarinées ». Or *pau* est le nom du *paon* en béarnais. De plus, dans les textes rédigés en latin par des clercs, on trouve aussi bien **Pavo,** *paon,* que **Palus,** *pal,* pour désigner la ville...

Un bon nombre de villes nouvelles reçurent le nom de cités plus ou moins lointaines. C'est le modèle du *transfert*. Déjà, au VIIIe siècle, ROMETTE (HA) s'était proclamée « la petite Rome ». Mais c'est du XIIe au XIVe siècle que le phénomène se développe et s'illustre, presque exclusivement dans le Sud-Ouest de la France. Certains s'inspirent d'épisodes de la reconquête de l'Espagne sur les Musulmans, reconquête dans laquelle le rôle des chevaliers français fut considérable. Les « Francigeni » en quête de coups d'épée à distribuer et de butin à s'approprier s'installèrent massivement en Espagne au XIe siècle, au moment de l'effondrement du califat (1031). Ils créèrent de véritables quartiers français dans les villes du Nord, implantèrent des ordres monastiques nouveaux, transformèrent un mouvement paysan en croisade, une faim de terre en explosion de fanatisme religieux. Les Pyrénées repassées, ils entendaient immortaliser leurs exploits, ou on le faisait pour eux. On trouve ainsi, dans le Tarn, CADIX, CORDES (c'est-à-dire Cordoue), et PAMPELONNE c'est-à-dire Pampelune. Citons aussi VALENCE (Gers, T&G), GRENADE (HG, Landes) et ARAGON (Aude).

En revanche, il n'est pas certain que BARCELONETTE (AHP) copie Barcelone, malgré la légende qui affirme que lorsqu'en 1231 on demanda à Raymond Bérenger, comte de Provence, l'autorisation de fonder cette ville, il aurait accepté à la condition expresse que le nom de la cité rappelle Barcelone, dont ses ancêtres avaient été comtes souverains.

L'Italie a également été à l'honneur, peut-être à TOCANE (Dordogne), qui rappelle la Toscane, plus sûrement à FLEURANCE (Gers) appelée **Florencie** en 1289, à PAVIE (Gers), à PLAISANCE (Aveyron, Gers, HG), à VITERBE (Tarn). GEAUNE (Landes) altération de *Gênes* fut fondée par le sénéchal de Gascogne, Antonio di Pessagno, originaire de Gênes.

Les croisades et l'Orient inspirèrent pour leur part DAMIATTE (Tarn), souvenir d'une victoire de Saint Louis à Damiette, ROAIX (Vaucluse) d'après le nom arabe d'Edesse, PAMIERS (Ariège) d'après Apamée en Syrie. Il faut peut-être ajouter à ces noms ceux de MONTO(U)LIEU (Ariège, HG, Aveyron), et d'OLIVET (Loiret), qui rappelleraient le Mont des Oliviers à Jérusalem (Attention, MONTOLIVET (S&M) est un ancien **Montaillevert,** avec l'anthroponyme germanique **Agilbert**). Mais les noms de Terre Sainte peuvent être simplement des appellations pieuses. C'est sûrement le cas pour BAIGNES (CM) et BITHAINE (HS) qui veulent rappeler Béthanie, ainsi que pour CANEHAN et LE MONT CAUVAIRE (SM) références probables à Canaan et au Mont du Calvaire.

Les noms belges semblent plus inattendus, mais si rien n'explique TOURNAY (HP), on sait que BRUGES (HP) a été fondée en 1343 par Gaston Phébus, comte de Foix et de

Béarn, pour commémorer son embarquement depuis les Flandres pour un périple qui le mena en Prusse orientale. Quant aux noms de lieux anglais, ce sont en fait des noms d'hommes portés par les chefs des forces anglaises en Aquitaine, ainsi NICOLE (HG), déformation de **Lincoln**, HASTINGUES (Landes), qui perpétue le souvenir de Jean de **Hasting**, sénéchal de Gascogne, LIBOURNE (Gironde), fondée par Roger de **Leybourne**, et LA BASTIDE-CLARENCE (PA), fondée par le duc de Clarence. Il faut y ajouter, dans un cadre différent, le nom de BICÊTRE (VdM), altération de **Winchester**, titre de l'évêque représentant à Paris le roi d'Angleterre au temps de la guerre de Cent Ans. SAINT MARTIN-DE-LONDRES, LE MAS-DE-LONDRES et NOTRE-DAME-DE-LONDRES (Hérault) sont sans rapport avec la capitale anglaise et correspondent au nom, sans doute d'origine gauloise, d'une petite région.

Le nom des fondateurs de villes neuves peut aussi amener à des bouleversements toponymiques. ARTHÈS (Tarn) doit son nom à Robert d'Artois ; ARTHEZ (Landes) doit le sien à Jeanne d'Artois, veuve de Gaston de Foix. LA BASTIDE D'ANJOU (Aude) rappelle le titre de Louis, duc d'Anjou. BEAUMARCHÈS (Gers) doit son nom au sénéchal de Toulouse Eustache de Beaumarchais, qui portait lui-même le nom d'un fief du Nord de la Loire. TOULOUZETTE (Landes), enfin, est une création du sénéchal des Landes Guilhem de Toulouse. Voir aussi ARPAJON, p. 274.

Enfin un cas particulier de transfert se présente avec BOULOGNE (HdS). Cette ville s'appelait *Les Ménuls*, avant que son église ne fût fondée par des pèlerins revenant de BOULOGNE-SUR-MER (PdC).

XI. Les formations récentes

Après le vigoureux mouvement d'expansion toponymique représenté par la fondation des *villeneuves*, on voit s'ouvrir une période où la création de villes ou de villages se ralentit, et où, surtout, on rebaptise moins volontiers qu'on ne l'avait fait jusque-là.

Les noms que nous allons voir dans ce chapitre sont, pour l'essentiel, ceux qui ont été donnés à des communes depuis le XVe siècle jusqu'à nos jours. Il a cependant fallu y ajouter des noms conférés plus tôt, c'est-à-dire en plein Moyen Âge. Il s'agit là de noms qui, quelle que soit leur étymologie, n'ont aucune chance d'avoir donné des noms de lieux aux temps des grands renouvellements toponymiques (migration gauloise, conquête romaine, invasions germaniques, christianisation et féodalité).

Les forêts et les champs

Nous nous bornerons à évoquer ici quelques noms évoquant des activités agricoles ou forestières.

LES GETS (HSav.) s'inspirent d'un terme local, *jet*, qui désigne un couloir destiné à la descente des troncs.

LABATHUDE (Lot) et LABATUT (Ariège) évoquent l'*abattage* des arbres.

RAON (Vosges, M&M) perpétue l'ancien français **raon** (d'origine obscure), désignant une culture mêlée de froment et de seigle (le nom actuel est *méteil*).

Vente et *vendue* ont pris au Moyen Âge l'acception spécifique de *coupe de bois* et se retrouvent en ce sens à LA VENDUE-MIGNOT (Aube), et dans d'assez nombreuses localités appelées LES VENTES (Eure, Orne, SM).

Une place notable est occupée par des noms évoquant des poids et mesures. **Eschandil,** *mesure pour les grains,* a dû désigner un champ ensemençable par ce volume, et, de là, fournir son nom à ÉCHANDELY (PdD). Même processus avec **muid,** du latin **modius,** *mesure de capacité,* qui a donné MUIDS (Eure) et MUIDORGE (Oise). **Fuye,** vieux mot d'origine incertaine, désignait l'étendue de vignoble qu'un homme peut retourner en un jour à la houe, et a donné LONGUEFUYE (Mayenne). **Quartier,** *quart de journal,* c'est-à-dire quart du terrain fauchable par un homme en un jour, explique DEMIQUARTIER (HSav.). **Sestier,** issu du latin **sextarium,** *un sixième,* était parfois abusivement rapproché du chiffre *sept,* et écrit **septier.** C'était une mesure de capacité, mais aussi de surface ; on lui doit TREIZE-SEPTIERS (Vendée).

Les moulins

Bien que leur nom soit d'origine latine (**molinum**), les MOULINS correspondent systématiquement à des appellations médiévales.

Le mot *moulin* proprement dit a donné deux mille hameaux et lieux-dits, plus MOULINS (Allier, Aisne, I & V, etc.), MO(S)LINS (Aube, Marne), MOULIS (Ariège), ou MO(U)LINES (HA, Calvados, Manche), sans compter les MOULINEAUX (SM), MOLIETS (Landes), MOLINET (Allier), etc.

Ajoutons LA MONNERIE (PdD), sur **monier,** *meunier,* du latin **molinarius,** et MOULEDOUS (HP), du latin **molitor,** *meunier.*

D'autres toponymes évoquent des moulins. Ils sont souvent fort imagés. C'est le *murmure* de l'eau faisant tourner la roue qui est évoqué à MOURMELON (Marne), autrefois **Mormoron.** Le plus souvent, les noms marquent l'hostilité de la population envers le meunier. On a vu que le nom de Brissac avait été interprété dans ce sens-là (voir p. 127). D'autres traditions vont dans le même sens. En Berry, on affirmait que le diable s'était fait meunier après avoir constaté que c'était la profession permettant de s'enrichir le plus rapidement. Aussi le nom NUISEMENT (Marne), dérivé de *nuire*, a-t-il pu sembler tout indiqué pour désigner un moulin. Il est vrai que les meuniers en prenaient à leur aise, imposant leurs nuisances malgré les protestations. « Je m'installe ici », disaient-ils, « **qui qu'en poist** », c'est-à-dire, à peu près, « tant pis pour ceux que cela fâche (littéralement : *à qui qu'il en pèse*) », d'où QUINCAMPOIX (Oise, SM) et QUINQUEMPOIX (Oise). Le paysan exprimait souvent son regret d'avoir frappé, ou *corné*, à la porte du meunier qui l'avait escroqué sur le prix de son grain. « **Mal y cornai** », se lamentait-il, *J'ai mal fait d'y corner*, d'où MALICORNAY (Indre), ou encore, sous la forme d'une mise en garde, « **Mal y corne** », d'où MALICORNE (Allier, Sarthe, Yonne). Les ennemis du meunier venaient se venger, quand la sécheresse le faisait manquer d'eau en lui susurrant ÉCOUTE S'IL PLEUT, nom conservé par quelques hameaux (Aisne, Ardennes, SM).

Bonnes et mauvaises terres

Un certain nombre de noms, que nous appellerons *appréciatifs*, renseignent sur la valeur autrefois attribuée à telle ou telle terre.

Une première série est résolument optimiste. Citons ABONDANCE (HS), ABONDANT (E&L), AVONDANCE (PdC) ; citons également BEAUCROISSANT (Isère) qui indique que les cultures croissent bien, et les dérivés de **germinare,** *germer :* GERMENAUD (PA), GERMENIE (Dordogne), et GERMENOY (S&M).

Les toponymes correspondant à des terres pauvres sont plus pittoresques. Ainsi BALLEDENT (HV) désigne un sol sur lequel le cultivateur se casse littéralement les dents **(bat-la-dent),** ou bien qui ne lui fournit rien à manger et laisse ses dents danser dans le vide **(balle dent).** BAPAUME (PdC), de **bat-paume,** ne correspond pas à des applaudissements mais à un geste de désespoir. Le deuxième élément de SAINT-PRIEST-BRAMEFANT (PdD) représente **brame-faim** : on y

criait de faim ! BRÉVIANDE (Aube) vient de **brève viande,** c'est-à-dire *maigre pitance* (*viande* ne prend son sens actuel qu'au XIVe siècle). Dans le même ordre d'idée un certain nombre de hameaux sont appelés CRÈVECŒUR (Calvados,

Oise, Nord). MAUCO (Landes) en est assez proche et signifie *mauvais cœur* c'est-à-dire *découragement.*

Ajoutons quelques LA FOLIE, désignant des sols qu'il faut être fou pour vouloir travailler, LA GOULAFRIÈRE (Eure), qui dévore les revenus, GRATTEPANCHE (Somme) qui, semble-t-il, ne laissait aux infortunés qui devaient y vivre que la ressource de se gratter la panse pour tromper la faim — ou encore MALIJAI (AHP), signifiant *mal y demeure,* et désignant un endroit où l'on vit mal. MALLEMOISSON (AHP) avec **mala,** *mauvaise,* se passe de commentaires.

Enfin, MACHECOUL (LA) a pu signifier **masche col,** avec l'ancien verbe **mascher** (différent de mâcher), *écraser.* Une façon, donc, de crier Casse-cou ! Mais **maschecoul** a pu aussi désigner un mâchicoulis, et le nom de la ville rappelle peut-être la présence d'un château.

Propriétaires et châtelains

Nous avons vu, pp. 59, 125 et 189 comment une terre pouvait prendre le nom de celui qui la possédait. Après les aristocrates gaulois, les grands propriétaires gallo-romains, les prédateurs germaniques, les seigneurs féodaux, c'est le moment d'évoquer quelques cas où le nom du propriétaire, quels que puissent être, d'ailleurs, ses quartiers de noblesse, rend un son plus roturier.

Il arrive que le lieu doive son appellation à un surnom, plutôt qu'à un véritable patronyme. C'est le cas pour BRIATEXTE (Tarn), ville fondée en 1291 par le sénéchal de Carcassonne Simon **Briseteste** (*Brise-tête,* tout simplement).

BESSON (Allier) peut renvoyer au patronyme fort répandu de *Besson,* mais LES BESSONS (Lozère) évoquent sans doute une terre exploitée par deux jumeaux, ou **bessons.**

LAMASQUÈRE (HG) est fait sur le sobriquet régional **masca,** *sorcière* et fut donc, à l'origine la *Ferme de la Sorcière.*

De même, LENCOUACQ (Landes) semble reposer sur le sobriquet **lencouac,** *bavard.*

Un véritable nom de famille est à l'origine de BEAUCHALOT (HG), qui doit son nom à un certain Raoul **Chaillot,** qui était peut-être fort laid, l'adjectif *beau* appliqué à des hommes étant surtout, au Moyen Âge, une formule de politesse.

De même Hugues **Ridel** est le premier châtelain connu d'AZAY-LE-RIDEAU (I & L), *Azay* étant le nom d'origine du village, fait sur un anthroponyme latin. La famille **Harenc** a bien agrandi ses terres au XIIe siècle, comme le prouvent BEAUMONT-LE-HARENG (SM) et LA CHAPELLE-HARENG (Eure). Il en est de même pour les **Auricher,** qui ont acquis, en SM, GONFREVILLE-L'ORCHER, jadis occupée par un **Winfrid,** ainsi qu'ANGERVILLE-L'ORCHER jadis butin d'un **Ansgari.**

Il est fréquent que le nom de famille soit précédé de l'article. Ce dernier avait, dans ce cas, la valeur pronominale de *celui de* ou *celui des.* Par conséquent, quand le premier nom est féminin, l'article est féminin également, et le sexe du propriétaire n'est pas en cause. Citons, entre des dizaines d'autres, l'exemple de VILLENEUVE-LA-GUYARD (Yonne), c'est-à-dire *celle de Guyard.*

LE PLESSIS-BOURRÉ (M&L) perpétue la mémoire de Jean Bourré, secrétaire, trésorier et confident de Louis XI puis trésorier de France sous Charles VIII.

Le chroniqueur Jehan de Bourdigné écrit de lui : « En ce temps, estoit au service du roy ung très prudent et noble chevalier angevin, nommé Messire Jehan Bourré, par l'ordonnance et conseil duquel se gouvernoient pour lors les plus haulx affaires du royaume, esquelles choses si discrètement se porta que jamais n'en fut reprises. Cestuy chevalier fist ediffier au pays d'Anjou une très belle et forte place appelée de son nom le Plesseys Bourré, qui est tenu ung des chasteaulx de France, pour ce qu'il contient, le plus aysé et mieulx basty. »

Enfin, MAISONS-LAFFITTE a pris, à une date difficile à préciser, le nom de la famille Laffitte, qui s'est illustrée dans la banque au XIXe siècle. Auparavant, le bourg s'appelait *Maisons-sur-Seine.*

Quelquefois, le nom antérieur à l'arrivée du nouveau maître s'est effacé. Ainsi, ALBERT (Somme) s'appelait *Ancre* jusqu'en 1617, année où Charles d'Albert de Luynes provoqua la disgrâce du Maréchal d'Ancre et reçut une partie de ses biens. CLÉMENCE D'AMBEL (HA) est le nom de la fille du seigneur local, Raymond d'Ambel ; elle reçut la vallée en héritage au début du XVe siècle. PORCELETTE (Moselle) dut son nom, en 1621, à Monsieur des Porcelets de Maillane, abbé de St Avold et évêque de Toul. FITZ-JAMES (Oise), enfin, est un cas particulier : ce village, en effet, fut érigé en duché-pairie pour le Maréchal de Berwick, fils naturel du roi d'Angleterre Jacques II, et c'est à l'expression **fils (de) James,** qu'il doit son nom.

Souvent, on a utilisé le nom de fief, devenu titre familial, porté par le nouveau propriétaire, d'où des transferts, déjà évoqués p. 266.

Ainsi, la commune d'ARPAJON (Essonne) s'appelle ainsi depuis qu'elle fut acquise par le Cantalou Louis de Séverac, marquis d'Arpajon (voir p. 21). BELLEGARDE (Loiret) porte ce nom depuis 1645, date à laquelle le Prince de Condé la céda à « Monsieur le Grand », c'est-à-dire à Roger II de Saint-Lary, duc de Bellegarde et grand écuyer de France. BÉRULLE (Aube) a changé de nom pour des raisons similaires au milieu du XVIe siècle, comme BROGLIE (Eure) ce qui explique son nom italien.

Nom italien également pour CARIGNAN (Ardennes) dû aux **Carignano,** branche piémontaise de la maison de Savoie, dont un rejeton, Maurice, comte de Soissons, acquit en 1662 la localité. CASTELNAU (Cher) doit son nom d'allure méridionale à Jacques de Castelnau, pour qui le bourg fut érigé en marquisat en 1652. ENGHIEN-LES-BAINS (VdO) est une appellation qui date de 1689 et correspond à la prise de possession du village par les Condé, ducs d'Enghien, dans le Hainaut belge. FLEURY (Aude) fut érigé en 1736 en duché-pairie pour Jean-Hercule de Rosset de Fleury. LUYNES (I&L), autrefois *Maillé,* connut un destin comparable en 1619 avec Charles d'Albert, seigneur de Luynes, hameau des Bouches-du-Rhône. RABODANGE (Orne) nom lorrain, se retrouve en Normandie depuis 1650, pour des raisons identiques. REIGNAC (I&L), nom aquitain, passa en 1710 en Touraine; SPADA (Meuse), nom italien, en Lorraine (1716); VILLEQUIER(S) (Cher, Aisne), nom normand, dans le Centre (1666) et en Picardie (1774).

Les hommages

Un certain nombre de villes ont reçu le nom de personnages en vue. De telles désignations n'indiquent pas une propriété, mais expriment un hommage.

Ainsi, ALBERTVILLE (Savoie) a été créée par Charles-Albert de Savoie, roi du Piémont, en 1835, par fusion de *L'Hôpital* — village fondé par les chevaliers de St Jean de Jérusalem — et de *Conflans*. La petite ville d'*Arles-les-Bains* changea en 1840 son nom en AMÉLIE-LES-BAINS (PO), du nom de la reine Amélie, femme de Louis-Philippe. Quelques années auparavant, en 1815, dans le climat de guerre civile des débuts de la Restauration, *la Guinguette* devenait BOURG-MADAME (PO), d'après le titre de Madame Royale, fille de Louis XVI. BLANCHEVILLE (HM) ex-*Villeneuve*, fut rebaptisée en 1220 en l'honneur de Blanche de Navarre, comtesse de Champagne.

Avec CARLING (Moselle), on se rapproche quelque peu du cas où le village porte le nom de son fondateur. Si Charles-Louis, comte de Nassau, n'a pas fondé cette commune, elle l'a tout de même été, en 1716, sur des terrains qu'il avait concédés.

CHARLEROI (Belgique), fut fondée en 1666 par Charles, Roi d'Espagne (il s'agit de Charles II).

CHARLEVAL (BdR) correspond à une propriété érigée en fief en 1598 par Charles de Lorraine, prince de Lambesc, et CHARLEVAL (Eure) à un château du roi Charles IX...

CHARLEVILLE (Moselle) est due à Charles de Lorraine, qui fonda la ville en 1618 ; et la cité homonyme des Ardennes fut créée en 1606 par Charles de Gonzague, qui cherchait au début du siècle à se constituer une souveraineté indépendante...

Afin de subvenir aux dépenses il avait imaginé de contraindre chaque cité de son gouvernement de Champagne à bâtir dans cette ville une maison. De là ces singulières inscriptions : *Reims, Aï, Chalons, Epernay, Mésières, Attigny, Rethel* et *Château Porcien* qu'on voit encore gravées sur les portes d'entrée de quelques pavillons.

En revanche, CHARLEVILLE (Marne) remonte à un obscur propriétaire franc.

DECAZEVILLE (Aveyron) a été fondée en 1827 sous le patronnage du duc Decazes, alors chef du gouvernement.

DIANE (-ET-KERPRICH, Moselle) fut rebâtie au XVIIIe siècle par Diane de Dommartin.

EUGÉNIE-LES-BAINS (Landes) est une fondation, sinon matérielle, du moins administrative et juridique, de l'impératrice Eugénie de Montijo, épouse de Napoléon III ; elle en fréquentait les bains, peu distants de son Espagne natale, et fit ériger le hameau en commune en 1861.

HENRICHEMONT (Cher) fut construit par Sully en 1609 et son nom est un hommage à Henri IV.

MONTLOUIS (PO), fort construit sur les ordres de Vauban, est un hommage au monarque régnant, Louis XIV, alors que PORT-LOUIS (Morbihan) conçu par Richelieu, fut appelé ainsi en hommage à Louis XIII.

PHALSBOURG (Moselle) fut fondée en 1570 par Georges-Jean, prince Palatin : en allemand, le *Palatinat* se dit **Pfalz.**

STIRING-WENDEL (Moselle), ancienne *Stiringen-ditzchweiller*, doit son nom à Monsieur de Wendel, qui transforma le hameau en village vers 1813.

Enfin, LA TRINITÉ devint LA TRINITÉ-VICTOR (AM) en 1818, lorsque Victor-Emmanuel 1er de Piémont, régnant alors sur le comté de Nice, en fit une commune autonome. Comme pour Eugénie les Bains, on est à mi-chemin entre la fondation et le simple hommage.

L'hommage peut aller à des « bienfaiteurs de l'humanité ». ALTHEN-DES-PALUDS (Vaucluse) doit son nom à Jean Althen.

Jean Althen, né en Perse en 1777, fut capturé encore enfant par les Turcs, et vendu comme esclave. Travaillant dans des champs de coton et de garance, il réussit à s'échapper et, grâce au consul de France à Smyrne, à gagner Marseille avec, dans ses poches, des graines de garance, dont l'exportation hors de l'empire ottoman était passible de mort. En Provence, il essaya d'intéresser les autorités à ses projets, centrés, ce qui était sans doute une erreur, sur la culture du cotonnier. Il n'obtint aucune aide jusqu'à ce que son mariage avec une jeune Marseillaise, qui lui apporta 60 000 francs de dot, lui permît de gagner Versailles et de convaincre Louis XV. Des échecs, puis l'abandon du gouvernement, auraient eu raison de lui, et il serait mort oublié, s'il ne s'était alors mis en tête de faire cultiver la garance sur une grande échelle dans les environs d'Avignon. S'il mourut pauvre en 1774, il fit pour un siècle et demi la fortune du Vaucluse, et son nom, maintenant oublié, demeure dans la toponymie.

SCHŒLCHER (Martinique) perpétue le souvenir de Victor Schœlcher, né à Paris, mais qu'un premier voyage aux Antilles, en 1829, avait déterminé à consacrer tous ses efforts à la lutte contre l'esclavage. Sous-Secrétaire d'État à la marine sous la Deuxième République, il est à l'origine du décret du 27 avril 1848 abolissant l'esclavage dans les colonies françaises.

Quant à LA LOUPTIÈRE-THÉNARD (Aube), son nom célèbre un illustre chimiste français, Louis-Jacques Thénard, né à la Louptière (voir ce nom p. 123) en 1777 et mort en 1857, inventeur, entre autres choses, de l'eau oxygénée.

Enfin, l'hommage peut s'adresser à des penseurs et philosophes.

FERNEY-VOLTAIRE (Ain) associe depuis 1881, un obscur Romain du nom de **Ferenius** à François-Marie Arouet, dit Voltaire, qui y possédait un domaine d'un bon rapport, situé à deux pas de la frontière helvétique, au cas où la justice et la police royales auraient voulu apprendre à l'écrivain ce qu'il peut en coûter de fronder le gouvernement.

LA HAYE-DESCARTES (I&L) rappelle depuis 1802 que c'est là que naquit en 1598 un philosophe dont la lecture pourrait pousser à se demander ce qu'entendent exactement les Français lorsqu'ils se disent « cartésiens »...

Fusions ou fondations récentes

Quelques communes, d'autre part, ont conservé dans leur nom le souvenir de la façon dont elles étaient apparues, généralement à la suite de regroupements. JUMEAUX (PdD) et le résultat de la réunion de deux bourgades « jumelles », les Rochelles et Aubettes, à la fin du XVIe siècle. La nouvelle cité fut d'abord appelée *Les Gémeaux* puis *Gimeaux*, et reçut sa dénomination actuelle en 1804 pour qu'elle se distinguât de GIMEAUX (PdD) près de Riom. Les autres emplois de ces termes correspondent généralement à des personnes, des arbres, des rochers jumeaux (voir cependant LONGJUMEAU, p. 67).

Dans le même ordre d'idées, on peut citer LES DEUX-VILLES (Ardennes), et TROISVILLES (Nord), communes résultant de fusions réalisées au XVIe siècle, tandis que DEUXVILLE (M&M), remonte au moins au XIIe siècle.

Un regroupement explique également UNIAS (Loire) — mais ce nom remonte au XIe siècle. L'UNION (HG) est plus récent, et SARRE-UNION (BR) est le résultat d'une fusion opérée en 1793.

Il y a peu de cas de villes créées de toutes pièces entre le XVIe siècle et les toutes dernières années. On ne peut en citer que deux, mais d'importance : LE HAVRE (SM), et LORIENT (Morbihan).

Le Havre a été créé d'après un projet de Louis XII, élaboré en 1509. Il s'agissait de remplacer le port d'Honfleur, que l'ensablement rendait inutilisable. François 1er, qui fut le vrai fondateur de la ville en 1517, aurait voulu l'appeler *Franciscopolis* ou *Françoiseville*. La dévotion locale à Notre-Dame-de-Grâce, à qui une chapelle était consacrée depuis longtemps, l'obligea à transiger. On parla de *Françoise de Grâce*... Très vite, cependant, ce fut le mot *havre*, nom commun local issu du germanique **hafen,** *port* (voir p. 195) qui prévalut. Ce fut Le Havre-de-Grâce, puis simplement Le Havre. La ville nouvelle retrouvait un vieux nom.

Lorient, au début du XVIIe siècle, n'était qu'un ensemble de hangars et de remises appartenant à une association de commerçants bretons. En 1664, la Compagnie des Indes, qui venait d'être créée, prit possession des lieux, et donna au port le nom de **L'Orient,** symbole de ses activités.

Cabarets et enseignes

Dès l'Antiquité, nous l'avons vu (p. 140), les auberges ont eu en quelque sorte vocation à faire naître des villages et à leur donner un nom.

Ajoutons aux exemples déjà donnés celui de LA BÉGUDE (Drôme), tiré du provençal **begudo,** *lieu où l'on boit*. Un phénomène plus intéressant se produit lorsque c'est l'enseigne de l'établissement qui devient toponyme. Ainsi, DEUX-JUMEAUX (Calvados) renvoie à une enseigne qui existait au moins dès le XIe siècle. GONFARON (Var), dont le nom signifiait au Moyen Âge *étendard de combat* est de la même veine et de la même époque. LA BESACE (Ardennes) naquit vers le XIIIe siècle, autour d'une auberge dont l'enseigne flattait la clientèle habituelle de routiers et chemineaux.

La véritable origine du nom a échappé longtemps à la population locale. La tradition dit que le seigneur voisin, las de voir ses terres infestées de mendiants rôdant « la besace au dos », leur aurait fait don de ce lieu, à condition qu'ils le cultivent et y bâtissent.

DEUX-VERGES (Cantal) semble appartenir à la même catégorie. On se demande néanmoins si l'enseigne y représentait deux branches, ou deux vierges. Quant aux noms de

LA LUCERNE-D'OUTRE-MER et LA LUZERNE (Manche), ils correspondraient à des enseignes représentant des flambeaux. A LARAGNE (HA), l'enseigne représentait une araignée (**aragne** en ancien français). A CARBON-BLANC (Gironde), l'enseigne évoquait une grillade ou une lanterne, deux sens possibles de **charbon** au Moyen Âge. A LA COUCOURDE (Drôme), elle représentait une *courge,* du latin **cucurbita,** et à CARVILLE-POT-DE-FER (SM), un pichet symbolique tout à fait attendu.

Le phénomène s'est poursuivi jusqu'aux époques récentes.

SAINT-POL-SUR-MER (Nord), doit son nom au cabaret *Au grand Saint-Pol,* du nom du chevalier de Saint-Pol, compagnon de Jean Bart. LE KREMLIN-BICÊTRE (VdM) voir BICÊTRE p. 266) renvoie depuis 1896 à une enseigne *Au sergent du Kremlin,* désignant sans doute un café tenu par un rescapé de la Grande Armée de Napoléon, tandis que MALAKOFF (HdS) perpétue le souvenir du café *A la tour de Malakoff,* dont le patron avait fait la guerre de Crimée.

Enfin ROBINSON (HdS) doit son nom à l'imagination du tenancier d'un restaurant champêtre qui, fasciné par les expériences de Robinson Crusoë, avait installé ses tables dans les branches de robustes châtaigniers, sous l'enseigne *A l'Arbre de Robinson.*

Souvenirs glorieux

La fierté des anciens combattants et, dans certains cas, l'orgueil national des fonctionnaires chargés de dresser les cartes en baptisant des écarts dont le nom était oublié ou contesté, expliquent la floraison, dans les campagnes françaises, de lieux-dits aux noms exotiques.

Ainsi, dans le seul département du Loiret, on a pu relever un SARAGOSSE (prise en 1711), un CONSTANTINE (prise en 1837), un LA CRIMÉE (où la France fut en guerre en 1854-1855), un MALAKOFF et un SÉBASTOPOL renvoyant à la même guerre, un SOLFÉRINO (où Napoléon III vainquit les Autrichiens en 1859), un LE TONKIN (commémorant les expéditions de 1883-1885), un LE DAHOMEY (expéditions de 1892-1893), un MADAGASCAR (expéditions de 1895-1896), et un LE MAROC (où les troupes françaises intervinrent en 1907).

En revanche, SOLFÉRINO (Landes) est un village, créé en 1859 l'année même de la bataille. Le Second Empire mettait en valeur les Landes et entendait lier le souvenir d'une victoire à une entreprise plus pacifique.

Les communes d'outre-mer

Pendant les siècles de relative inertie toponymique, les conquêtes coloniales ont cependant fourni des occasions nombreuses de baptiser de nouvelles communes.

La Martinique, découverte par Christophe Colomb lors de son troisième voyage, en 1502, fut occupée par Belain d'Esnambuc en 1635. La même année, de l'Olive et Duplessis prenaient pied à la Guadeloupe. Des Français, en nombre extrêmement restreint, s'installèrent en Guyane à partir des premières années du XVIIe siècle. Enfin, ce fut sous Richelieu, en 1642, que Pronis prit possession de la Réunion, avant qu'Etienne Régnault n'y installe, en 1665, les premiers colons de la Compagnie des Indes.

On retrouve pratiquement sur ces territoires toutes les sortes de toponymes que nous avons déjà rencontrées. L'hagiotoponymie y est bien représentée. Chacun connaît SAINT-PIERRE (Martinique) et SAINT-DENIS (Réunion), mais la liste complète pourrait être longue. Les noms militaires, à défaut de noms foédaux, sont représentés par FORT-DE-FRANCE (Martinique) et les villes royales par PORT-LOUIS (Guadeloupe). Le relief peut être représenté par BASSE-POINTE (Martinique), TERRE-DE-HAUT (Guadeloupe), LA PLAINE (Réunion), ou PIERRE-FONDS (Réunion), *Fonds* étant à prendre au sens de *vallée*. Il faut noter que CAPESTERRE (Guadeloupe) désigne la côte au vent et semble issu d'une dénomination savante à partir du latin **Caput terrae,** *Pointe de terre*. D'autre part, le mot *morne* que l'on trouve dans MORNE-A-L'EAU (Guadeloupe) ou GROS-MORNE (Martinique) est un terme créole désignant une montagne isolée, et issu d'une déformation de l'espagnol **morro,** *objet arrondi* ou *monticule*.

Les sources, cours d'eau et eaux stagnantes ne sont pas oubliées. Pour les premières, citons BOUILLANTE (Guadeloupe), ou BELLEFONTAINE (Martinique) ; pour les seconds, TROIS-RIVIÈRES (Guadeloupe) ou RIVIÈRE SALÉE (Martinique) ; pour les troisièmes L'ÉTANG SALÉ (Réunion) ou LE MARIGOT (Martinique) : *marigot* est un mot d'origine antillaise, issu de la combinaison du français **mare** et du caraïbe **icopoui,** de même sens.

La végétation a donné des toponymes comme BANANIER ou GOYAVE (Guadeloupe), CITRON (Guyane), et LES LIANES (Réunion). La faune locale n'est représentée que par (LE) LAMENTIN (Guadeloupe, Martinique) — il s'agit d'un cétacé côtier, herbivore, qui, bien qu'on puisse le considérer comme fort laid, a servi de modèle pour les sirènes, sa tête rappelant vaguement une tête humaine. On trouve un nom d'animal domestique, associé à un terme désignant le relief, à RAVINE-DES-CABRIS (Réunion).

Les anthroponymes sont très fréquents, qu'ils renvoient au nom du propriétaire, à son surnom, où à sa fonction. Citons DESHAIES (Guadeloupe), LE FRANÇOIS, LE LORRAIN, LE MARIN, LE PRÊCHEUR (Martinique), SAÜL, SOPHIE (Guyane) et LE GUILLAUME (Réunion). On peut leur assimiler VIEUX-HABITANTS (Guadeloupe).

Il leur arrive d'être associés à des termes topographiques comme à ANSE-BERTRAND, BAIE-MAHAULT ou POINTE-A-PITRE (Guadeloupe). Cette dernière ville, fondée en 1768, s'appelait à l'origine *Morne-Renfermé*, avant d'être rebaptisée rapidement et de prendre le nom d'un pêcheur qui avait construit une baraque à cet endroit.

Les installations humaines ont donné CASE-PILOTE (Martinique), probablement du nom de la maison d'un pilote de bateau, GRAND-BOURG, PETIT-BOURG (Guadeloupe), LA POSSESSION et LE PORT (Réunion).

Ajoutons des noms symboliques qui semblent tenter de soumettre la réalité à l'optimisme des pionniers, comme DÉSIRADE (Guadeloupe), BIENVENUE, A-DIEU-VAT ou DÉLICES (Guyane). Lorsque la réalité est la plus forte, les noms peuvent avoir un autre ton, comme HELL-BOURG (Réunion), avec l'anglais **hell,** *enfer* — car il y eut sur l'île une minorité de colons anglais.

Enfin, on note, à la Réunion, des noms qui conservent le souvenir de l'arrivée des premiers marins français : LA CHALOUPE, LES AVIRONS ou BARIL.

Signalons que si, dans les Territoires d'Outre-mer (TOM) et une partie du département de la Guyane, les toponymes indigènes se sont maintenus, leur exotisme excède le cadre de ce livre.

Il n'était pas question non plus de décrire les toponymes français d'Afrique du Nord aujourd'hui remplacés — au moins officiellement — par des noms arabes, ni non plus d'aborder la toponymie québécoise, qui forme un ensemble bien spécifique.

Débaptisations : la Révolution française

Les jacobins, qui gouvernent la France entre l'arrestation et l'exécution des principaux chefs girondins, le 2 juin 1793, et la chute de Robespierre, en Thermidor an II, c'est-à-dire juillet 1794, ont voulu modifier les noms des villes et des villages de notre pays, lorsque ceux-ci rappelaient trop l'Ancien Régime, la féodalité, la noblesse ou la religion. On ne s'en étonnera pas. Ils souhaitaient constituer une sorte de mythologie, voire une nouvelle religion, autour des idées de civisme, de patriotisme et de vertu.

Assez de noms de lieux évoquaient un passé révolu pour que le zèle républicain trouvât dans la toponymie un terrain où s'exercer. Bien entendu, Thermidor marqua la fin de l'enthousiasme. Peu à peu, on oublia les nouvelles dénominations. Il n'est pourtant pas inintéressant d'en rappeler quelques-unes.

Certaines sont liées à l'histoire immédiate. Il s'agit de villes insurgées, royalistes ou modérées, que l'on a voulu punir en les privant de leur nom.

Les cas les plus célèbres sont Lyon, appelée VILLE AFFRANCHIE ; Toulon, insurgée de juillet 1792 à décembre 1793, au siège de laquelle s'illustra un certain Napoléon Bonaparte, et qui fut appelée PORT-DE-LA-MONTAGNE ; Marseille, sa complice dans la rébellion, dont Fréron et Barras nièrent symboliquement le droit à l'existence en l'appelant VILLE-SANS-NOM.

Dans d'autres cas, il s'agit d'honorer un révolutionnaire. La-Roche-Bernard (Morbihan) fut appelée LA-ROCHE-SAUVEUR. Il ne s'agissait évidemment pas du Christ, mais d'un dénommé Sauveur, un garde municipal assassiné par les révoltés vendéens parce qu'il n'avait pas voulu crier *Vive le Roy*. Pas moins de vingt-et-une communes prirent le nom de MARAT.

Enfin, on donna à certaines villes le nom du parti dominant, ou d'une idée devenu slogan. Ainsi Quimper (Finistère) devint MONTAGNE-SUR-ODET, en l'honneur des « Montagnards » ; Issoire (PdD), QUARTIER-SANS-

CULOTTE ; Boulogne-sur-Mer (PdC), PORT-DE-L'UNION ; Remirement (Vosges), LIBREMONT. On ne compta, au total, pas moins de seize FRATERNITÉ, et quatre-vingt-sept MONTAGNE...

Mais la plupart des noms nouveaux avaient essentiellement pour but de faire oublier les anciens. Ceux qui évoquaient la monarchie furent particulièrement visés. Le nom même de *roi* était pourchassé. Marly-le-Roy (Yvelines) où des expériences sur la force motrice de la vapeur avaient été effectuées, devint MARLY-LA-MACHINE ; Choisy-le-Roi (VdM), CHOISY-SUR-SEINE, et même Rocroi (Ardennes) fut changé en ROC-LIBRE.

Bourg-la-Reine (HdS) devint BOURG-ÉGALITÉ ; Mont-

Dauphin (HA), MONTLYON. Louis, prénom royal, fut également mis à l'index. Port-Louis (Morbihan) fut le PORT-DE-LA-LIBERTÉ ; et Sarrelouis (Moselle), SARLIBRE.

Bourbon connut le même sort. Bourbon-l'Archambault (Allier) et Bourbon-Lancy (S&L) furent respectivement transformés en BURGE-LES-BAINS et BELLEVUE-LES-BAINS.

François Premier fut également chassé de la toponymie à Vitry-le-François (Marne) ainsi appelée en son honneur depuis 1544, mais rebaptisée VITRY-SUR-MARNE.

Bar-le-Duc (Meuse) devint BAR-SUR-ORNAIN ; Brie-comte-Robert (S&M), BRIE-SUR-HIÈRES, Fontenay-le-Comte (Vendée), FONTENAY-LE-PEUPLE, Beaumont-le-Vicomte (Sarthe), BEAUMONT-SUR-SARTHE, nom que, par exception, la commune a conservé jusqu'à aujourd'hui. Quant à Marquise (PdC), elle se changea en BEAUPRÉ.

Dans le même esprit, on appela Grenoble (Isère) GRE-LIBRE(!).

D'autres noms évoquaient de grandes familles, sans préciser de titre. Condé-sur-Noireau (Calvados) fut simplifié en NOIREAU. Guise (Aisne) devint RÉUNION-SUR-OISE. Montmorency (VdO) devint ÉMILE, en souvenir de Rousseau. Enfin, Moulin-Engilbert (Nièvre) devint MOULINS-LA-RÉPUBLIQUE.

Le mot « château » ne pouvait pas avoir bonne presse. On s'efforça de l'éliminer. Neauphle-le-Château (Yvelines) devint NEAUPHLE-LA-MONTAGNE ; Château-Chinon (Nièvre), CHINON-LA-MONTAGNE ; Chateaulin (Finistère), VILLE-SUR-AONE ; Châteauroux (Indre), INDRE-MONT, et Château-Thierry (Aisne), ÉGALITÉ-SUR-MARNE. Dans le même ordre d'idées, on transforma Le Donjon (Allier) en VAL-LIBRE.

Si la noblesse était pourchassée, le clergé était également menacé.

Villeneuve-l'Archevêque (Yonne) fit place à VILLE-NEUVE-SUR-VANNE. Fort-Monaco (AM), parce que *monaco* veut dire *moine* en italien, devint FORT-L'HERCULE, ce qui n'était, après tout, qu'un juste retour des choses (voir p. 36) ; et Dunkerque (Nord) s'appela un temps DUNLIBRE, puisque *kerke*, en flamand signifie *église*.

Les hagiotoponymes furent aussi quelquefois visés. Il arriva que le mot *Saint* soit purement et simplement gommé, comme à Saint-Yrieix (HV) devenu YRIEIX. On le remplaça, parfois, par un terme descriptif; Saint-Malo (CdN) devint PORT-MALO. On puisa parfois dans l'histoire ancienne, pour faire de Saint-Tropez (Var) une HÉRACLÉE, de Saint-Maximin (Var) un MARATHON, de Saint-Marcellin (Isère) et Saint-Étienne de Baigorry (PA) des THERMOPYLES, de Saint-Pierre-le-Moutier (Nièvre), suspect à double titre (voir p. 228) un BRUTUS-LE-MAGNANIME.

On rendit aussi hommage au parti dominant, « la Montagne ». Sainte-Menehould (Marne) devint MONTAGNE-SUR-AISNE. Cette ville aurait pourtant pu conserver son nom, célèbre dans l'histoire de la Révolution. Rappelons que c'est là, en effet, dans cet important gîte d'étape sur la route Paris-Metz, que Drouet, le 21 juin 1791, a reconnu Louis XVI, et permis ainsi son arrestation à Varennes-en-Argonne. Saint-Cloud (HdS) devint PONT-LA-MONTAGNE; Saint-Germain-en-Laye (Yvelines), MONTAGNE-DU-BON-AIR.

Plusieurs villages du nom de Saint-Bonnet devinrent BONNET-ROUGE. On fit de Saint-Gaudens (HG) un MONT D'UNITÉ et de Saint-Georges-de-Longuepierre (CM) INDIVISIBILITÉ.

Ronsard inspira ceux qui voulurent transformer le nom de Saint-Denis. La basilique évoquait de telles gloires nationales qu'on ne crut pas pouvoir faire moins que d'appeler la ville FRANCIADE, du nom de l'épopée « patriotique » composée par le poète.

Saint-Germain-l'Herm (PdD) fut transformé en HERME-LA-MONTAGNE : les braves sans-culottes avaient oublié que *Herm* signifiait *ermitage* (voir p. 228). En revanche, Dompierre (voir p. 223) était encore ressenti comme signifiant *Saint Pierre,* puisque Dompierre-sur-Besbre (Allier) se transforma en SOURCE-LIBRE.

Plus étrange, mais amplement justifié par la tradition industrielle propre à la ville, fut le nom donné à Saint-Étienne (Loire) : ARMEVILLE.

Dernier type de modification : on s'efforça de supprimer les noms de provinces ou de « pays », parce que les circonscriptions administratives de l'Ancien Régime avaient été abolies au profit du découpage départemental. Châtillon-les-Dombes (Ain) devint CHATILLON-SUR-CHALARONNE, encore un nom révolutionnaire qui a survécu ; Vic-en-Carladès (Cantal), VIC-SUR-CÈRE (même remarque). En revanche Saint-Flour devint FORT-CANTAL, car le Cantal n'était plus considéré comme une région, mais comme un département.

Ces modifications s'arrêtèrent bien vite. On peut pourtant en citer deux qui s'y apparentent, même si elles n'ont pas été faites dans le même esprit ni à la même période. Il s'agit de La Roche-sur-Yon (Vendée), devenue NAPOLÉON-VENDÉE et Pontivy (Morbihan), transformée pour un temps en NAPOLÉONVILLE.

Pontivy, en effet, sous l'influence de la famille des Rohan, plus Français que Bretons, avait des positions politiques assez systématiquement opposées à celles du reste de la péninsule armoricaine. La ville avait été un noyau protestant, un centre patriote et un îlot de résistance à la chouannerie. Napoléon Ier s'avisa qu'en outre elle était au centre de la Bretagne. C'était donc un point stratégique idéal, d'où l'on pouvait contrôler une province dont le loyalisme était pour le moins douteux. Le 10 mai 1805, alors qu'il était à Milan, l'Empereur signa un décret décidant l'adjonction à la vieille cité d'une agglomération nouvelle, essentiellement faite de casernes, et qui n'est pas le quartier le plus intéressant pour les touristes actuels. On donna à l'ensemble ce nom de *Napoléonville,* que les Bourbons, revenus sur le trône de France, s'empressèrent de gommer, tandis qu'ils firent de Napoléon-Vendée un BOURBON-VENDÉE, avant que le Second Empire ne rétablît l'appellation bonapartiste, et que la troisième République, enfin, nous rendît le nom originel.

Noms touristiques

Un certain nombre de toponymes récents, enfin, sont marqués par un objectif bien précis : celui d'attirer les touristes. Il s'agit non pas de BEAURECUEIL (BdR), ni des LILAS (SSD), création récente à partir d'un faubourg connu pour ses guinguettes décorées de lilas, mais de noms manifestement publicitaires.

Il faut être prudent. Un nom peut sembler outrancièrement moderne, s'apparenter au langage des « mass media », et être pourtant en usage depuis des décennies. Ainsi, SUPERBAGNÈRES (HG), station de sport d'hiver, portait déjà ce nom, qui signifie littéralement *Au-dessus de Bagnères* (de Luchon), au XVIIIe siècle.

Si l'on met à part le cas de BEAUSOLEIL (AM), les termes publicitaires ou bien désignent des lieux-dits, ou bien se bornent à compléter le nom originel de la commune. Nous laisserons de côté les lieux-dits, avec une exception toutefois pour ANTHÉOR (Var) savante composition helléno-française qui associe l'évocation des fleurs (en grec **anthos**) et de l'or — une vraie carte postale !

Quant aux rajouts, ils peuvent être des emprunts aux noms de locatités plus prestigieuses, comme dans LE TOUQUET-PARIS-PLAGE (PdC).

Le plus souvent, il s'agit d'un nom commun. Dans quelques cas, celui-ci évoque la mer, comme à PALAVAS-LES-FLOTS (Hérault). Dans d'autres, il signale la présence de sources thermales, comme à FORGES-LES-EAUX (SM), qui est une formation relativement récente. Dans d'autres encore, et ce sont les plus nombreux, il renvoie à la végétation. JUAN-LES-PINS (AM) ou BORMES-LES-MIMOSAS (Var) continuent sur la Côte d'Azur, la tradition inaugurée dans les dernières années du XIXe siècle par VEULES-LES-ROSES (SM) ou FONTENAY-AUX-ROSES (HdS).

Ajoutons, dans le cadre du tourisme culturel, ILLIERS-COMBRAY (E & L) dont la deuxième (et récente) partie du nom rappelle que c'est ce village qui a servi de modèle à Marcel Proust pour son Combray (voir p. 47-48).

Mis à part le cas de quelques villes nouvelles, satellites des grandes métropoles, les noms de stations touristiques constitueront sans doute la principale contribution de notre temps à la toponymie. Les lieux-dits devenant communes, un manuel de toponymie futur aura sans doute à retracer la carrière d'un promoteur immobilier pour rendre compte du nom de MERLIN-PLAGE, où à se perdre dans des considérations architecturales pour expliquer LA GRANDE MOTTE...

Index des noms
de villes et de villages

A

B

C

D

E

F

G

H

I

J

K

L

M

N

O

P

Q

R

S

T

U

V

W

X

Y

Z

Table des matières

Achevé d'imprimer en novembre 1983
sur presse CAMERON dans les ateliers de la S.E.P.C.
à Saint-Amand-Montrond (Cher)

N° d'édition : 4735. N° d'impression : 1903-1307.
Dépôt légal : décembre 1983.

Imprimé en France